Cora Stephan

LOB DES NOR- MALEN

Vom Glück des Bewährten

FBV

EMPFOHLEN VON
ROLAND TICHY

Bibliografische Information der Deutschen Nationalbibliothek
Die Deutsche Nationalbibliothek verzeichnet diese Publikation in der Deutschen Nationalbibliografie. Detaillierte bibliografische Daten sind im Internet über http://dnb.d-nb.de abrufbar.

Für Fragen und Anregungen
info@finanzbuchverlag.de

EDITION TICHYS EINBLICK
2. Auflage 2021

© 2021 by FinanzBuch Verlag, ein Imprint der Münchner Verlagsgruppe GmbH
Türkenstraße 89
80799 München
Tel.: 089 651285-0
Fax: 089 652096

Redaktion: Caroline Kazianka
Umschlaggestaltung: Pamela Machleidt
Umschlagabbildung: Starostov/shutterstock.com
Satz: ZeroSoft, Timisoara
Druck: GGP Media GmbH, Pößneck
Printed in Germany

ISBN Print 978-3-95972-400-5
ISBN E-Book (PDF) 978-3-96092-741-9
ISBN E-Book (EPUB, Mobi) 978-3-96092-742-6

Weitere Informationen zum Verlag finden Sie unter
www.finanzbuchverlag.de
Beachten Sie auch unsere weiteren Verlage unter www.m-vg.de

Inhalt

Prolog

In einer handfesten Krise verflüchtigen sich plötzlich all die Themen, die kurz zuvor noch heiß debattiert wurden, und erscheinen als das, was sie womöglich immer schon waren: als Modeerscheinungen, gar als Zeichen beginnender oder bereits eingetretener Dekadenz. Plötzlich steht er wieder nackt und bloß da, der Mensch, ganz existentiell, ohne modischen Überwurf. Erfreulich ist das nicht immer, was man da zu sehen bekommt, das Elementare ganz ohne Verkleidung ist selten ansehnlich. Auch der Glauben an das Gute entpuppt sich als reine Gutgläubigkeit: Löwen sind keine Schmusekätzchen, Natur ist nicht »chemiefrei« und »bio« nicht giftlos. Gutmenschlichkeit ist nicht krisenfest.

Es macht demütig zu erfahren, dass all das Große, was man sich vorgenommen und angemaßt hat, nichts bedeutet vor dem Angriff eines Feindes, der es aufs Leben abgesehen zu haben scheint, ohne dass der Mensch eine Waffe zur Gegenwehr besitzt.

Wir retten das Klima, wir schützen die Natur? Welche Hybris! In Gestalt eines Virus erscheint die Natur als das, was sie immer schon war: als feindliche Umwelt, derer sich der nackte Mensch zu erwehren versucht. An die Güte der Natur kann nur glauben, wem es, wie der westlichen Zivilisation, gelungen ist, sich seit Jahrhunderten erfolgreich gegen sie zu verbarrikadieren; wer Feuersbrünste und Überschwemmungen zu verhindern und zu bekämpfen gelernt hat und wer fernab aktiver Vulkane lebt. Doch die Natur hat keine Moral, sie denkt nicht daran, gut oder böse zu sein, und würde, könnte sie es, all jene belächeln, die so größenwahnsinnig sind zu glauben, dass sie die Macht hätten, sie zu schützen oder gar zu retten.

All die großen Projekte verglühen im Angesicht einer existentiellen Bedrohung. Zurückgeworfen aufs Wesentliche, in Angst um die bloße Existenz, ist es plötzlich ohne Belang, ob Worte als beleidigend empfunden oder Bezeichnungen nicht politisch korrekt sind. Auf die menschliche Natur reduziert zu sein – Mensch wird geboren, lebt sein Leben und stirbt – lässt einen gar nicht erst auf den Gedanken kommen, man könne selbst bestimmen, wer oder was man ist, Mann, Frau, divers. Im Zweifelsfall ist man ein leidendes oder auch nur angsterfülltes Menschenkind. Der Körper hat sich längst selbst entschieden: jene Natur, die mehr Macht über alle und alles hat, als sich der fluide Metropolenmensch so wünscht.

In solchen Zeiten tritt es wieder ins Bewusstsein, das, was man »normal« genannt hat, als das noch nicht die abwertende Vokabel für jene vermeintlich Zurückgebliebenen war, die dem jeweils dominierenden Zeitgeist nicht huldigen wollten.

In den siebziger Jahren, Hochzeit des linksalternativen Lebenstraums, nannte man sie spöttisch »Normalos« oder sogar »Stinos«, also Stinknormale, all jene, die nicht so progressiv waren, wie mancher sich selbst vorkam. Deren Untergang war eigentlich beschlossene Sache. Doch sie haben sich als widerständig erwiesen, es gibt sie noch heute, ja, sie stellen weiterhin die Mehrheit im Lande. Die hundsnormalen Spießer, christlich geprägt, verheiratet, ein bis zwei Kinder, Eigenheim, geregeltes Einkommen, verlässliche Steuerzahler. Gutmütige Menschen, die das Abweichende schätzen, das sie sich selbst längst nicht mehr erlauben. Heterosexuell, doch oft zu müde dafür, aus Langeweile oder Arbeitsüberlastung, weshalb sie den Anspruch, sexuelle Avantgarde zu sein, neidlos anderen überlassen.

Die Spießer von heute sind selbstverständlich weltoffen und bunt, tolerant bis zur Selbstaufgabe und haben es sich lange geduldig gefallen lassen, zum Auslaufmodell erklärt zu werden, zu einem Überbleibsel längst vergangener Zeiten. Sie werden gern übersehen, das Normale ist nicht schlagzeilenträchtig, nur in Krisenzeiten sieht man, dass es ohne sie nicht geht: ohne Handwerker und Bauern, Polizisten und Feuerwehrleute, Postboten und LKW-Fahrer, Verkäufer, Apotheker, Reinigungskräfte, Pfleger – die Liste ist unvollständig, sie wäre zu lang. Verzichtbar ist eher der Meinunghabende, der Intellektuelle, sind die Plaudertaschen in den Medien oder gar die Influencer im Netz. Oder all jene, die eine mehr und mehr ausufernde Bürokratie bedienen, die vielen in den weit nützlicheren oder gar lebenswichtigen Berufen das Leben schwermachen, etwa den Hausärzten und Apothekern.

Normal ist, was Gewohnheit begründet, etwas, das man nicht erklären muss. Auf das man sich verlassen kann. Das mag eher glanzlos sein, aber es ist: völlig normal. Und es hat in Zeiten, in denen sich das Vertraute aufzulösen scheint, etwas ungemein Beruhigendes. Man verachte das Glück des Spießers nicht, das rächt sich.

Anders gesagt: Es hat sich längst gerächt. Der Überdruss am täglichen Angriff aufs Normale hat jene begünstigt, die abwertend »Populisten« genannt werden, als ob allein schon verdächtig wäre, auf das unterschwellige Grummeln des Volks überhaupt zu hören. Und als ob die ärgsten Populisten nicht jene wären, die noch jeden Konflikt oder Widerspruch mit beidhändig geworfenen Kamellen (vulgo: Geld der Steuer-zahler) erledigen wollen. Ereignisse wie die Wahl Donald Trumps in den USA, der kometenhafte Aufstieg der AfD aus dem Nichts in Deutschland oder der Brexit von Großbritan-nien hätten Warnung genug sein müssen: Die Plebs macht nicht mehr alles mit. Nicht die Eurorettung 2010, nicht die milliardenschwere, aber nutzlose »Energiewende«, nicht die Schuldengemeinschaft der EU, die beflissene Genderei oder das Theater um ein »drittes Geschlecht«. Die Provinz schlägt zurück – durch stille Verweigerung oder den Wahlzettel. Doch lieber arbeiten sich die Meinunghabenden an Donald Trump ab oder an den »Rechtspopulisten« der AfD, statt auf die Bot-schaft zu hören, die deren Wahlerfolge verkünden: Wir, die ständig Übersehenen und Beleidigten, haben den ganzen Zir-kus gründlich satt.

Warum bleiben unsere Grenzen (und der Sozialstaat) offen für Menschen, mit denen wir weder Sprache noch Kultur ge-mein haben und von denen wir nicht wissen, ob sie tatsächlich hilfsbedürftig sind oder Glücksritter und Kriminelle? Warum gibt es in Deutschland um die 200 Lehrstühle für Genderfor-schung, aber noch nicht mal die Hälfte für Wissenschaftler, die sich mit einem neuartigen Virus auskennen?[1] Warum meint der Staat, alles besser zu können als der eigentliche Souverän, das Volk, von der Kindererziehung bis zum Unternehmer-tum, scheitert aber im Krisenfall an seiner ureigensten Aufga-be, nämlich der, für den Schutz der Bürger zu sorgen? Warum fühlt sich eine ihrem Volk und niemandem sonst verpflichtete Kanzlerin eher für Europa zuständig oder gar zur Rettung der Welt berufen, obzwar ihr niemand den Auftrag dafür verliehen hat? Und seit wann darf man der Regierung nicht mehr wider-sprechen? Wäre das nicht eigentlich – normal?

Vor einem »neuen Normal«, von dem seit Corona immer wieder die Rede ist, steht das alte Normal, und das ist extrem zäh und überlebensfähig. In Krisenmomenten meldet sich der Mensch in seiner archetypischen Verfasstheit. Wichtiger als die jeweiligen Identitätsmoden sind nun die Nächsten, sprich: die bürgerliche Familie und die spießige Nachbarschaft. »Familie und Nation sind krisenfeste Solidargemeinschaften«, meint der Soziologe Heinz Bude, der eine Renaissance des Konservatismus prophezeit.[2] Die ist, was das betrifft, womöglich schon länger unterwegs. Auch wenn historisch gesehen die Ehe an Nachwuchs und Erbfolge geknüpft war, so zeigt die Beliebtheit der Ehe für alle doch eins: Selbst unter der einstigen sexuellen Avantgarde, bei Schwulen und Lesben, verbinden offenbar viele mit dem offiziellen Akt der Ehe die Bekräftigung, in guten wie in schlechten Tagen füreinander zu sorgen. Glauben sie etwa, das private Bündnis sei womöglich auf Dauer verlässlicher als die Segnungen des Sozialstaates? Dann allerdings ist Ehe heutzutage nicht mehr spießig, sondern geradezu subversiv. Das Private erhält seine Würde zurück.

Wo wir schon beim Menschen als naturhaftem Wesen sind: In Gefahr neigen Menschen zum Abschließen, Abschotten, Verbarrikadieren, sie schließen die Stadttore und ziehen die Zugbrücke hoch. Xenophobie, darauf weist schon Claude Lévi-Strauss hin, gehört zum alten Erbe der Gattung Homo sapiens. Und so gab es in Corona-Zeiten im grenzenlosen Europa plötzlich wieder geschlossene Landesgrenzen, die man doch zuvor gegen illegale Einwanderung angeblich nicht schließen konnte. Grenzen wurden sogar innerhalb Deutschlands wieder gezogen, und die richteten sich nicht gegen eine Gefahr, die von außen kam, es sei denn, man erklärte die Hauptstadt Berlin für staatenlos. Sie richteten sich gegen Deutsche wie etwa gegen die Berliner Schriftstellerin Monika Maron, die es wie jedes Jahr in ihren Zweitwohnsitz im ziemlich menschenleeren Vorpommern nahe der polnischen Grenze zog. Dort ereilte sie eine »Ausreiseverfügung«. Weil sie verdächtig war, den Feind in Gestalt des Virus einzuführen? Womöglich reagierte hier eine Behörde nach uraltem Muster, demzufolge es »da draußen« Feinde gibt, die ins Gemeinwesen eindringen wollen, woran man sie hindern muss.

Doch halt: War die Furcht vor dem Bösen, das da eindringen könnte, den Deutschen im Willkommensüberschwang 2015 nicht abhandengekommen? »Jahrelang hatte es geheißen, dass die Versöhnung mit dem Fremden das höchste Ziel moralisch richtigen Handelns sei. Nun tritt uns die Figur des Anderen auf einmal ganz neu entgegen: im Modus des allgegenwärtigen Verdachts. Um grundmenschliche Urängste auszulösen, muss er oder sie dabei nicht einmal fremd sein oder auch nur so aussehen. Ein leichtes Husten genügt völlig, um vorsorglich die Straßenseite zu wechseln«, konstatiert der Philosoph Wolfram Eilenberger.[3] So schnell kann das gehen.

Pragmatisch gesagt: Menschen haben es gern überschaubar, nicht grenzenlos. Sie sind nicht unbedingt fremdenfeindlich, solange die Fremden nicht überhandnehmen.[4] Es gibt Gefühle von Zugehörigkeit, die mit Fremdenhass erst einmal gar nichts zu tun haben. Solidarität zum Beispiel, eine schöne Tugend (und viel zu oft eine Forderung im Sinne einer aufgehaltenen Hand), fällt leichter unter Menschen, die sich in wesentlichen Aspekten ihrer Identität ähneln – oder mit denen man verwandt oder verheiratet ist.

Das könnte man nachgerade als Nebeneffekt der Ehe für alle sehen: In der neuerlichen Konjunktur der Ehe scheint genau das wieder eine Rolle zu spielen, dass eine Ehe mit oder ohne

Nachkommen die Urzelle von Fürsorge sein, dass sie Autarkie bedeuten kann, Privatsphäre gegen die Übermacht des Politischen. Denn der Sozialstaat hat die Familie von Bindungen und Verbindlichkeiten über die Generationen hinweg zwar entlastet, doch damit zugleich entmachtet.

Nicht nur Konservative, auch Liberale bezweifeln, dass Vater Staat der bessere Erziehungsbeauftragte ist. Die Diskussion über frühkindliche Betreuung außerhalb der Familie offenbart, dass nicht wenige Eltern dem womöglich ideologisch geprägten Kanon in staatlich kontrollierten Betreuungseinrichtungen misstrauen. Sie fürchten den Angriff der moralisierenden Politik auf die letzte private Einheit und die Entkleidung des Individuums von allem Schützenden, so dass als einzige Schutzmacht nur einer übrigbleibt: der Staat. Und der sorgt durch seinen Schutz (und mit Steuergeld) für das Fortbestehen des Übels, das er zu bekämpfen vorgibt. Bekanntes Beispiel für dieses Phänomen: Die Prämien für den Fang von Kobras in Indien führten zu einer blühenden Kobraschlangenzucht.[5]

Sich im Notfall nach außen zusammen- und abzuschließen ist ein uralter Instinkt, der sich, ist es erst einmal so weit, kaum niederkämpfen lässt. In Krisenzeiten sind jene im Vorteil, die sich abschließen können: die Verwurzelten, die einen Ort haben, also die *Somewheres*, wie David Goodhart sie nennt.[6] Eher nicht die *Anywheres*, die jeden Flughafen der Welt kennen, was wenig nützt, wenn keine Flugzeuge mehr abheben. Und es sind diejenigen im Vorteil, die Vorrat angeschafft haben. Das gilt nicht nur für Privathaushalte. Das gilt auch für Unternehmen, die sich seit Jahren daran gewöhnt hatten, benötigte Komponenten nicht mehr selbst vorzuhalten, sondern *just in time* irgendwo auf der Welt produzieren zu lassen. Globalisierung bekommt ihren längst verdienten Dämpfer.

Nicht, dass der Welthandel verschwinden wird, das wäre für alle Beteiligten schrecklich. Welthandel gibt es seit ewigen Zeiten und es gab ihn auch, als man fürchten musste, dass Handelsschiffe die Pest an Bord haben. In einer Krise aber wirkt allzu große Abhängigkeit verschärfend. Oder hat man in Deutschland die Lehre aus dem Ersten Weltkrieg vergessen, als Handelsblockaden eine gewaltige Hungersnot auslösten? Autarkie gibt es nicht, aber ein gewisses Maß an Selbstversorgung hilft zu überleben. Im Konfliktfall ist es nicht gut, allzu sehr auf das Wohlwollen anderer angewiesen zu sein.

Schon deshalb braucht es die heimische Landwirtschaft – was ja unter den Schlagworten »regional« und »nachhaltig« dem grünen Zeitgeist entspräche. Doch paradoxerweise wird die eigene Landwirtschaft mit viel Bürokratie und allerhand Einschränkungen kujoniert, die Einfuhr von billigen Lebensmitteln indes begünstigt, bei denen nicht gefragt wird, wie tier- und menschenfreundlich sie produziert worden sind. Die grünen Besserwisser aber, die den einheimischen Bauern das Leben schwermachen, zeigen mit dem nackten Finger auf die Konsumenten, weil sie »Billigprodukte« bevorzugen.

Was also kann man in Zeiten der Krise lernen? Dass Menschen seit Jahrtausenden nach ähnlichen Mustern leben und reagieren und dass vieles, was seit etlichen Jahren in der medienvermittelten Öffentlichkeit verbreitet wird, nicht viel mehr als die Ausdünstungen der Dekadenz ist.

Mag sein, dass es konservativ ist, sich auf das zu besinnen, was »normal« ist. Spannender als ein solches Etikett scheint mir jedoch, nach den Strukturen zu suchen, die unterhalb der bunt-divers-weltoffenen Oberfläche verborgen liegen, und sie wieder kenntlich zu machen: das Fundament der Gesellschaft, sozusagen das alte Normal.

Doch was ist überhaupt normal? Ist es eine bloße Überein-kunft, also eine (willkürlich) festgesetzte Norm? Der Begriff Heteronormativität (anstelle von Heterosexualität) suggeriert genau das. Diversität sei die neue Normalität, tönt es von der Barrikade der Genderista, die sorgsam darüber wacht, dass je-des Geschlecht zur Sprache kommt, auch das eingebildete. Die meisten Menschen aber empfinden ihre Sexualität nicht als etwas Gesetztes, ebenso wenig, wie Homosexuelle glauben, sie hätten sich ihre sexuelle Präferenz einfach so ausgesucht, könnten sie also auch jederzeit wieder ablegen.

Ob es einem gefällt oder nicht: Die meisten Menschen sind heterosexuell, möchten eine Familie mit Kindern und haben keine Zeit, sich lustig zu machen über das Reihenhaus, das sie teuer genug kommt. Die meisten Frauen wollen nicht so-fort nach der Entbindung wieder an den Arbeitsplatz eilen, egal, ob das jemand von den Sozialdemokraten reaktionär fin-det. So sieht sie halt aus, die Normalität, ob das den kultu-rellen Eliten passt oder nicht. Was kann an dieser Tatsache kränkend sein? Wolfram Eilenberger: »Die sogenannte Wirk-lichkeit schert sich einen feuchten Kehricht darum, was wir von ihr denken, erhoffen oder selbst kollektiv von ihr für rich-tig und wahr vermeinen. Vielmehr ist sie das, wogegen nie-mand je immun ist.«

Gewiss gehören zum Normalen auch gesetzte Normen. Doch die Behauptung, dass dies oder jenes rein normativ sei, erinnert an die Vorstellung, das Neugeborene sei eine Art lee-re Tafel, die von seiner Umwelt beschrieben werden müsse, damit ein Mensch daraus wird. Der Psychologe Steven Pinker[7] hat die Vorstellung des »unbeschriebenen Blattes« umfassend zurückgewiesen: Es gibt sie, die menschliche Natur, »eine an-geborene menschliche Konstitution«[8], es gibt Vererbung, also einen genetischen Zusammenhang zwischen Eltern, Kindern, Geschwistern, auch, was die Intelligenz betrifft.

Das ist, selbstredend, eine Kränkung, und zwar für alle Beteiligten. Für das Individuum, weil es erkennen muss, dass es so einzigartig nicht ist. Studien an unabhängig voneinander aufgewachsenen eineiigen Zwillingen zeigen, dass sie sogar kleine Ticks teilen, ohne sich jemals begegnet zu sein.[9] Und wer in der Pubertät noch glaubte, nichts, aber auch gar nichts mit den Eltern gemein zu haben, findet im Laufe des Lebens mehr Ähnlichkeiten, als dem Selbstbild gefällt. Trost gibt da nur die Erkenntnis, dass man Vater oder Mutter zwar ähnlich sein mag, aber nicht mit ihnen identisch ist.

Auch den Eltern bereitet die Natur manche Kränkung – wenn selbst die liebevollste Umgebung und die aufmerksamste Zuwendung der Eltern aus einem Kind kein Genie machen und noch nicht mal einen guten Menschen. Das heißt natürlich nicht, dass Erziehung und Umwelt, dass »Kultur« keine Rolle spielt. Das Kind mag dadurch glücklicher aufwachsen – oder überfordert sein, das ist ein schmaler Grat. Ganz sicher aber mündet die These vom unbeschriebenen Blatt in einer unendlichen Überforderung der Eltern, die sich Vorwürfe machen müssen, wenn das Kind trotz aller Bemühungen nicht so wird, wie sie es sich vorgestellt haben. Vielleicht, weil es die Voraussetzungen dafür nicht mitbringt? Die Erkenntnis, dass ihr Einfluss relativ ist, nimmt den Eltern ihr schlechtes Gewissen – und entbindet sie vom zumeist fruchtlosen Bemühen, kleine Jungs und kleine Mädchen von ihren Lieblingsspielen abzubringen, weil das Herumfuchteln mit Spielzeugwaffen und das Hätscheln von Puppen das Verankern geschlechtsspezifischer Arbeitsteilung begünstigen und also der Gleichberechtigung im Wege stehen soll. Doch warum sollten Jungs und

Mädchen nicht gleichberechtigt sein, nur weil sie nicht gleich sind?

Und nein: Das Böse wird nicht von der Gesellschaft den an und für sich Unschuldigen injiziert, ebenso wenig, wie man die Menschen durch *Social Engineering* so umkrempeln kann, dass sie zur jeweils bevorzugten Utopie passen. Die Vorstellung von der völligen Formbarkeit hat nichts Emanzipatorisches, im Gegenteil, sie ist das perfekte Lockmittel für autoritäre Versuchungen. Auch dann, wenn sie in der scheinbar menschenfreundlichen Form des *Nudging* auftritt, des sanften Anstupsens: Man müsse, heißt es, die Menschen nur in die richtige Richtung schieben, dann würden sie schon vernünftig. Doch wer bestimmt darüber, was die richtige Richtung ist oder was die Vernunft gebietet?

Für *Nudging* spricht höchstens, dass es sein Ziel auf weniger blutige Weise erreichen will als die linken Versuchsanordnungen unter Mao, Stalin oder Pol Pot, bei denen alle, die sich dem Ideal des sozialistischen Menschen nicht unterwerfen wollten, aus dem Spiel genommen, nämlich ins Umerziehungslager gesteckt oder gleich liquidiert wurden.

Ja, unter Druck wird er sichtbar, der Mensch, in seiner normalen Form, ob sie gefällt oder nicht. Es kommt zum Vorschein, was seit Jahrtausenden in ihm angelegt ist, mehr oder weniger gebändigt durch das, was wir Zivilisation nennen.

Schlichtes Beispiel aus jüngster Zeit: Das, was herablassend Hamstern genannt wurde, als plötzlich manche Regale im Lebensmittelhandel leer waren, ist ein völlig normales, ja in jeder Hinsicht vernünftiges Verhalten in einer Bedrohungssituation. Wir leben hierzulande zwar seit gut 70 Jahren in einer Zeit ohne allzu große materielle Not, kaum einer muss hungern und frieren, wie es die Kriegsgeneration jahrelang erlebt hat. Der Tiergarten in Berlin, im Zweiten Weltkrieg zerstört, abgeholzt und dann zum großen Schrebergarten für die Stadtbevölkerung gemacht, ist längst wieder ein Park. Niemand muss vorrätig haben, was er täglich braucht, der Supermarkt hat selbst auf dem Land oft bis 22 Uhr geöffnet, überdies gibt es genug Restaurants, Pizzaläden und Dönerbuden. Doch was, wenn all das wegfällt und in den Regalen der Lebensmittelläden Lücken zu sehen sind? Wohl dem, der Tiefkühltruhe, Einweckgläser und einen Garten hat. Und der überhaupt noch etwas von Vorratswirtschaft versteht – für den Fall, dass der Strom ausfällt.

Was also ist normal? All das, was 68 ff. als Spießertum etikettiert wurde? Traditionen, Glauben, Konventionen, Heimat oder, ganz schlimm, Vaterland – das alles sollte damals auf den Schutthaufen der Geschichte geschickt werden. Regeln und Institutionen: stören bloß die freie Entfaltung. Sexualmoral, Ehe und Familie: alles des Teufels. Wer noch zu Hause oder gar dörflich lebte, statt das Metropolenleben zu genießen, musste sich als zurückgeblieben verdächtigen lassen. Und nur der nackte, ursprüngliche Mensch galt plötzlich als ehrlich und authentisch. »Sich nackt machen« heißt es noch heute, wenn es um Ehrlichkeit geht. Doch wie der Philosoph Helmuth Plessner schon 1924 spöttisch festhielt: »Der Schrei nach korsettloser Tracht verdient nur bei sehr guten Figuren ein Echo zu finden.«[10]

Regeln und Institutionen sind nicht nur Gefängnisse der freien Individuen, sondern sie dienen ihrer Entlastung: Nicht alles muss »ausdiskutiert« werden, auf einiges kann man sich schlicht und einfach verlassen, auch Gewohnheiten können befreiend wirken. Solche Vorzüge entdeckt vielleicht derjenige früher als andere, der einst das endlose Ausdiskutieren

normalster Angelegenheiten und Verrichtungen in Wohnge-
meinschaften und Beziehungen erlebt hat.

Der Abschied von allen Konventionen macht es nicht leichter, hat Menschen nicht freier gemacht. Konventionen sind Regeln, die Menschen sich geben, um einander ohne Verletzung
begegnen zu können. Vieles davon hat sich im Laufe von Jahrhunderten eingebürgert. Vor langer Zeit bedeuteten heute so
selbstverständliche Gesten wie die hingehaltene Hand oder die
Umarmung, dass man seine friedlichen Absichten bekundete:
keine Waffe in der Hand, kein Dolch im Gewand – »die Entwicklung der Grußformen (...) ist ein sehr spannendes Kapi-
tel der Menschheitsgeschichte«, schreibt der Philosoph Peter
Sloterdijk.[11]

Während der Corona-Panik war das Gegenteil geboten. Man
bemühte sich, einander möglichst nicht zu nahezukommen,
damit eine Verletzung (durch Ansteckung) ausbleibt. Konventionen mögen sich also ändern – aber in jeder Gesellschaft
gibt es einen Konsens über sie, und wer dazugehören will,
muss sie kennen. Das gilt erst recht dann, wenn man es gern
bunt und vielfältig und weltoffen hätte. Konventionen sind
die *Lingua franca* zwischen Fremden. Sie sind als Hilfsmittel
unverzichtbar.

Normal ist, die begrenzten Möglichkeiten der Menschen anzuerkennen. Und manchmal brauchen sie eben Krücken.

I.
Was ist normal?

1. Stinknormal

Normal ist, was Gewohnheit begründet, etwas, das man nicht erklären muss. Auf das man sich verlassen kann. Normal ist das, was funktioniert, weil es sich im Laufe der Zeit bewährt hat. Das Wiederkehrende, das Alltägliche. Ordnung und Sicherheit. Beruhigende Gewohnheit. Routine, die nicht zum ständigen Nachdenken nötigt.

Normal ist alles, was Orientierung schafft. Was uns dazu befähigt, es miteinander auszuhalten, weil wir einen gewissen Konsens erwarten können.

Dem widerspricht nicht, dass der Mensch nach Abwechslung giert, neue Reize braucht, das Besondere und Außerordentliche sucht, überrascht werden will. Aber nicht jeden Tag. Alltäglich hält man ein Programm voller Nervenkitzel höchstens aus, wenn man zwischen 13 und 30 Jahre alt ist. (Und es ist, nebenbei, womöglich nicht das Wichtigste, bis ins hohe Alter regelmäßig Sex zu haben, so oft wie Sport und Duschen, wie es die Ratgeber empfehlen.)

Auch deshalb ein Plädoyer für das Normale: Es ist das, was ein ganzes Leben hält.

Die lexikalisch verankerte Definition von Normalität ist glanzlos: Normal ist das, was die Mehrheit ist. Normalität (von lateinisch *norma* = Regel, Richtschnur) ist ein statistisches Maß. Als normal wird das durchschnittliche Verhalten der Mehrzahl einer Bevölkerung bezeichnet. Normal ist damit weder ein besonderer Vorzug noch ein Nachteil, die meisten Menschen sind es mehr oder weniger, den Rest entscheidet der Zeitgeist. Am entspanntesten dürfte eine Gesellschaft sein, in der sich die Mehrheit darüber einig ist, was als normal durchgeht, was man akzeptiert und was man gerade noch tolerabel findet.

Auch wegen dieser Vorzüge wird das Normale verkannt: Normal ist langweilig. Normal ist die große Masse, die gesichtslose, die Herde, die ihrem Herdentrieb folgt, die Schar der Lemminge mit Lust am Untergang. Normal ist, im alltäglichen Trott normale Dinge zu tun, ohne das normale Maß zu übersteigen, Rädchen zu sein im Getriebe. Normal ist, ohne Ansprüche an sich und die Welt, schicksalsergeben dem Lauf der Dinge zu folgen. Und wenn normal die Mehrheit ist, denkt sich da das widerspenstige Individuum, dann will ich nicht dabei sein, ich lasse mich von keiner Mehrheit unterdrücken. *Etiam si omnes, ego non* – und mögen auch alle mitmachen, ich nicht. Das ist ein stolzer Spruch. Und wer ihn zum Lebensmotto erhebt, lässt sich auch von einer Minderheit nicht unterdrücken. Womit wir beim Thema wären.

Normal steht heute von zwei Seiten unter Druck: von denen, die ihre Verachtung für die Masse mit Identitätspolitik kaschieren wollen, und von denen, die als Minderheit das Normalsein für sich reklamieren. Frage an die Verfechter von Identitätspolitik wie die Democrats in den USA und die linken Parteien in Deutschland, die SPD eingeschlossen: Glaubt man dort wirklich, ohne die Normalos Wahlen gewinnen zu können? Frage an die anderen: Wieso ist das Abweichen vom Normalen das neue Normal? Wollen heute ausgerechnet die Paradiesvögel Spießer sein?

Das wollen wahrscheinlich keineswegs alle, die meinen, dass Normalität im Sinne von womöglich auch noch einträchtiger Mehrheit sie ausschließe. Doch warum wollen sie eingemeindet werden? Wir leben hierzulande seit Jahrzehnten in einer Gesellschaft mit maximaler Toleranz, der Vorwurf, man diskriminiere eine Person – ihres Geschlechts, ihrer sexuellen Neigung, ihrer Hautfarbe, ihrer Religion, ihrer kulturellen Bräuche wegen –, lässt jeden Menschen, der sich redlich glaubt, zusammenzucken (und kostet manch einen wegen herabsetzender oder auch nur dummer Sprüche Ansehen oder Job). Nur ein übelgelaunter Normalo würde es wahrscheinlich heute noch wagen, entnervt darum zu bitten, diese oder jene Minderheit möge endlich damit aufhören, andauernd beleidigt zu sein: »Was wollt ihr denn noch? Nun respektieren wir euch in eurer Anders- und Einzigartigkeit, und es reicht immer noch nicht? Und, ganz ehrlich: Ist es vielen unter euch nicht auch langsam peinlich, dass sich Medien und Politiker regelmäßig mit Olivia Jones schmücken, um zu zeigen, wie bunt-divers und tolerant sie sind?«

Reicht es wirklich nicht, möchte man da ergänzen, kein Rassist zu sein, muss man auch noch Antirassist sein, wie der deutsche Bundespräsident jüngst postulierte?[1]

Das Provozierende am Normalsein beruht offenbar auf einem groben Missverständnis. Normal ist nicht, wie es bei den Kämpfern von LSBTIQ oft heißt, eine bloße Norm, die irgendwann einmal willkürlich festgelegt wurde, durch Macht, Gewalt, Unterdrückung, also wahrscheinlich vom Patriarchat, weshalb man sie ebenso willkürlich ändern kann. Schon gar nicht, wenn es um Biologie geht. Genau darum aber tobt der Streit.

Biologisch gesehen ist Zweigeschlechtlichkeit normal. Heterosexualität ist die normale Grundstruktur (nicht nur) von Menschen, sie kann nicht einfach an- oder umerzogen werden (ebenso wenig wie Homosexualität), auch wenn sich ihre Ausdrucksformen ändern mögen. Zur Fortpflanzung braucht es Mann und Frau bzw. den männlichen Samen und ein weibliches Ei. Das ist das schmutzige kleine Geheimnis der Zweigeschlechtlichkeit.

Heterosexualität ist also keine bloße Norm, kein lediglich tradiertes Stereotyp, nichts, was man dekonstruieren kann, sondern einfach nur normal. »Biologie ist keine Kränkung, (sondern) beschreibt schlicht Fakten unseres evolutionsbiologischen Erbes und ist mächtiger und nachhaltiger als jegliche Ideologie«, schreibt der Evolutionsbiologe Axel Meyer.[2] In Zahlen: Die sogenannten LSBTIQ-Menschen bilden weltweit eine Minderheit von wahrscheinlich 5 bis 8 Prozent (und sind sich im Übrigen durchaus nicht so einig in ihren Zielen, wie das eingemeindende Kürzel suggeriert).[3]

Das sagt nichts Wertendes über sexuelle Orientierung. Doch sexuelle Neigung ändert nichts am biologischen Geschlecht. Menschen, die tatsächlich weder das eine noch das andere sind, also »Menschen mit intermediären und gemischtgeschlechtlichen primären oder sekundären körperlichen Merkmalen«, stellen womöglich weit weniger als 1 Prozent der Menschheit. Schwule sind Männer, und Lesben sind Frauen. Ein Mann, der eine Frau werden will, bleibt biologisch ein Mann, und Frauen, die Männer werden wollen, sind biologisch gesehen Frauen.[4] Das bedeutet, jedenfalls in den freien westlichen Gesellschaften, keine Diskriminierung all jener, die sich in ihrem biologischen Geschlecht nicht wohl fühlen.

Ohne jeden Zweifel und schlimm genug: Das war einmal anders. Wer nicht »normal« wirkte, also anders als die anderen zu sein schien, wer krank oder mit ungewöhnlichen Merkmalen ausgestattet war, wurde zu früheren Zeiten, in denen es auf das Überleben des Stammes oder der Familie ankam, gewaltsam ausgesondert, wenn man das irritierende Geschöpf nicht schon bei oder nach der Geburt getötet hatte. Dahinter steht eine natürliche Logik, wie es sie auch bei Tieren gibt: Was nicht lebensfähig war, sollte auch nicht am Leben erhalten werden, und fortpflanzen sollten sich nur die, die man für normal hielt, »Unnormales« durfte nicht weitergegeben werden. »Erbgesundheit« haben nicht die Rassisten aller Couleur erst erfunden; danach zu streben gehört wahrscheinlich zu unserem genetischen Erbe. In einigen afrikanischen Ländern etwa werden Menschen mit Albinismus, also weißer Hautfarbe, noch immer verfolgt oder gar ermordet.[5]

Sind wir heute weiter als unsere »primitiven« Vorfahren? Ja. Nein. Vielleicht. Sicher kann man sich nicht sein. Trotz aller Berichte über die besonders liebenswürdigen Eigenschaften von Menschen mit Down-Syndrom werden offenbar die meisten Embryos, bei denen man Trisomie 21 feststellt, abgetrieben.[6] Noch gibt es hierzulande etwa 50 000 Menschen mit Down-Syndrom, aller Erwartung nach wird sich diese Zahl in den nächsten Jahren weiter reduzieren. Denn die Auslese nach »normalen« Kriterien wird sich mit jedem Erfolg der Wissenschaft fortsetzen.

Finster? Erschreckend? Eigentlich unmenschlich? In der Tat. Besser ist höchstens, dass solche Selektion nicht mehr am entwickelten lebenden Objekt vollzogen wird. Doch man sieht daran vielleicht, dass das Gefühl für und die Bevorzugung von Normalität ein sehr durchsetzungsstarkes, ein mächtiges Erbe ist. Fürs Überleben eines Menschen war es vor unseren Zivilisationen entscheidend, vom Gewohnten und Vertrauten abweichende Muster zu erkennen und den entsprechenden Erscheinungen aus dem Weg zu gehen. Das ist auch heute nicht immer und unbedingt falsch. Doch wir leben in einer Welt, in der man sich bemüht hat, solch Erbe zu zivilisieren. Wer zu den »Normalen« gehört, wertet heute nicht mehr gleichsam automatisch Minderheiten, Andersartige, Fremde ab. Muss man ihm Toleranz und Feinfühligkeit da wirklich noch immer geradezu einbleuen? Das macht keine gute Stimmung. Es nervt.

Von vielen LSBTIQ-Aktivisten werden mit neuerdings wachsender Inbrunst die alten Kämpfe um Anerkennung wiederaufgenommen. Dabei ist der Kampf längst gewonnen. Lasst sie doch die Ausnahme bleiben, meinetwegen auch die Avantgarde, die bunte Vielfalt, warum nicht! Aus einer Minderheit wird jedoch auch bei größten Verrenkungen keine Mehrheit.

Und ehrlich: Manche Kämpfe an der Queer-Front sind nur noch bizarr. Die Forderung, dem anderen sein Geschlecht nicht zu unterstellen (*don't assume my gender*), überfordert auch die Gutwilligsten. Woher sollen sie wissen, wie ein empfindsamer Diverser gerade genannt werden will? *Black is beautiful*, hieß es früher, und heute sollen sie das hässliche Wörtchen *PoC* für eine *Person of Color* benutzen? »Neger« sagen sie schließlich längst nicht mehr. Und wie sollen sie erahnen, wie sich ein Gegenüber ohne auffällige Identitätsmerkmale definiert, ob als queer, trans oder inter? Ist das nicht, Verzeihung, eigentlich Privatsache, interessiert also höchstens, wenn man auf der Suche nach einer sexuellen Begegnung ist?

Herr oder Frau Normalo weiß, ob er männlich oder sie weiblich ist; niemand hat sie als Mädchen gezwungen, mit Puppen zu spielen, oder ihn als Jungen laufend dazu angehalten, zu raufen und laut zu sein. Geschlecht ist nicht anerzogen, und man wird keine Mehrheit der Menschen davon überzeugen können, dass es lediglich ein soziales Konstrukt sei, dem man nach Belieben entfliehen könne, was die meisten wahrscheinlich gar nicht wollen.

Identitätspolitiken aller Art sind im Grunde paradox. Sie bestehen auf dem Unterschied und reklamieren zugleich Normalität, indem sie neue Normen setzen. Irgendwie geht die Rechnung nicht auf – vielleicht, weil vieles davon so verdammt weltfremd ist.

Nicht nur hierzulande wurde Ausgrenzung schon längst mit umfassender Inklusion beantwortet, was allerdings oftmals die vorhandenen Unterschiede besonders deutlich erkennen lässt. Die Debatte, ob es richtig ist, alle Kinder gemeinsam zu unterrichten, egal, ob sie körperliche oder geistige Merkmale haben, die man früher Behinderung genannt hätte, hält noch nach Jahren an. Denn in vielen inklusiven Klassen richtet sich alles nach den weniger erfolgreichen Schülern, was denen nicht hilft und die Normalbegabten unterfordert. Das Gutgemeinte tut nicht immer gut.

Menschen sind nicht gleich, sie unterscheiden sich, nicht nur nach ihrem Geschlecht oder ihrer sexuellen Orientierung, auch nach ihrer körperlichen Ausstattung, nach ihrer Intelligenz, nach ihren Genen. Sie sind kein unbeschriebenes Blatt, dem die Gesellschaft alles einschreiben kann, was ihr beliebt. Derlei Experimente sind bislang stets übel ausgegangen, man denke an die Sowjetunion, an Maos China, an Hitlers Deutschland. Im schlimmsten Fall wurden alle Ungleichen einen Kopf kürzer gemacht.

Hierzulande spricht nichts dagegen, Ungleiches auch so zu nennen. In den siebziger Jahren des vergangenen Jahrhunderts hätte sich die Avantgarde der homosexuellen Minderheit vehement dagegen verwahrt, als normal zu gelten. Man wollte nicht mehr Versteck spielen und so tun als ob, wollte nicht mehr Opfer sein, sondern voller Selbstbewusstsein schwul oder lesbisch. Ist das heute vorbei? »Konnten sich vor 50 Jahren bekennende Homosexuelle, die zweifellos gesellschaftlich krass benachteiligt, bedrängt und geächtet wurden, als Fanal des Ungehorsams gegenüber dem Mainstream, der heterosexuellen Anpassung, Gleichrichtung und verlogener Kultur darstellen, so wirken sie heute mit ihren Integrationsbestrebungen, etwa der Ehe und Kinderadoption, als Musterschüler eines bürgerlichen Spätkapitalismus.«[7]

Als normal noch spießig meinte, wollte es niemand sein. Und heute? Was macht das Normale seit einiger Zeit so attraktiv? Ist normal im Grunde so begehrenswert, dass jeder es sein will? Jeder eine Spießerseele, ob schwul oder lesbisch? Der irische Schriftsteller John Banville schrieb über die Ehe für alle: »Man darf sich durchaus davor gruseln, stämmige Männer mittleren Alters in taubenblauen Klamotten und mit Orangenblüten im Haar zu sehen oder stämmige Frauen mittleren Alters mit Frack und Zylinder. Und doch, nach all der Zeit, die sie ein Schattendasein führen mussten, wer wollte ihnen da wohl diesen einen Tag im Rampenlicht missgönnen?«[8]

Spießbürgerlichkeit ist ein Menschenrecht. Übrigens: Auch die meisten Angehörigen einer Minderheit möchten unbehelligt und normal leben, ohne unaufhörlich gewonnene Kämpfe wiederaufführen zu müssen. Und wer Minderheiten nicht diskriminieren will, muss deshalb nicht gleich die Mehrheit diffamieren, die dafür auch nichts kann. Vorschlag zur Güte: Man sollte sich weder von einer Minderheit noch von einer Mehrheit vorschreiben lassen, wie man zu leben hat.

2. Fremdheit

Wenn man davon ausgehen kann, dass normal sein heißt, mehr oder weniger zur Mehrheit zu gehören, dann liegt es nahe, danach zu schauen, wer diese Mehrheit ist und was sie so treibt.

Ist sie noch verstockt und hinterwäldlerisch oder schon bunt, vielfältig, weltoffen? Letzteres, aber in Maßen. Noch immer ist die Mehrheit in Deutschland weiß, christlich, heterosexuell, ländlich, familien- und heimatgebunden. Muss sich das ändern? Gegenfrage: Warum eigentlich? Was ist daran schlecht? Und leiden all diejenigen, die das nicht sind, wirklich so sehr unter ihrem Minderheitenstatus, dass man daran drehen müsste?

Doch, ja, es ist nachzuvollziehen, dass es Menschen mit nicht weißer Hautfarbe als kränkende Ausgrenzung empfinden, wenn man ihnen nach Augenschein unterstellt, sie seien keine Deutschen. Außenseiter sein ist nicht schön, zumal in der Kindheit. Kinder können, was das betrifft, besonders grausam sein. Andererseits sind Schwarze eine nicht sonderlich große Minderheit in Deutschland (schätzungsweise eine Million unter 83 Millionen). Übrigens machen sie selbst in den USA nur gut 13 Prozent der Bevölkerung aus, weniger als die Hispanics.[9] Warum ist das seit etlichen Jahren auch hierzulande ein Thema, das Leidenschaft entfacht? Ist es wirklich immer gleich Rassismus, wenn jemand eine Abweichung vom Normalen feststellt, also vom Gewohnten, also von der Mehrheit der Gesellschaft? Und warum beklagen sich die vielen Japaner, Koreaner, Vietnamesen hierzulande nicht ebenso heftig?

Bis vor 30 Jahren sah man in den süddeutschen Großstädten viele Schwarze, amerikanische Soldaten zumeist, man war an sie gewöhnt, aber man war ebenfalls daran gewöhnt, dass sie keine Deutschen waren. Das dürfte verzeihlich sein und nicht gleich Rassismus, systemischer überdies. Gewohnheiten verliert man nicht so einfach. Muss der Normalo deshalb dauernd umerzogen werden?

Womöglich meinte Boris Palmer, der Bürgermeister von Tübingen, genau das, dieses aufdringliche *Nudging*, als er die Deutsche Bahn für eine Werbekampagne kritisierte, die vor allem Menschen mit nicht weißer Hautfarbe zeigt. »Welche Gesellschaft soll das abbilden?«, fragte er, und bezogen auf die deutsche Gesellschaft war diese Frage durchaus berechtigt. Es ist eine Verdrehung der Tatsachen, wenn die Deutsche Bahn ihre Werbeikonen »repräsentativ« nennt, denn die deutsche Bevölkerung sieht mehrheitlich so nicht aus – und ist erst recht nicht so prominent wie die Abgebildeten.[10]

Palmer ein Rassist? Ach was. Sicher darf jeder mit homosexuellen Paaren samt Kindern oder mit Frauen im Hijab für sich und seine Sache werben, aber Palmers Frage muss er sich dabei durchaus gefallen lassen. Die Deutsche Bahn zeigte mit dieser Kampagne eine Gesellschaft, wie sie die Werbeagentur womöglich für richtig und wünschenswert hält, aber es ist nicht die vorhandene. Und wer derart aufdringlich Toleranz einwerben will, reizt zum Widerspruch bei allen, die verstimmt sind, weil sie die Absicht spüren. Zumal, wenn sie sodann prompt als intolerante Fremdenfeinde an den Pranger gestellt werden.

Sind die Normalos hierzulande Fremdenfeinde, gar Rassisten?

Nach dem Tod des Schwarzen George Floyd im Juni 2020 bei der Festnahme durch die Polizei hat die »Black lives matter«-Bewegung auch hierzulande ein enormes Echo gefunden. Floyd sei »systemischem Rassismus« zum Opfer gefallen, wie es ihn auch hier gebe, heißt es bei vielen der Empörten. Ist das wirklich ein deutsches Thema? Muss jetzt das Wort »Rasse« aus dem Grundgesetz gestrichen werden?[11]

Gewiss hat es mit der Obsession des Nationalsozialismus zu tun, demzufolge es eine Rangordnung höherwertiger und weniger werter Rassen gebe, weshalb der Begriff hierzulande übel riecht. Dabei heißt es im Grundgesetz unmissverständlich: »Niemand darf wegen seines Geschlechtes, seiner Abstammung, seiner Rasse, seiner Sprache, seiner Heimat und Herkunft, seines Glaubens, seiner religiösen oder politischen Anschauungen benachteiligt oder bevorzugt werden.«[12] Also alles gut, oder?

Nun wird hierzulande jemand durchaus »wegen seines Geschlechts« bevorzugt, jedenfalls wenn es das weibliche ist. Und dem Wunsch nach Farbenblindheit steht entgegen, dass die Aussage »Black lives matter« für richtig und wichtig erklärt wird, »All lives matter« hingegen nicht. So wie Gendern das Sprechen sexualisiert, macht die Behauptung, Weiße könne man nicht rassistisch beleidigen, den Antirassismus zu Rassismus. »Beim Antirassismus geht es leider nicht mehr darum, die Gleichheit der Menschenwürde zu verteidigen«, meint der französische Philosoph Alain Finkielkraut, »sondern um eine Ideologie, eine Weltanschauung. In dieser Sicht der Dinge hat ein nicht-westlicher Sklavenhandel keinen Platz, ebenso wenig wie ein arabisch-islamischer Antisemitismus oder einer der afroamerikanischen Gesellschaft oder auch die Demonstrationen von Chinesen oder Vietnamesen in Paris gegen Beleidigungen und Aggressionen, die nicht von Weißen ausgehen.«[13]

Das ist das eine – Einseitigkeit. Andererseits: Warum ist es bereits rassistisch, von Rasse auch nur zu sprechen? Tatsächlich hat es Tradition, zu bestreiten, dass es überhaupt menschliche Rassen gäbe. Das beginnt Ende des 19. Jahrhunderts in der amerikanischen Anthropologie mit Franz Boas und seinen Schülern, demzufolge das Milieu, in dem ein Mensch aufwächst, der wichtigste Faktor sei, genetische Einflüsse seien »gänzlich irrelevant«.[14] Auch nach Boas' Tod setzte sich die These durch, Vererbung spiele keine Rolle. Die Absicht hinter diesem »wissenschaftlichen Humanismus«: Kampf gegen Rassismus und Ethnozentrismus, gegen die Bevorzugung der weißen Kultur und die Beurteilung anderer Kulturen von dieser Warte aus. Der Begriff Rasse müsse durch »ethnische Gruppe« ersetzt werden; Rassenunterschiede zu erforschen sei hingegen Wasser auf die Mühlen der Rassisten.[15]

In Folge der 68er-Bewegung setzte sich an den Universitäten die linke Sicht der Dinge durch, wonach die Weißen »Rasse« erfunden hätten, einen Begriff ohne irgendein biologisches Fundament, um Nichtweiße zu unterdrücken. Susan Sontag kehrte den Spieß sogar um: »Die weiße Rasse ist der Krebs der Menschheitsgeschichte.«[16]

Das schlagende Argument gegen die Vorstellung, es gebe keine biologisch fundierten Rassenunterschiede, hat allerdings längst die medizinische Forschung geliefert. Da neue Medikamente in den USA üblicherweise an weißen Probanden getestet wurden, fiel zunächst nicht auf, wie unterschiedlich Nichtweiße auf bestimmte Medikamente reagieren. So muss etwa der Stimmungsaufheller Prozac bei schwarzen Amerikanern mit einer geringeren Dosis verschrieben werden, weil sie Antidepressiva langsamer abbauen als Weiße oder Asiaten. Auch erleiden Schwarze häufiger den Herztod oder sterben an

Brust- und Prostatakrebs. Noch höher ist das Herzinfarktrisiko bei Indern. Was dabei auch immer mit Kultur und Umgebung zusammenhängt: Es wäre gewiss medizinisch schädlich, diese Unterschiede zu leugnen.[17] Kurz: Das Übersehen von Rassenunterschieden – nennen wir sie also besser die genetischen Unterschiede zwischen verschiedenen Ethnien – kann tödlich sein.

Die meisten Normalos halten es wahrscheinlich für selbstevident, dass es unterschiedliche Menschengruppen gibt, so wie sie es ebenfalls für offenkundig halten, dass Männer und Frauen sich unterscheiden. Sind sie deshalb Rassisten? Dann wären das schon Kleinkinder, die bereits mit drei Jahren »Rassenunterschiede« zu erkennen vermögen. Und warum? Weil sie nach Ähnlichkeit gehen, wenn sie Zugehörigkeit suchen.[18]

Eliminieren wir ruhig das hässliche und missverständliche Wort, doch das ändert nichts daran, dass es zu den Strategien des Überlebens gehört, Andersartiges, Fremdes zu erkennen und zu meiden, nach Ähnlichkeiten aber zu suchen. Das ist tief eingegraben in menschliche Reaktionsmuster, insofern wird es immer etwas geben, das man als »Rassismus« verdächtigen und verwerfen könnte. Wir haben diesen Instinkt jedoch heute weitgehend gebändigt. Darum geht es schließlich im Zivilisationsprozess: die Natur des Menschen nicht zu leugnen, sondern zu zähmen. Man muss Unterschiede akzeptieren, man muss sogar in diesem Sinn »diskriminieren«, ohne dass damit Abwertung einhergeht.

Warum aber leugnen gerade Vertreter einer bunten, vielfältigen Welt so offenkundige Unterschiede? Sie leugnen auch Unterschiede, die mit Rasse, ethnischer Zugehörigkeit und Hautfarbe nichts zu tun haben, sondern mit innerer Einstellung. Der schwarze Ökonom Glenn Loury: »Wenn jemand die

Geschichte des Rassismus als Schuldige verstehen will für das Versagen der modernen schwarzen Gesellschaft in den USA, dann soll er das meinetwegen tun. Ich selber aber bestehe darauf, dass wir Afroamerikaner trotz allem freie Akteure sind, die unser Leben nach unseren Vorstellungen gestalten können, und nicht nur das Produkt unserer historischen Benachteiligung. Diese war real und ist ein Hindernis, aber sie ist nicht unser Schicksal. Unser Schicksal ist nicht bestimmt von der Tatsache, dass unsere Vorfahren versklavt wurden. Unser Schicksal ist in unseren Händen.«[19]

Darum geht es: um Selbstermächtigung. Das Wehklagen darüber, dass die Weißen und der Westen sich an Afrika und den Afrikanern versündigt hätten, worunter sie noch heute litten, verleiht dem Objekt der Zuwendung eine Opferrolle, die es von jeder Verantwortung für das eigene Schicksal befreit. Im Verweis auf die Schuld der Weißen, der sich Antirassismus nennt, liegt eine ungeheure Herablassung mit durchaus sexistischen Untertönen: Der schwarze Mann wird zum Talisman, mit dem die weiße Frau ihre politische Tugendhaftigkeit beweisen kann.[20]

3. Populisten an der Macht

Doch, ja, auch ziemlich große Minderheiten, wenn nicht gar Mehrheiten, kann man beleidigen. Die »baskets of deplorables«, wie Hillary Clinton sie taufte, all jene also, die keine besonderen schützenswerten Identitäten vorweisen können, etwa, weil sie weiße Männer sind, wählen dann womöglich einen Donald Trump zum Präsidenten der USA, den Brexit im Vereinigten Königreich oder die Schwefelbrüder und -schwestern von der AfD in Deutschland. Selbst mit einer Wahlniederlage von Donald Trump ist das Land mitnichten »geeint«, im Gegenteil: Der knappe Ausgang der Wahlen 2016 wie 2020 macht erst recht deutlich, wie gespalten es ist.

Statt sich also über »Populisten« und ihren Erfolg zu echauffieren, sollte man sich mit jenen beschäftigen, die sie wählen – das ist, siehe USA, doch eine beachtliche Zahl, die man nicht ignorieren kann. Sie zu diffamieren ist nicht intelligenter, als Minderheiten zu diskriminieren. Auch sind die »Normalen« ebenso wenig die Bösen, wie sie die Guten sind. Unter ihnen findet sich alles Mögliche, und wer will, mag das immer weiter aufschlüsseln: Da sind die Naiven, die Gemeinen, die Harmlosen, die Fiesen, die Pedanten, die Gutwilligen, die Hausmeister, die Misanthropen ... und so weiter. Normal ist weder besser oder edler oder moralisch besonders hochstehend noch immer nur reaktionär und verspießert, normal ist das, was man gewohnt ist, was nicht ständig ausdiskutiert werden muss, was man voraussetzen darf, was nicht jeden Tag neu ausgehandelt werden muss. Vieles vielleicht überholt, vieles womöglich bloß Routine, vieles einfach nur praktisch. Normal vereinfacht das Leben – wie das Auto oder die Waschmaschine.

Natürlich hat die Mehrheit nicht immer recht – »Millionen Fliegen können nicht irren, esst Scheiße!« ist ein alter Sponti-Spruch, der die Verachtung für die bloße Mehrheit anschaulich auf den Punkt bringt. Doch Mehrheitsentscheidungen sind das Funktionsprinzip der Demokratie, *one man one vote* gilt seit 100 Jahren auch für Frauen. Sofern man nicht das Losverfahren bevorzugt, ist die Mehrheitsentscheidung die einfachste Art, wie Gesellschaften sich auf etwas einigen.

Mit der Karriere der These von der »strukturellen Gewalt« aber ist die Mehrheit geradezu zum Gegner geworden. Von Johan Galtung stammt die These, dass Gewalt auch gesellschaftlichen Strukturen innewohnen könne, ohne dass es dafür der Person eines Täters bedarf. Strukturelle Gewalt im Sinne Galtungs wäre etwa die ungleiche Verteilung von Einkommen und Lebenserwartung, Umweltverschmutzung bis hin zur Behinderung emanzipatorischer Bestrebungen. Im Kampf dagegen sei auch physische »Gegengewalt« zulässig. Solche Thesen des Friedensforschers haben ab 1971 Karriere gemacht, insbesondere bei der bewegten Jugend.[21] Sie dienten dem, was man damals Politisierung nannte: Es galt zu erkennen, dass man nicht allein war mit seinem Leid oder seinem Ungenügen, sondern dass man unter den Verhältnissen litt, die daher zu verändern seien. Ein Opfer der Verhältnisse zu sein, die einen an der Entfaltung hinderten, war nachgerade ein Geschenk des Himmels, bedeutete das doch die auch noch theoretisch gültig hergeleitete Befreiung von allen Selbstzweifeln. Noch heute operieren Kampagnen gekränkter Minderheiten nach diesem Muster: Die Gesellschaft ist uns etwas schuldig.

Gewalt ist dieser Theorie nach nicht hauptsächlich ein physischer Akt, es genügen schon mindere Zeichen der Missachtung, um Empörung zu rechtfertigen. Der Publizist Markus Vahlefeld meint, das Prinzip der strukturellen Gewalt gehe »davon aus, dass grundsätzlich die Mehrheit allein dadurch, dass sie Mehrheit ist, bereits Gewalt ausübt und die freie Entfaltung von Minderheiten vereitelt. Das Grundprinzip der Demokratie – der Mehrheitsentscheid – wurde noch nie eleganter ausgehebelt als mit dem Glauben an die strukturelle Gewalt.«[22]

Strukturell heißt neuerdings auch systemisch, also systembedingt. Die Strukturen müssten verändert, das System abgeschafft werden, dann seien die Menschen frei. Demnach ist nicht der Mensch seines Glückes Schmied, es sind die Verhältnisse, die über ihn entscheiden. Er ist, egal, wie man es dreht und wendet, ein Opfer. Es gibt nur eine Macht, die ihm Gerechtigkeit widerfahren lassen kann: die Systemüberwindung, also die Revolution. Doch was folgt darauf? Ein starker, diesmal die Richtigen unterdrückender Staat? Eine wohlwollende Diktatur, in der die Opferanwälte das Sagen haben? Die Mehrheit jedenfalls hat dann nichts mehr zu melden.

In welchen Wahnsinn dieses Denken führen kann, zeigt die Opferhierarchie, die auf der exzentrischen Seite der Linken gepflegt wird. Das Wort dafür ist »intersektional«, was besagen soll, dass Menschen auf vielen Ebenen diskriminiert sein können – etwa nicht nur durch Sexismus, sondern auch durch Rassismus und Klassismus. Danach stünde ein Opfer der Verhältnisse über einem Opfer realer Gewalt. Das hieße etwa: Die Gewalttat eines Migranten wiegt weniger schwer, weil er ja nicht nur Täter, sondern vor allem Opfer ist, Opfer struktureller Gewalt. So schrieb etwa der Journalist Jakob Augstein über jene Kölner Silvesternacht 2015, in der es massenhafte sexuelle Übergriffe von Migranten auf Frauen gab, diese Frauen seien ihren Tätern außer im Moment des Übergriffs auf allen Ebenen weit überlegen gewesen.[23] Was soll man daraus schließen? Dass Übergriffe auf »Privilegierte« weniger widerlich sind?

Manche Minderheitsaktivisten sehen das so: Die von der strukturellen Gewalt der Mehrheitsgesellschaft unterdrückte Angehörige der Mehrheit ist als solche ebenfalls Teil der Gewalt, als deren Opfer sie sich eben noch gefühlt hat. Die permanente Aufforderung an Weiße, »ihr Privileg zu checken«, der Wunsch nach ihrer Kniefälligkeit und anderen Bußübungen, ja auch die stolze Behauptung einer Professorin im englischen Cambridge, »White lives don't matter«, die von der Universität unterstützt wird[24], weisen ihnen ihren Platz zu.

Gegen Weiße ist Hatespeech erlaubt. Bei allen anderen kommt die Gedankenpolizei.

Normalos mögen das alles für abseitige Spinnereien halten. Doch der Hass auf die weiße (männliche!) Kultur, die ihre sämtlichen Errungenschaften nicht erst seit der Aufklärung einschließt, die Entwertung der Vergangenheit und des europäischen Erbes, ist ein Gift, das ans Gewebe der Gesellschaft geht. Ebenso die Verwischung des Unterschieds zwischen Gedanken und Tat.

Das Strafgesetzbuch unterscheidet bekanntlich zwischen beidem. Das ist offenbar aus der Mode. Wer musste sich nicht alles den Vorwurf anhören, er sei für den Angriff auf Henriette Reker mitverantwortlich, nur weil er sich zuvor kritisch über die Einwanderungspolitik der Regierung geäußert hatte? Zur Erinnerung: Henriette Reker kandidierte 2015 für den Posten des Oberbürgermeisters in Köln und wurde beim Wahlkampf mit einem Messer attackiert. »Pegida hat in Köln mitgestochen«, titelte daraufhin der *Berliner Tagesspiegel*.[25]

Wenn die Grenzen zwischen Wort und Tat verschwimmen, tut das der nötigen gesellschaftlichen Auseinandersetzung nicht gut. Denn genau dafür, für den Fall des Konflikts, haben Menschen sich Regeln gegeben, nicht, um Streit auszuschalten, sondern um ihn auszuhalten.

Das ist, neben dem, was biologisch als normal gelten darf, die andere Seite der Normalität: das, was man Normen nennt, also das, was tatsächlich nicht naturgegeben ist. Doch die gilt es ebenso zu verteidigen wie Regeln und Grenzen. Normen sind Fesseln und rettende Reling zugleich. Ihre Wurzeln liegen weit zurück, einiges ist überholt, anderes lebenswichtig. Sie sind Bemessungsgrundlagen, in Formen gegossene Übereinkünfte, die zur Gewohnheit geworden sind.

Genau: Gewohnheit. Auch so eine zwiespältige Angelegenheit. Gewohnheiten, heißt es auf der Seite der progressiven und modernen Kräfte, machen bequem und unbeweglich, Gewohnheitstiere folgen ihrem täglichen Trott, ohne eine Vorstellung davon zu haben, dass es auch anders gehen könnte. Sie scheuen das Risiko, verweigern sich dem Neuen und Modernen – und deshalb müssen sie beständig aufgerüttelt werden, in aufklärerischer Absicht, na klar.

Das wird den Normalos nun schon seit Jahrzehnten gepredigt: »›Dieser Roman ist eine Provokation!‹ – ›Diese Inszenierung ist ein radikaler Versuch, mit eingefahrenen Verhaltensmustern zu brechen.‹ – ›Diese Ausstellung ist ein Verstoß gegen die Sehgewohnheiten des Publikums.‹ Das Publikum nimmt all diese Provokationen, Brüche und Verstöße mit unerschütterlicher Gelassenheit hin, ebenso wie die Werbespots, die ein völlig neues Duschgefühl, Fahrgefühl, Zahnputzgefühl verheißen«, schrieb der Schriftsteller Hans Magnus Enzensberger bereits 1982.[26] Auch Architekten und andere große Geister belästigen uns seit Jahrzehnten mit ihrem Anliegen, Sehgewohnheiten brechen zu wollen. Erst langsam gibt es beim Bauen wieder eine gewisse Renaissance des Überkommenen, der Tradition, des Üblichen, darf das menschliche Maß wieder gelten, jedenfalls ab und an. Im 21. Jahrhundert besinnen sich Stadtplaner wieder auf frühere Leitbilder der Urbanität, in der Arbeit, Konsum und Wohnen noch nicht scharf getrennt sein mussten.[27]

Gewohnheiten beruhigen, verorten, beheimaten. Sie erleichtern das Leben und entlasten das Gehirn, das seine Ressourcen braucht, um in Stresssituationen schnell reagieren zu können. Menschen sind gewohnt, in Sekundenbruchteilen Muster zu erkennen und Schlüsse daraus zu ziehen: harmlos oder gefährlich? Das hilft beim Überleben in feindlicher Umgebung. »Wir sind alle hochsensible Normalitätserspürer«, sagt der Soziologe Gerhard Schulze. »Ohne unsere Antenne für das Regelmäßige wären wir nicht lebensfähig.«[28] Gewiss hat das seinen Nachteil: Die Suche nach vertrauten Mustern engt das Wahrnehmungsspektrum ein. Pluralistische Gesellschaften sind demgegenüber weit anstrengender und wirken vielleicht deshalb oft so neurotisch.

Doch geteilte Gewohnheiten erleichtern das Leben mit anderen. Wir einigen uns darauf, es einfach so zu machen, wie es hier oder hierzulande normal ist. Das erspart lange Verhandlungen und manchen Konflikt – und hilft auch den Hinzugekommenen, den Fremden, bei der Orientierung. Und warum auch nicht? Nicht immer ist das Gewohnte falsch, veraltet, unmodern, auch wenn in jeder Generation die Jungen das Rad neu erfinden wollen. Gewohnheiten, sagt Enzensberger, »sind vor allem Sedimente, in denen sich eine unermesslich alte Lebenserfahrung niedergeschlagen hat, im Guten und im Bösen. Die Normalität ist das kollektive Gedächtnis in seiner massivsten Form, und insofern ist sie immer veraltet.« Veränderung? Die scheitert regelmäßig an der »Renitenz der Mehrheit«. »Die Normalität ist eine defensive Kraft, aber sie ist unfähig zu resignieren. Mit Meinungen, Weltanschauungen, Ideologien ist ihr nicht beizukommen (...). Sofern die Gattung fähig ist zu überleben, wird sie ihre Fortdauer vermutlich nicht irgendwelchen Außenseitern verdanken, sondern ganz gewöhnlichen Leuten.«[29]

Ganz gewöhnlichen Leuten, genau. Den Normalen eben, den eher konservativen Kräften, die keinen Bedarf für radikale Reformen oder gar Revolution haben, die nicht die Welt retten möchten, sondern, wenn's mal nötig wird, ihre nächsten

Angehörigen und die bei allen großen Utopien leise »aber bedenke die Folgen« murmeln. Den Satz von Enzensberger sollte man sich merken.

Die damalige Beauftragte der Bundesregierung für Migration, Flüchtlinge und Integration im Rang einer Staatsministerin, Aydan Özoğuz, forderte in einem Thesenpapier von 2015: »Unser Zusammenleben muss täglich neu ausgehandelt werden«, nicht nur die neu Hinzukommenden müssten sich integrieren.[30] Eine solche Forderung wäre in jeder anderen Gesellschaft als der deutschen wohl für völlig abseitig gehalten worden. Denn eine Gesellschaft braucht das Gewohnheitsmäßige, um zu funktionieren, eine verlässliche Ordnung, einen verlässlichen Code, eine unmissverständliche Sprache und Gestik. Mehr noch: Vertragssicherheit, die Ehrlichkeit des Kaufmanns, die Gleichheit vor dem Gesetz. Kurz: all das, was Vertrauen erlaubt. Und das soll täglich neu verhandelt werden? Undenkbar. Unpraktikabel. Unnormal. »Genau darin besteht ja der Zweck der Hausordnung, dass man sich nicht ständig um alles kümmern muss. Ihr Hauptgedanke ist Vergessendürfen«, so Gerhard Schulze.[31]

Das Normale, Gewohnte ist der Kitt einer Gesellschaft, die das Nichtnormale respektiert und schätzt, solange es ihre Kreise nicht stört. Freundlicher gesagt: solange es den alltäglichen Umgang miteinander nicht behindert. Die Menschen geben sich Regeln, um es miteinander aushalten zu können. Die Klagen der sich schon bei Nichtigkeiten beleidigt und entrechtet Fühlenden sind da alles andere als friedensstiftend.

Das heißt natürlich nicht, dass diese Regeln nicht verändert werden können, sie ändern sich ja immer wieder, es geht hier wie bei vielem anderen lediglich um das Maß. Der beflissene Versuch von Politikern und Behörden, den Forderungen all derjenigen nachzukommen, die sich sprachlich nicht mitgenommen fühlen, und den ohnehin schon sperrigen Behördensprech durch »gerechte« Sprache noch unverständlicher zu machen, trifft bei den meisten Menschen auf wenig Gegenliebe, auch wenn Rundfunk- und Fernsehmoderatoren ihnen mittlerweile vormachen, wie ein Unterstrich klingt. Die Mehrheit der Männer und Frauen lehnt diese Sprachverhunzung ab.[32] Die Genderista und die politisch korrekten Aktivisten sorgen nicht für Respekt, sondern für das Gegenteil, wenn sie mit sektiererischer Strenge meinen, den widerspenstigen Normalos Saubersprech einbleuen zu müssen. Das Normale aber ist nun mal fleckig und schmutzig wie der Blaumann in der Autowerkstatt.

Der Autor Nassim Nicholas Taleb spricht vom »Terror der kleinen Minderheit«: »Es genügt für eine kompromisslose Minderheit (...) ein winzigkleines Ausmaß zu erreichen, sagen wir drei oder vier Prozent der Gesamtbevölkerung, damit die gesamte Bevölkerung sich ihren Vorlieben unterwerfen muss.« Man brauche nichts weiter »als einige (motivierte) Aktivisten, um einige Bücher zu verbieten oder einige Leute auf die schwarze Liste zu setzen.«[33] Die eine Norm soll durch eine andere Norm ersetzt werden, und das alles im Geiste der Toleranz. »Also«, schließt Taleb, »müssen wir mehr als intolerant mit manchen intoleranten Minderheiten sein.«[34]

Doch so weit sind wir noch lange nicht, die gewohnheitsliebende Mehrheit ist noch im Stadium der Alltoleranz. Und das ist ja erst einmal auch gut so: Auf Abweichendes wird schon längst nicht mehr so panisch und strafend reagiert wie in früheren, formelleren Zeiten, obwohl sich paradoxerweise die Rebellion gegen das angeblich so einengende und intolerante Normale gerade wieder hochschaukelt. Was hat sich nicht alles in der Nachkriegszeit verändert: durch die Pille und die Straf-freiheit von Abtreibungen, durch die volle Geschäftsfähigkeit der Frau und den Abschied vom Schuldprinzip bei Scheidungen. Alleinerziehende sind nicht mehr geächtet und werden vom Sozialstaat unterstützt, Scheidung ist kein Makel mehr, die Kirche hat ihren Einfluss deutlich eingebüßt.

Und doch hat sich vieles nicht so tiefgreifend verändert, wie man vor einigen Jahrzehnten noch angenommen hat. Obwohl die Zahl der Eheschließungen sich seit den fünfziger Jahren halbiert hat, wird noch immer und, soweit man sieht, nicht mehr in abnehmendem Maß geheiratet, zumal ja nun auch Homosexuelle heiraten dürfen. Selbst die Scheidungsquote ist zurückgegangen.[35]

Man täuscht sich womöglich über das Ausmaß, in dem sich das, was als normal gelten kann, verändert hat. Das dürfte daran liegen, dass der neue Tribalismus, der identitätspolitische Diskurs, mittlerweile einen großen Platz einnimmt, in der Politik wie in den Medien. Der linksliberale amerikanische Politik-wissenschaftler Mark Lilla fühlt Demokratie und Politik davon bedroht: Mit ihrer Hinwendung zu Identitätspolitik habe die amerikanische Linke jeden Sinn für das verloren, was Amerikaner als Bürger teilen und was sie als Nation zusammenhält (und was bei Wahlen Mehrheiten verschafft). Er konstatiert eine »moralische Panik, was Rasse, Gender und sexuelle Identität betrifft«, die die Linke daran hindere, eine übergreifende, verbindende Kraft zu werden, die in der Lage wäre, das Land zu regieren.[36] Das Resultat: Zwei Drittel der weißen Wähler ohne Collegeabschluss hätten 2016 für Donald Trump gestimmt, wurden also von der Linken nicht mehr erreicht. Bei nationaler Politik gehe es nicht um Differenz, sondern um Gemeinsamkeit. Die aber werde nur noch unter Gleichartigen gesucht.

Doch normal im Sinne von gewohnheitsmäßig und akzeptiert sei die Grundlage für eine stabile Regierung. Es könne nicht stets alles neu verhandelt werden, je nachdem, wer sich gerade beleidigt und benachteiligt fühlt.[37]

Dies sei auch der deutschen Sozialdemokratie nachgerufen. Man findet Mehrheiten nicht bei den Minderheiten, und wenn sie noch so sehr von den Medien umschwärmt werden – und noch nicht einmal bei den Frauen, denen sich die Partei so emsig anbiedert. Die meisten Frauen ticken anders als sozialdemokratische Funktionärinnen.

Woran liegt es denn, dass wir das Gefühl für gemeinsame Interessen und gemeinsames Handeln verloren haben? Weil wir alle Individualisten sind und, erfreulicherweise, dem Kollektivgeist nicht trauen? Es hat ja seine gewaltigen Vorzüge, nicht gemeinsam mit anderen im Gleichschritt einer Fahne hinterherlaufen zu müssen.

Doch das Leben war gewiss einfacher, als man noch Schichten unterschied oder auf Klassenunterschiede setzte, als das Proletariat als Speerspitze der Weltrevolution galt oder man wenigstens noch vom Sieg im Volkskrieg träumte. Das ist vielleicht das Verblüffendste an den moralisch guten Kräften, die sich überwiegend als grün bis links verstehen: Weder das einst so vergötterte Proletariat noch die Unterschichten oder materiell weniger Begünstigten kommen mehr in den Blick – und wenn, dann figurieren sie, wie bei Hillary Clinton, als *Deplorables*, als bedauernswerte Zukurzgekommene.[38] Einst bekamen westdeutsche Salonkommunisten leuchtende Augen, wenn sich die Arbeiterklasse das ungewaschene Maul nicht verbieten ließ. Heute schreien edle Seelen bei jedem kräftigeren Wort auf und nennen »Hass« und »Hetze«, was einst als so authentisch galt.[39]

Der Journalist David Goodhart ist Hillary Clintons *Deplorables* auch für Großbritannien nachgegangen, in seinem sehr lesenswerten Buch *The Road to Somewhere*, das es mittlerweile in deutscher Übersetzung gibt.[40] Er unterscheidet zwischen den *Somewheres* und den *Anywheres*, zwischen den Verwurzelten und den Kosmopoliten, also jenen, die überall zu Hause sind. Diese hierzulande vielleicht 20 Prozent dominieren seit einigen Jahren die politische Agenda, verkörpern sie doch, glaubt man, das Weltoffene, Bunte, Vielfältige, dessen sich heute jedes Provinznest rühmt. Sie sind die Globalisierungsgewinner. Die *Somewheres* aber, die eher Ortsgebundenen, etwa die Hälfte der Bevölkerung, erscheinen als die Verhockten, mit engem Horizont, womöglich fremdenfeindlich, zumal, wenn sie sich als Vaterlandsliebende oder Heimatverbundene outen. Diese Menschen denunziert der aufgeklärte Kosmopolit gern als »völkisch« oder gar »nationalistisch«. Die solcherart Beleidigten und Erniedrigten aber stecken Goodharts Analyse zufolge hinter der »populistischen Revolte«, die den Erfolg von Trump, Brexit oder AfD möglich gemacht habe.

Es ist auch eine Revolte der Männer, ein Aufbegehren des Landes gegen die Städte, der Arbeiter und Angestellten gegen die Akademiker. Genau: der Normalos gegen die Verkünder der herrlich bunten Vielfalt. Für seine Kritiker ist der einst linke Goodhart damit nach rechts gewandert. Im Grunde aber ist er, wie in ferner Vergangenheit Labour (oder die SPD), noch immer auf Seiten derjenigen, die die nötige Arbeit tun. Der Normalos eben.

Der Vormarsch der Frauen hat die Männer ohne akademischen Lorbeer marginalisiert, die Provinz fühlt sich wie in den *Tributen von Panem* als Versorgungseinrichtung und Müllhalde für die dekadenten Städter, das Handwerk und andere Lehrberufe finden keinen Nachwuchs, weil alle Abitur haben und studieren wollen. Das sind die Kollateralschäden des Gutgemeinten. Und trotz aller Revolutionen der vergangenen Jahrzehnte hat sich, was die Geschlechterrollen betrifft, gar nicht so viel verändert. Seit Frauen die Freiheit haben, zu tun, was sie wollen, entscheiden sie sich keineswegs massenhaft für das, wovon man glaubte, die Männer hätten sie daran gehindert: nämlich deren Jobs zu übernehmen.

Noch immer sind es hauptsächlich Männer, die im Maschinen- und Metallbau arbeiten, im Hoch- und Tiefbau, in Mechatronik und Elektroberufen oder in Verkehr und Logistik, während Frauen überwiegend im Gesundheits- und Sozialwesen oder Erziehung und Unterricht beschäftigt sind.[41]

Geschlechtsspezifische Arbeitsteilung? Ja, warum nicht? Kann es sein, dass der Frauendiskurs der vergangenen Jahrzehnte da etwas ausgelassen hat? Männer sind womöglich nicht nur als Vergewaltiger und Unterdrücker beachtenswert, sondern auch als rastlose Malocher und risikofreudige Erfinder. Und die werden durchaus noch gebraucht.

Der Genderista aber sind Biologie oder gar Natur suspekt, das verdirbt ihnen ihr Wunschkonzert. Sie haben das alles längst »entlarvt als Teil eines ›heteronormativen‹ Machtapparates, dessen wissenschaftliche Methoden kulturell vorgegeben und von bestimmten – patriarchalischen – Interessen geleitet seien. ›Biologismus‹ ist in diesen akademischen Kreisen ein schwerwiegender Vorwurf. Schlimmer als ein Biologist ist eigentlich nur noch ein Rassist«, schreibt der Journalist und Historiker Ferdinand Knauß.[42]

Mit Wissenschaftsfeindlichkeit einhergehende Männerfeindlichkeit macht auch gutwillige Normalos langsam, aber sicher zu »Wutbürgern«. Die Stimmen für Trump, für den

Brexit, für die AfD, alles, was man Populismus schimpft, sind Zeichen an der Wand. Dabei sind es im Grunde die herrschenden Parteien, die sich opportunistisch nach Meinungsumfragen, also nach dem vermuteten Populus richten. Man sollte das Menetekel nicht missachten.

II.
Krieg der Geschlechter

Selten war so viel von Sexualität die Rede wie heutzutage, selten so viel vom Unterschied oder auch nicht zwischen Männern und Frauen, selbst im feministischen Diskurs, in dem doch die Behauptung eine große Rolle spielt, Geschlecht sei bloß ein soziales Konstrukt. Warum beschäftigt man sich dann geradezu obsessiv damit?

Obwohl die Sache, könnte man meinen, längst entschieden ist, tobt der Geschlechterkampf, in dem Frauen Opfer und Männer Täter sind. Und wenn sich in der Krise zeigt, dass sich so viel zwischen beiden gar nicht verändert hat, dass sich Frauen noch immer eher um die Kinder kümmern als die Männer, wird das Schreckensbild einer Retraditionalisierung an die Wand gemalt. Ob MeToo oder Covid-19 – Frauenunterdrückung ist, scheint es, noch immer und überall. Doch den Normalos ist das ganze Getöse ziemlich egal. Er und sie haben andere Sorgen. Dabei sollte es ihnen nicht egal sein. Die mit wachsender Strenge und Empörung geführte Debatte vergiftet das Klima – und manchmal auch das Leben.

1. Oversexed

Es ist schon eine Weile her, aber es hat Spuren hinterlassen: In der antiautoritären Jugendbewegung der sechziger und siebziger Jahre wollte man sich von den Zwängen einer bürgerlichen Existenz befreien, von Wohlanständigkeit, gutem Benehmen, Sitten & Gebräuchen. Die Erfindung der Antibabypille war die willkommene Waffe im Kampf gegen die »Zwangsgemeinschaft Sexualität, Fortpflanzung, Liebe und Ehe«. Man musste nicht heiraten, um Sex zu haben; Sex ohne Fortpflanzung war für beide Geschlechter einigermaßen problemlos möglich und musste nicht groß mit Liebe verbrämt werden, glaubten jedenfalls viele Männer.

Wer dieses Spiel eine Weile mitgemacht hatte, merkte allerdings bald, dass die neue Freiheit auch neue Instrumente der Unterdrückung bereithielt und dass, wenn alles erlaubt ist, die Regelübertretung schnell ihren Charme verliert. Rebellen brauchen das Normale, Tabubrecher das Tabu, Regelübertreter Regeln, sonst geht der Nimbus flöten.

Gerade die sexuelle Befreiung, mit der die Bewegten prahlten, verhieß nicht nur Erlösung, auch wenn sie manch Verklemmung lockern mochte, die sich religiösen und anderen strafbewehrten Konventionen verdankte. Ansonsten aber machten viele auch hier die Erfahrung, dass, wo nichts mehr tabu ist, die öde Langeweile einzieht – »die natürlichste Sache der Welt« ohne jede Verfeinerung oder gar der Quickie bereiteten insbesondere Frauen gewiss nicht mehr Freude als die viel gescholtene Missionarsstellung. Der offene Sex: geheimnis- und spannungslose Langeweile, verbunden mit einer neuen Form der Ausbeutung, über die sich die Frauen der Bewegung bald zu beschweren begannen.[1] Und wahrscheinlich verkannten die sexuell befreiten Kinder, mit welcher Raffinesse viele Menschen der Elterngeneration im Verborgenen trieben, was sie nun glaubten, offen tun zu müssen. Dabei gehört zur sexuellen Erregung auch der Reiz der Übertretung.

Trotz solcher Erfahrungen, über die damals durchaus gestritten wurde, spukt die Ideologie der sexuellen Befreiung noch immer durch die Erziehungswelten. Doch mittlerweile behagt es nicht mehr jeder Mutter (und jedem Vater), wenn die Kinder schon in frühem Alter über die Freuden bestimmter sexueller Praktiken unterrichtet werden und ihnen in Lehrmaterialien lesbische oder schwule Eltern als neue Normalität begegnen.[2] Weil Vater, Mutter, Kind reaktionär ist? Ebenso wie Sexualität, die zu Befruchtung führen könnte?

Die neue Offenheit soll der Diskriminierung (sexueller Praktiken oder homosexueller Liebe) entgegenwirken. Dabei haben wir das nun schon lange hinter uns. Warum soll nicht einfach privat bleiben, was einst nicht zu interessieren hatte und schon längst nicht mehr verboten ist? Nicht jeder will vom Gegenüber wissen, wie und mit wem er's gern hätte (eine aufdringliche Kondomwerbung glaubt, die Betrachter über alle Details unterrichten zu müssen[3]). Und womöglich sollte man Kindern nicht einreden, dass Sex und geschlechtliche Identität das Wichtigste im Leben seien, denn sie werden sich schon ein paar Jahre später mit Lust und Leid genug herumquälen müssen – bis sie endlich als langweilige Normalos abends zu müde dafür geworden sind. Im Übrigen: Es soll Leute geben, die unkonventionell sein auf die Dauer zu anstrengend finden und sich gern mit dem Alltäglichen begnügen – und meist auch noch anderes zu tun haben.

Es gibt eine neue, geradezu aufdringliche Besessenheit von Sex und Geschlecht. Dass man sich in Berlin Unisextoiletten für Menschen wünscht, die sich partout nicht für ein Geschlecht entscheiden können, weil der Besuch einer »binär geschlechtergetrennten« Toilette die inter- und transsexuellen Menschen vor große Herausforderungen stelle[4], müsste eigentlich von allen Frauen als Rückschritt angesehen werden, die einst gute Gründe zu haben glaubten, mit Männern (»Stehpinkler«) nicht die Toilette teilen zu wollen. Genau deshalb wurde Betrieben vor Jahren abverlangt, Toiletten für Damen auch dann zu errichten, wenn sie keine beschäftigten. Das dürfte manchen Handwerksmeister viel Geld gekostet und zur Weißglut gebracht haben. Und nun Rolle rückwärts?

Die Bürgermeisterin von Friedrichshain-Kreuzberg in Berlin, Monika Herrmann, verteidigte die Forderung nach Unisextoiletten mit dem Hinweis auf Frankreich, wo man das schon längst genderfreundlich handhabe. Der *taz*-Korrespondent meldete aus der Bretagne lapidar, dass solches allein daran liege, dass viele Bars und Cafés nun mal nur eine Toilette zur Verfügung hätten.[5] So einfach und südlich leicht kann das Leben sein.

Bevor sich jetzt Aktivisten der Szene furchtbar aufregen und Homo- oder gar Transphobie wittern: Die Politik muss nicht jeder Parole und jedem frisch erfundenen Bedürfnis hinterherlaufen. Gerade Transsexuelle dürften keinen Bedarf nach Klos für alle Geschlechter haben, weil sie genau wissen, für welches Geschlecht sie sich, selten ohne Qualen, entschieden haben: für männlich oder weiblich, aber wohl kaum für divers.

Die im Grunde legitime Frage, wen all diese zeitgeistigen Forderungen betreffen, wie groß und wie relevant also die gesellschaftliche Gruppe ist, die durch diese oder jene Maßnahme begünstigt (oder entschädigt) werden soll, scheint jedoch schon nicht mehr statthaft zu sein. Einer Landtagsabgeordneten in Thüringen, die wissen wollte, wie viele Fälle von Diskriminierung einer wie großen Bevölkerungsgruppe es nötig machten, ein nicht ganz billiges Programm zur Beförderung von »Akzeptanz und Gleichstellung aller Lebensweisen« aufzulegen, bekam das gar nicht gut.[6] Die Zeiten seien gottlob vorbei, in denen sich Homosexuelle hätten registrieren müssen, scholl ihr entgegen, und: Sie halte Homosexuelle wohl für eine »unnormale Minderheit«, schloss messerscharf eine grüne Kollegin. Getroffen und versenkt, möchte man da antworten. Schwule und Lesben sind nun mal eine Minderheit, wie sie selbst am besten wissen.

Und wie verhält es sich mit den »Diversen«, dem »dritten Geschlecht«? Das soll nun in allen Stellenanzeigen berücksichtigt werden, Behördenformulare müssen dafür geändert werden, in Hannover etwa haben die städtischen Mitarbeiter »geschlechtsumfassend« zu formulieren, und wer sich divers fühlt, darf sich das auch behördlich bescheinigen lassen.[7] In Berlin gibt es seit September 2020 ein dickes Papierpaket namens »Diversity-Landesprogramm«, in dem alles enthalten ist, was »diversitysensibel« ist.[8] Dem baden-württembergischen Bildungsplanentwurf 2015 gemäß sollten bereits Achtklässler sich Gedanken darüber machen, ob sie wirklich heterosexuell seien oder sein wollten.[9] Extratoiletten für dieses (und alle weiteren 54 Geschlechter?) sind vielerorts im Gespräch, selbst in Grundschulen, also bei Sechs- bis Zwölfjährigen, soll es eine dritte Toilette geben, denn die Schüler sollen sich »stolz mit dem dritten Geschlecht identifizieren« dürfen.[10]

Das kostet. Aber wollen wir kleinlich sein bei etwa 160 000 betroffenen Menschen unter 83 Millionen, die weder Mann noch Frau sind (oder sich der heterosexuellen »Norm« nicht unterordnen wollen)?

Doch von 160 000 Betroffenen ist mittlerweile nicht mehr die Rede. Auch von 16 000 kann man nicht ausgehen. Womöglich sind noch nicht einmal 1600 in ganz Deutschland »Betroffene«. Martin Spiewak hat für die *Zeit* nachgefragt: In den elf größten deutschen Städten haben nur 20 Personen beantragt, ihren Eintrag ins Geburtenregister auf »divers« ändern zu lassen. Der Kreis der Betroffenen beträgt also womöglich nicht 0,2 Prozent der Bevölkerung, sondern eher 0,002 Prozent.[11] (Transsexuelle, siehe oben, ordnen sich einem der beiden Geschlechter zu, was ja naheliegt.) Es geht also um eine ziemlich winzige Minderheit, die man bedauern mag oder auch nicht, aber aus ihrem Schicksal einen Anspruch an die Allgemeinheit herzuleiten, ist widersinnig. Und wahrscheinlich sind es noch nicht einmal die Betroffenen selbst, die sich hier melden – sondern ihre Lobbyisten aus der akademischen Welt, die in der »Dekonstruktion« ihr Lebensthema entdeckt und zum Herrschaftswissen ausgebaut haben. Man hat ja sonst nichts gelernt.

Mit diesem Besteckkasten ausgestattet wird akribisch ermittelt, wer sich welchen Sprechvergehens schuldig gemacht hat. Der Tübinger Oberbürgermeister Boris Palmer etwa hat sich gleich mehrmals vergangen: Er »outete seine lesbische Parteifreundin Maike Pfuderer auf Facebook als trans, misgenderte sie und verwendete ihren Deadname. Die LSBTIQ-Aktivistin will nun Anzeige erstatten.« Ein Deadname ist, unter uns Normalen, der Name Reinhard, unter dem Maike nach der Geburt registriert worden ist. Und das sei strafwürdig, obwohl Pfuderer ihr Schicksal mitsamt Deadname selbst öffentlich gemacht hat?[12]

Nassim Nicholas Taleb spricht von der Diktatur der Minderheit: Es brauche nur ein paar aggressive Aktivisten, und schon gebe die gutwillige Mehrheit nach. Auf diese Weise kann man

Speisepläne verändern, Bücher verbieten oder Leute auf eine schwarze Liste setzen. Eine intolerante Minderheit, behauptet er gar, schade nicht nur der Demokratie, sondern zerstöre die Welt.[13] »Wir stehen«, schreibt dazu der Philosoph und Psychologe Carlo Strenger, »vor der absurden Situation, dass der vorgeblich tolerante, faire und für kulturelle Unterschiede sensibilisierte Westen selbst zum Opfer jener Intoleranz geworden ist, die mit der Idee der politischen Korrektheit bekämpft werden sollte. Das nenne ich ein phänomenales Eigentor.«[14]

Doch aufs eigene Tor wird weiterhin gebolzt – etwas, das jedem normalen Zeitgenossen (und Fußballfan) fremd sein dürfte. Andauernd werden Menschen auf ihre Geschlechtszugehörigkeit verwiesen: Politiker und Medienpersonen sprechen schon lange nicht mehr von Bürgern, sondern von Bürgern und Bürgerinnen. Sogar die Grammatik wird sexualisiert, weshalb es nicht mehr Studenten heißen darf, weil das angeblich weibliche Studenten ausschließe.[15] Das generische Maskulinum aber hat keinen Sex, ist also nicht *for men only*, ebenso wenig wie das generische Femininum nur Weibliches meint. Vor allem gibt es keinen Grund, es an die Männer abzutreten – mal ganz abgesehen davon, dass nun wieder die Diversen gekränkt sein dürften. Inklusiv und berückend einfach wäre es doch wohl, alle unter dem Begriff »Bürger« zusammenzufassen, egal, welches Geschlecht sich der Einzelne zuweist. Das wäre dann ganz und gar die alte Sprachregelung? Genau.

Streng betrachtet, passt solch anbiederndes öffentliches Sprechen gar nicht zum längst auf höchster politischer Ebene installierten Prinzip des Gendermainstreaming, ein Begriff, den wohl kaum jemand außerhalb der Zirkel Eingeweihter versteht. Dabei ist der Hut schon ziemlich alt.

Bereits im Jahr 2000 fand er unter der rotgrünen Bundesregierung Eingang in die Geschäftsordnung der Bundesministerien, wo es in § 2 heißt: »Die Gleichstellung von Frauen und Männern ist durchgängiges Leitprinzip und soll bei allen politischen, normgebenden und verwaltenden Maßnahmen der Bundesministerien in ihren Bereichen gefördert werden (Gendermainstreaming).«[16]

Aus Gleichberechtigung wird Gleichstellung, zum einen. Ein Ding der Unmöglichkeit und zudem gewalttätig: Ungleiches kann man nicht gleichmachen. Zum anderen: Was hat Gendern damit zu tun? Das englische Wort Gender bezeichnet ursprünglich ein vom biologischen Geschlecht (*sex* im Englischen) unterschiedenes soziales Geschlecht, also alles, was am Frauen- und Männerbild kulturellen Moden und Normen unterworfen ist. Dazu wäre viel zu sagen. Doch mittlerweile ist daraus ein Kampf gegen die »Zwangsheterosexualität« geworden, da Zweigeschlechtlichkeit keine biologische Tatsache, sondern eine aufgezwungene Geschlechtsrolle sei. Folgerichtig soll heute jeder selbst über seine geschlechtliche Identität entscheiden. Wieso aber wird dann noch von der Gleichstellung von Mann und Frau gesprochen, wenn zugleich der Zwang, sich zwischen beidem zu entscheiden, aufgehoben sein soll?

Im Übrigen ist auch »Frau« keine unumstrittene Kategorie mehr, seit sich besonders feinfühlige Personen dazu entschlossen haben, nicht mehr von Frauen, sondern von »menstruierenden Menschen« zu sprechen, um keine Transfrau zu kränken. (Mehr dazu später.) Wobei: Wo bleiben dabei die nicht mehr menstruierenden Menschen, vulgo: Frauen nach der Menopause? Diskriminierung!

Natürlich kann man auch Männern nicht mehr verübeln, wenn sie auf einen freien Frauenparkplatz zusteuern. Das hieße ja, ihnen ein bestimmtes Geschlecht zu unterstellen. (»Are you assuming my gender?« ist die empfohlene Replik, wenn man nicht mit Mann oder Frau angeredet werden will. Ein Witz, wenn er nicht so ernst genommen würde.)

Lassen wir mal das Problem beiseite, das entstehen kann, wenn ein Mann, der behauptet, sich als Frau zu fühlen, seine Strafe als Vergewaltiger im Frauengefängnis absitzen möchte.[17] So oft dürfte das nicht vorkommen. Doch es gibt andere Aspekte, die bei Feministinnen heftig umstritten sind. Nicht jede von ihnen glaubt, dass Weiblichkeit lediglich eine Sache der Einstellung sei. Die britische Journalistin Julie Bindel etwa schrieb 2004 im *Guardian* in waghalsiger Deutlichkeit: »Ich habe kein Problem, wenn Männer ihre Genitalien entsorgen, aber das macht sie ebenso wenig zu einer Frau wie mich zu einem Mann, wenn ich mir ein Stück Schlauch in meine Levis stopfe.«[18] Vom daraufhin einsetzenden Proteststurm erholte sie sich, heißt es, nie wieder. Selbst die Ikone des Feminismus, Germaine Greer, machte sich unbeliebt, als sie 2015 erklärte, dass eine Geschlechtsumwandlung keinen Mann zur Frau mache.[19] Ähnlich erging es dem Schandmaul Julie Burchill, berüchtigt fürs Zielen unter die Gürtellinie, die 2018 festhielt, sie denke nicht daran, sich von »Schwänzen in Frauenklamotten« oder »einem Haufen Bettnässern mit schlecht sitzenden Perücken« gängeln zu lassen.[20] Nicht wenige Feministinnen finden es im Übrigen durchaus störend, dass Männer, die sich zur Frau umoperieren lassen, sämtliche Klischees attraktiver Weiblichkeit zu erfüllen versuchen, von straffen Brüsten bis Traumfrisuren – wie etwa Caitlin Jenner, einst ein Zehnkämpfer namens Bruce.[21] Und nicht alle Lesben legen Wert auf eine Beziehung mit einem zur Frau konvertierten Mann. Warum wohl?[22]

Und nun auch noch J. K. Rowling, die sich öffentlich über den Begriff »Menschen, die menstruieren« aufregte: »I'm sure there used to be a word for those people. Someone help me out. Wumben? Wimpund? Woomud?«[23] Worauf sie hinauswollte, ist die schlichte Wahrheit: »Das biologische Geschlecht eines Menschen ist Realität.«[24] Menschen, die menstruieren, sind Frauen, selbst, wenn sie als Mann leben wollen. Männer, die Frauen werden wollen, menstruieren nicht, ihnen fehlt das dafür geeignete Organ. Was ist an dieser schlichten Feststellung anstößig? Auch Caitlin Jenner, so attraktiv sie als Frau auch aussieht, ist biologisch gesehen noch immer ein Mann. Man kann ihren Wunsch, das nicht mehr sein zu wollen, gewiss respektieren. Doch muss man deswegen ein paar fundamentale biologische Fakten über Bord werfen?

Zur Machtfrage wird die Debatte im Sport: Die transsexuelle Radfahrerin Rachel McKinnon scheint vom ganzen Typus her noch immer die Vorteile des Mannes zu besitzen, was Körperbau, Muskulatur und Hormonstruktur betrifft. Wohl deshalb hat Tennisprofi Martina Navratilova, übrigens lesbisch, Transfrauen als Männer bezeichnet, die sich entscheiden, eine Frau zu sein.[25] Verständlich, dass sie das nicht schätzt: So etwas nennt man nicht nur im Sport Wettbewerbsverzerrung.

Die viel geforderte Sensibilität fehlt oft ausgerechnet, wenn es um diejenigen (wenigen) geht, deren Geschlecht tatsächlich nicht eindeutig ist.[26] Und schlimmer als unsensibel ist es, Jugendliche nicht vor möglichen Fehlentscheidungen zu bewahren. Wie kann es angehen, dass mittlerweile schon der bloße Wunsch Heranwachsender, kein Mädchen oder kein Junge mehr zu sein, von Eltern und professionellen Beratern ohne weiteres Hinterfragen für bare Münze genommen wird? Die Betroffenen berichten von gerade mal halbstündigen Gesprächen, und schon wird von willfährigen Helfern ein Prozess eingeleitet, der unwiderruflich und womöglich weit schmerzlicher ist als das vielen jungen Menschen immer schon geläufige Problem, sich in ihrer Haut und ihrem Körper nicht wohl zu fühlen. Die Berichte von Menschen, die den Weg gegangen sind und wieder zurückwollen, sind erschütternd.

Die heute 23-jährige Keira Bell etwa fühlte sich mit 15 eher wie ein Junge. Bereits nach drei Beratungsgesprächen im darauf spezialisierten Tavistock Centre in Nordlondon wurde sie mit Hormonen als Pubertätsblocker behandelt und zum Mann umgeformt. Viel zu schnell, sagt sie heute, und klagt gegen die Klinik.[27] Charlie Evans, 28 Jahre alt, wurde als Mädchen geboren, ließ sich knapp volljährig zum Mann umwandeln und unternahm später die Detransition zurück zur Frau. Sie berichtet von Hunderten, die ihre Geschlechtsumwandlung mittlerweile bedauern.[28] Auch in Deutschland gibt es Frauen, die als Transmänner gelebt und ihre Entscheidung bereut haben. Eine von ihnen erklärt, ein Therapeut habe ihr bereits nach 30 Minuten bescheinigt, dass sie »trans« sei.[29] Einen Befund auf so schmaler Basis mit derart schwerwiegenden Folgen nennt man gemeinhin fahrlässig.

Dieses »Sei, was du sein willst«, egal, was Biologie oder Natur dir mitgegeben haben, ist ein modischer Einfall, der zu brutaler Selbstverletzung ermutigt.[30] Denn womöglich geht selbst glaubwürdiger Leidensdruck nicht immer in die richtige Richtung oder führt zu einer richtigen Entscheidung. Mittlerweile gibt es eine blühende Umwandlungsindustrie. In England wurden 2009/10 32 Fälle sogenannter weiblicher Dysphoria (Geschlechtsidentitätsstörung) registriert, einige Jahre später waren es bereits 1740.[31] In Deutschland hat sich die Zahl der Geschlechtsumwandlungen insgesamt zwischen 2012 und 2018 mehr als verdoppelt.[32]

Immer her mit dem Skalpell, wenn etwas stört?

Vom Standpunkt eines Normalos aus sind die Lehren aus den Debatten der letzten Jahre geradezu verwirrend widersprüchlich. Gerade eben noch galt es zu begreifen, dass Biologie nichts bedeutet, wenn sich jemand anders entscheidet, als ihm bei der Geburt bestimmt war. Kurz zuvor aber ging es geradezu um das Klischee von Mann und Frau: Die MeToo-Kampagne suggerierte, unsere Gesellschaft sei von übergriffigen Männern geprägt – und von Frauen, die sich dagegen nicht wehren können. Gewiss gibt es solche Männer und gewiss auch zu viele davon. Mag auch sein, dass die MeToo-Kampagne Frauen geholfen hat, sich nicht mehr allein zu fühlen mit Erlebnissen von sexueller Zudringlichkeit bis hin zu Vergewaltigung, was angesichts der Enttabuisierung des Themas in den vergangenen Jahrzehnten ein wenig verwunderlich ist. Zugleich aber hat sie ein Zerrbild hinterlassen: von übermächtigen Männern und ohnmächtigen Frauen. Wenn das Geschlecht eine bloße Konstruktion ist, dann müsste das auch für die These vom männlichen Unterdrückungszusammenhang gelten.

Dem alltäglichen Miteinander hat das nicht geholfen, im Gegenteil: Es hat ihm den beständigen Verdacht hinzugefügt – der Frauen gegen die Männer und umgekehrt. Männer haben sich angewöhnt, vorsichtshalber nicht mehr in Gesellschaft von Frauen im Fahrstuhl zu fahren und stets die Bürotür offen zu lassen, wenn eine Frau das Zimmer betritt – aus Furcht vor MeToo. Schwäche kann eine scharfe Waffe sein und manch augenscheinliches Opfer entpuppt sich als raffinierte Täterin, siehe den Fall des langjährigen ARD-Wettermoderators Jörg Kachelmann.[33] Man unterschätze uns Frauen nicht.[34]

Dass Sexualität ein mächtiger Trieb ist, der die Verhältnisse zum Tanzen bringt, ist unbestritten. Es gibt Männer, die nichts anderes im Kopf zu haben scheinen, und es gibt Frauen, die es verstehen, den seinen Trieben unterworfenen Mann prächtig zu manipulieren.

Frage eines Normalos: Aber was hat das alles mit dem banalen Alltag des Lebens zu tun?

2. Liebesverhängnis

Den »Zwangszusammenhang« zwischen Sexualität, Liebe, Ehe und Fortpflanzung, den es 68 ff. zu sprengen galt, gab es in der Menschheitsgeschichte wohl eher selten. Wen man liebte oder begehrte, den heiratete man nicht, dazu war die Ehe eine viel zu ernste Angelegenheit. In der Antike fand Liebesleidenschaft eher außerhalb der Ehe statt und zur Zeit der ritterlichen Minne glaubte man, dass wahre Liebe nicht zur Ehe passe, da sie als rechtliche Verpflichtung nicht gedeihen könne.[35] Ehe war eine Zweckgemeinschaft im Sinne der Familie.

Die romantische Liebe ist, wenn man so will, ein soziales Konstrukt, das sich der abnehmenden Bedeutung feudaler Strukturen wie Geburt und sozialer Stand verdankte. Also ist sie wahrhaft demokratisch, die Wahl des Herzens anstelle der Pflichterfüllung gegenüber der Familie? Gewiss. Und doch hat sie ihre Tücken, wie Gustave Flauberts großartiger Roman *Madame Bovary* zeigt, erschienen 1857.[36]

Ist der Roman eine Hommage auf eine Ausbrecherin, eine Rebellin wider die Normalität? Vom Standpunkt der Liebesromantiker wahrscheinlich: Ihnen zufolge ist Emma Bovary an der Gesellschaft gescheitert, an den Spießern in ihrer Umgebung und an den unmoralischen Männern, von denen sie sich verführen ließ, und den Feiglingen, die ihr nicht halfen. Ihre Sehnsucht, aus dem Gewohnten auszubrechen und sich der Leidenschaft hinzugeben, versteht sicher jede romantische Seele: Sind Liebe und Leidenschaft nicht das Erstrebenswerte, sollte das Lebensglück nicht auf diesen mächtigen Emotionen gründen?

Unsere Vorfahren hätten darüber nur verständnislos den Kopf geschüttelt. Wie kann man Lebensentscheidungen auf so etwas Flüchtigem wie Liebe im Sinne sexueller Leidenschaft gründen? Doch genau damit machen Sexualberater heute ihr Geschäft: Weil alle Welt zu glauben scheint, nur Sex (bis ins hohe Alter) halte Beziehungen zusammen und mache Menschen glücklich. Vielleicht ja. Vielleicht nein. Womöglich wussten die Altvorderen es besser. Womöglich irrte Emma Bovary.

Gustave Flaubert hat in seinem Roman, so glauben viele, am Beispiel der unglücklich Liebenden die Beschränktheit der französischen Provinz Mitte des 19. Jahrhunderts abgehandelt, hat mit kaltem Stahl das spießige Kleinbürgertum seziert, das er in der Tat detailbesessen schildert. Was wäre, wenn das ein Missverständnis ist?

Die Stärke des Romans liegt doch vielmehr darin, dass der Dichter weder moralisiert noch verurteilt. Seine Charaktere sind keine Karikaturen, nicht der unbeholfene Landarzt Charles Bovary, der seiner untreuen Ehefrau über den Tod hinaus ergeben bleibt. Nicht Homais, der Apotheker, ein von seiner eigenen Bedeutung betörter antiklerikaler Dorfintellektueller, der eigentliche Sieger der Geschichte. Und noch nicht einmal Rodolphe, einer der Liebhaber der Madame Bovary, ein kleiner Landadliger, der weiß, auf welche Worte Frauen fliegen. Alles normale Menschen, nicht bösartiger oder beschränkter als andere und ohne übersteigerte Vorstellungen vom Glück.

Die aber hat Emma Bovary. Und das ist kein gelungenes Gegenprogramm. Madame genügt das normale Leben nicht, sie träumt von Größerem. Nicht, wie Homais, von so etwas Irdischem wie dem Kreuz der Ehrenlegion, sondern von dem, was ihr die Literatur verheißen hat, angefangen mit schwülstigen religiösen Traktaten und galanten Geschichten über Herren, tapfer wie Löwen und sanft wie Lämmer, bis hin zu allem, was die Bibliothek hergibt. Emma liest Bücher, nein: Sie verschlingt sie. Sie liest wahllos. Und vor allem glaubt sie an das, was sie liest. Sie gibt sich dem »Blendwerk der Welt der Empfindungen« hin. Das ist das wahre Thema des Buchs: Wie die Erfindung der romantischen Liebe unempfänglich dem Leben gegenüber macht, ja, wie die schwelgerischen Worte der Leidenschaft das normale Glücksempfinden zerstören.

Mag sein, dass Emma am Spießertum ihrer Umgebung leidet. Aber sie verkörpert keinen Triumph der Phantasie, des Unkonventionellen, der Freiheit über die Enge der Provinz mit ihren eingespielten Riten. Sie begibt sich auf die trostlos unfreie Jagd nach dem Unerreichbaren. »Und die heißesten Küsse hinterließen auf den Lippen nur die unerfüllbare Begierde nach einer tieferen Wollust.« Wie eine Süchtige versäumt sie über dem überbordenden Verlangen das Glück des Alltags.

Denn so elend langweilig ist das Leben der Normalos gar nicht. Vielmehr sind die Versprechungen der Literatur illusorisch und gefährlich – und das führt ausgerechnet einer vor, der sich auf Worte so gut versteht wie Flaubert. Einer seiner zeitgenössischen Kritiker hat ihm vorgeworfen, dass er seine Figuren ebenso wenig liebe wie Emma Bovary ihr Kind. Doch das ist, im Gegenteil, seine Stärke: Liebe macht blind, vor allem, wenn es sich um jene übersteigerte romantische Liebe handelt, der oft gerade Frauen verfallen. Er schildert den Preis solcher Liebe – bis in die letzten Todeszuckungen der elend an Arsen gestorbenen Liebessüchtigen. Das wäre die Moral der Geschichte, wenn die Geschichte denn eine hätte: Man verachte das schlichte Glück des Spießers nicht. Das hält meist länger als das partielle Irresein leidenschaftlicher Liebe, so großartig sich das zunächst auch anfühlen mag.

Die romantische Liebe gilt als eine Erfindung des frühen 19. Jahrhunderts, und man hielt sie damals allgemein eher für ein Unglück. Die Ehe fordere Respekt, Fürsorge und diene dazu, für Nachwuchs zu sorgen, Leidenschaft sei der Ausnahmezustand, der dieses Geflecht zu zerstören drohe.[37] Übersteigerte Erwartungen an den Partner führten zwangsläufig zu Enttäuschung – und hat nicht Flaubert genau das geschildert?

Gut möglich, dass die verbreitete Vorstellung, sie müsse auf lebenslanger leidenschaftlicher (sexueller) Liebe basieren, ihren Anteil hat an der Krise von Ehe und Familie in den westlichen Gesellschaften seit einigen Jahrzehnten. Das pragmatische Modell der Projektehe (um das tranige Wort Vernunftehe zu umgehen) hat jedenfalls schon lange keine Lobby mehr. Ein Fehler vielleicht?

3. Die Ehe und ihre Feinde

Sexualität ist ein mächtiger Trieb und dient der Fortpflanzung, also der Arterhaltung, das erklärt sich von selbst – nur die Genderideologen wollen das nicht wahrhaben. Lieben wiederum kann man auch die Freunde. Wie aber kam die Ehe in die Welt, also ein Vertrag, kirchlich und staatlich beglaubigt?

Die Babylonier taten es, die Römer, die Germanen – alle taten es: Sie heirateten. Urvater Abraham teilte seine Frau Sarah als Geste der Gastfreundschaft mit dem ägyptischen Pharao, und als die Ehe unfruchtbar blieb, heiratete er auf ihre Anregung hin ihre Sklavin. Nero hat mehrmals geheiratet, unter anderem seinen Lustknaben Sporus. Hinweise auf den rechtlichen Rahmen von Eheschließungen finden sich bereits in den zwei ältesten belegten Gesetzestexten, dem Codex Ur-Nammu (um 2100 v. Chr.) und dem Codex Hammurapi (um 1800 v. Chr.). Die Germanen pflegten sogar die monogame Ehe, wenn man Tacitus Glauben schenkt, was man vielleicht nicht tun sollte, er kannte Germanien nur vom Hörensagen.[38]

Und heute? Nie war sie so beliebt – alle sollen heiraten dürfen. Die Verachtung der bürgerlichen Ehe ist, so scheint es, aus der Welt, wenn selbst die sexuelle Avantgarde von einst, Schwule und Lesben, zum Standesamt und vor den Traualtar streben.

Doch nicht nur die Ehe, auch ihre Feinde haben eine lange Tradition. Noch alle Revolutionäre haben sich als Erstes daran gemacht, Ehe und Familie als Machtfaktoren auszuschalten – sind sie doch private Bündnisse, auf die keine äußere Macht Zugriff hat, jedenfalls nicht so ohne weiteres. Die erste in der langen Reihe der ehefeindlichen Revolutionäre war ausgerechnet jene Macht, auf die sich beruft, wer die Ehe auf die Verbindung zwischen Mann und Frau beschränken will: die christliche Kirche. Ihre Vertreter bevorzugten gottesfürchtige Keuschheit, die Verbindung zwischen Mann und Frau haben sie nur langsam und eher zähneknirschend akzeptiert – weil die Ehe, bei all ihren Nachteilen, die Unzucht wenigstens einhege und der Kirche neue Seelen zuführe. Augustinus fand es besser, nicht zu heiraten. Für Paulus war die Ehe ein unwillig hingenommenes Mittel gegen die Sinneslust, da die Sünde der Unzucht in der Ehe wenigstens lässlich werde.[39]

Die Ehe setzte sich im mittelalterlichen Europa durch, nicht, weil die Kirche das wünschte, sondern erst, als weltliche Interessen sich des kirchlichen Segens versichern wollten. Adlige und bäuerliche Familien legten Wert auf eine geregelte Nachfolge, denn der Besitz sollte unvermindert vererbt und dem Zugriff räuberischer Verwandter entzogen werden. Mit der Einführung von Familiennamen und der formellen Eheschließung entstand Herkunft im Dienste der Zukunft: So sollte sichergestellt werden, dass der Erbanspruch folgender Generationen als legitim anerkannt wurde.

Die Ehe hatte also mit Eigentum, Erbfolge und Familie im Sinne eines generationenübergreifenden Zusammenhangs zu tun. Erben konnte nur der älteste Sohn, der Stammhalter, für seine Brüder blieben Klerus und Militär. Die Frauen durften oder mussten heiraten: Ehen unter Angehörigen mächtiger Familien vergrößerte deren Macht.

Als die Kirchenmänner sich mit dem Wunsch der Gläubigen nach kirchlich besiegelter Verbindung abfanden, setzten sie alles daran, diese Verbindung bis ins kleinste Detail zu bestimmen und zu kontrollieren. Die Geschichte der christlichen Ehe ist im Grunde die Geschichte des Kampfes gegen die Macht der Familie bzw. des Familienclans.

Denn darum ging es: Ehen besiegelten Bündnisse zwischen Stämmen und Familien und sicherten die Erbfolge. Eine Ehe zwischen gleichgeschlechtlich Liebenden kam dabei nicht in Betracht, denn wozu sollte eine solche Verbindung gut sein? Ehe diente der Fortpflanzung, dafür braucht es Mann und Frau, wie auch immer ihre sexuellen Präferenzen aussahen (und die waren früher gewiss so bunt wie heute).

Die Zukunft regeln heißt, dafür Sorge zu tragen, dass Gerüst und Tradition der Gesellschaft weitergegeben werden. Das

Institut der Ehe verleiht Nachkommen den Status von Erben, gibt ihnen Rechte, Vorfahren, einen Namen. Ohne vererbbare Güter konnte man sich, sagt der französische Mittelalterhistoriker Georges Duby über den Feudalismus, zwar paaren, aber keine Ehe schließen.[40]

Die Ehe lag also ganz und gar im weltlichen Interesse einer ländlichen Gesellschaft von Grundbesitzern, den Fortbestand ihrer Produktionsweise im Lauf der Generationen zu sichern, was die Weitergabe eines unverminderten Besitzes an Grund und Boden, Ackerflächen, Wiesen, Wäldern, Obstbäumen, Olivenhainen und Vieh bedeutete. Um den Besitz zusammenzuhalten, bevorzugte der Adel Heiraten im nahen Verwandtenkreis (etwa zwischen Vetter und Cousine), er sorgte dafür, dass der Familienbesitz in männlicher Linie weitergegeben und erhalten wurde und verwehrte damit einem beträchtlichen Teil der Nachkommen die Ehe. Ehe für alle gab es nicht.

Solche Heiratsstrategien bedeuteten nicht, dass Ehen ohne Zuneigung und Frauen ohne Rechte bleiben mussten. Frauen brachten nicht nur Besitz in die Ehe ein, ihre Macht beruhte ebenso auf ihrer wirtschaftlichen Funktion im Hausstand. Gefühl und Respekt sind hilfreich bei der Bewältigung des Alltags, aber Liebe bedurfte nicht der Ehe und umgekehrt. Der Wunsch, zu heiraten, »weil man sich liebt«, war den meisten unserer Vorfahren fremd. Begehren vergeht, ein Hausstand nicht. Dass der Wunsch nach Eheschließung heute als romantisches Ideal daherkommt und noch nicht einmal notwendig auf Familiengründung herausläuft, wäre undenkbar gewesen.

Erst spät festigte sich das Bündnis zwischen der Kirche und den adligen und grundbesitzenden Familien: Der christliche Segen verlieh der angestrebten Kontinuität das göttliche Siegel. Um 1130, schätzt Duby, hat sich der Ritus der kirchlichen

Trauung in Nordwesteuropa fest etabliert. Heirat, Taufe, Kommunion und Beerdigung gaben der Kirche die Kontrolle über sämtliche wichtige Lebensereignisse, eine lokale Verankerung, wie sie keine andere Weltreligion kennt. Mit der kirchlichen Reglementierung der Ehe aber ging die Einschränkung der Macht der Familie Hand in Hand. Als Erstes setzte die christliche Kirche in Europa erfolgreich Heiratsverbote unter nahen Verwandten durch und schränkte generell familiäre Strategien zur Besitzakkumulation ein. Die Kirche verbot Wiederverheiratung und Adoption, da aller weltlicher Besitz beim Fehlen natürlicher Erben an Gott zurückgehen müsse. Jetzt entwickelte sich die Kernfamilie im Unterschied zu Clanstrukturen und dem Paternalismus etwa in islamisch geprägten Kulturen.

War die Kirche im Kampf gegen konkurrierende Machtzentren wie mächtige Familienverbände also lediglich darum bemüht, ihnen ihren Besitz abzujagen? Diese These vertritt der britische Kulturwissenschaftler Jack Goody.[41] Je eingeschränkter die Möglichkeit, durch Vetternehen oder Adoption das Erbe in der Familie zu behalten, desto größer die Chancen für die Kirche, ins Erbe einzutreten.

Der Klerus konkurrierte also mit den weltlichen Herrschern, die immer wieder per Gesetz zu verhindern suchten, dass geldgierige Klerikale Witwen und Mündel ihr Erbe abschwatzten. Die Kirche war kein Schutzengel der Familie. Doch die Familie als Machtzentrum konkurrierte auch mit den Interessen der Landesherren, die gegen die Übermacht adliger Clans ihr Gewaltmonopol durchsetzen wollten. Es gab also mindestens zwei Parteien im Kampf gegen die Familie und ihre Heiratsstrategien.

Manche rechnen das Individuum dazu. War das Christentum nicht vielmehr ein Vorkämpfer des Individualismus, als

Hüter der Gattenehe aufgrund gegenseitiger Zuneigung anstelle der nur der Familie und deren Machtsicherung durch Bündnispolitik dienenden Zwangsehe? Hatte die Kirche mit der Entmachtung der Familie nicht dem Individuum mehr Freiheit gegeben, auch die, seinen Gefühlen zu folgen?

Gewiss hat die christliche Kirche eine erhebliche Rolle gespielt bei der Emanzipation des Individuums von Herkommen und Familie, womöglich ganz gegen die eigenen Intentionen. Die Kleinfamilie des christlichen Abendlandes erlaubte jenen persönlichen Ehrgeiz, den Clanstrukturen so erfolgreich unterbinden: Denn was helfen alle Anstrengungen, wenn ihre Frucht an alle umverteilt werden muss? Paternalismus wie Sozialismus töten den mächtigsten Motor der Menschheitsgeschichte, den persönlichen Ehrgeiz.

Und war die Kirche nicht, weil sie die Wiederverheiratung verbot, eine Verbündete der Frauen? Reiche Witwen konnten jedenfalls mit dem ererbten Vermögen im Schutz der Kirche ihre gesellschaftliche Stellung durch großzügige Geschenke und Bauvorhaben wie Klöster und Gästehäuser festigen, auf Kosten des Familieneinkommens der Hocharistokratie.[42]

Erst seit dem 18. Jahrhundert hat sich in unseren Breiten die Vorstellung durchgesetzt, dass die Ehe ein Ausdruck der Liebe von Mann und Frau sei. Liebe aber folgt keinem Zweck, noch nicht einmal dem der Reproduktion. Warum also sollte Ehe nicht allen offenstehen, auch gleichgeschlechtlichen Paaren? Es fragt sich allerdings, ob es dazu staatliches Siegel und kirchlichen Segen braucht. Denn die Ehe für alle koppelt die Institution von ihrer Historie ab, und das bedeutet womöglich auch den Abschied von ihrer Verbindung mit Familie.

Familie ist janusköpfig, sie ist einengend und anarchisch zugleich. Einengend, weil sie die Individuen ihren Gesetzen und Bedürfnissen unterwirft. Anarchisch, weil sie eine starke Gegenmacht bildet, einen schützenden Privatbereich gegen den Zugriff anderer Mächte, sei es die Kirche oder der Staat. Große Familienclans können das staatliche Gewaltmonopol aushebeln, das erlebt man heute in deutschen Großstädten nicht selten. Dagegen ist die bürgerliche Kleinfamilie erschütternd harmlos.

Was aber ist das Individuum ohne sie? In der neuerlichen Konjunktur der Ehe scheint das wieder eine Rolle zu spielen: dass eine Ehe mit oder ohne Nachkommen die Urzelle von Fürsorge sein, dass sie Autarkie bedeuten kann, Privatsphäre gegen die Übermacht des Politischen.

4. Ehe für alle

Ist Ehe für alle ein Sieg des Spießertums? Haben sich die Normalos durchgesetzt, auch bei Schwulen und Lesben, einst schillernder Gegenpol zum bürgerlichen Stereotyp? Mal abgesehen davon, dass einst womöglich nur die Speerspitze der Bewegung unbürgerlich war: Ist das die Sehnsucht nach Normalität, von der man weiß, dass man sie nicht hat? Trösten Riten und Rituale darüber hinweg? Und wieso reicht plötzlich die eingetragene Partnerschaft nicht mehr aus, warum muss jetzt ganz in Weiß oder Schwarz oder Himmelblau und auch noch vor dem Traualtar ewige Treue geschworen werden? Warum die staatliche Beglaubigung, warum der kirchliche Segen? Kann man sich keine anderen Riten und Gebräuche vorstellen? Und überhaupt – wieso ist, wenn hier von Ehe gesprochen wird, immer nur von Liebe die Rede? Hat es sich bei Schwulen und Lesben noch nicht herumgesprochen, dass eine Ehe die beste Voraussetzung für eine Scheidung ist?

Bereits jetzt wird die Bereitschaft, in einer Partnerschaft für-einander zu sorgen, steuerlich anerkannt, das gilt für kinderlose Ehepaare ebenso wie für homosexuelle Paare. Auch der Adop-tion eines Kindes steht nichts im Wege, sofern es das leibliche Kind eines der Partner ist. Dass homosexuelle Paare dafür auch schon mal eine Leihmutter bezahlen, deutet auf ein Dilemma hin: Selbst wenn demnächst Schwangerschaften in der Retor-te erfolgen, sind für die Zeugung eines Kindes Mann und Frau (im Sinne von Samen und Ei) vonnöten. Doch auch das wäre nur dann ein Argument gegen die Ehe, wenn Ehe Kinder vor-aussetzte – das aber tut sie nicht. Auch Frauen nach der Meno-pause und unfruchtbaren Männern verwehrt niemand die Ehe.

Ehe ist also offenbar auch ohne Kinder ein Wert – warum? Weil sich zwei Menschen dazu verpflichten, einander in guten und in schlechten Zeiten beizustehen. Das ist Subsidiarität im besten Sinne des Wortes: Solidarität als eine private Verpflich-tung, zwar staatlich beglaubigt, aber nicht staatsabhängig.

Der schwule amerikanische Publizist Jonathan Rauch brach-te vor einigen Jahren ein noch stärkeres Argument ins Spiel, das übrigens auch in der Vergangenheit schon von Bedeutung war: Ehe sei dazu geeignet, Männer zu zivilisieren. Wenn in schwule Partnerschaften das Couchpotatotum vieler Hetero-ehen einziehe – umso besser! Dann sind die Männer von der Straße und richten keinen Schaden an. (Oder holen sich beim anonymen Sex Aids.) Eine Ehe sei noch immer die einfachste und grundlegende Form privater Fürsorge. Wer heiratet, meint Jonathan Rauch, sorge nebenbei auch dafür, dass der Partner im Falle von Krankheit – Aids etwa – nicht der Allgemeinheit zur Last fällt.[43] Vom konservativen Standpunkt aus, den wir vielen Normalos jetzt einfach mal unterstellen, spräche inso-fern nichts gegen die Homoehe.

Ehe bedeutet überdies soziale Kontrolle: Wer heiratet, teilt der anteilnehmenden und kritisch zuschauenden Öffentlichkeit seinen Bindungswillen und sein Treueversprechen mit. Das wäre dann wohl, nach Aids, der letzte Sargnagel für die schwule Libertinage der siebziger Jahre. Außerdem: Wenn Männer jüngere Frauen heiraten, die später bei Pflegebedürftigkeit als ihre Krankenschwestern fungieren – warum sollte das nicht auch für Schwule und Lesben gelten?

Das Institut Ehe hat also vielerlei soziale Vorteile, die gesellschaftlich und staatlich honoriert – privilegiert – werden können. So gesehen, gibt es kein Argument gegen die Ehe für alle – und den schrillen Schrei nach Gleichheit und Abschaffung von Privilegien (der Heteroehe) könnten sich die Lobbyisten der Homoehe sparen, meint Jonathan Rauch: Ehe sei weit mehr als eine Frage des Lifestyles. Ob das alle so sehen, die in der Ehe lediglich ein Privileg sehen, das ihnen nicht vorenthalten werden sollte?

Eheschließung ist ein sozialer Akt, der gesellschaftlich nützlich sein kann. Kein schöner Ersatz für das romantische Liebesideal vielleicht, aber ein weit wirkungsvolleres Argument. Die Furcht, dass demnächst auch Geschwister heiraten wollen oder dass sich nun die Vielweiberei durchsetzt, dürfte übertrieben sein. Und doch demonstriert Ehe für alle nicht nur ihre Attraktivität, sondern ebenso ihren fundamentalen Wandel. Er markiert den Verlust des Generationenzusammenhangs.

Eine Ehe für alle oder auch nur für alle Heterosexuellen gab es noch nie. Ein Mann durfte lange Zeit nur heiraten, sofern er in der Lage war, einen eigenen Hausstand zu begründen. Handwerksgesellen bedienten sich der Möglichkeit, nach dem Ableben des Meisters dessen Witwe zu ehelichen. Ehe erhöhte den gesellschaftlichen Status, war also überaus erstrebenswert; Liebe (besser: Respekt füreinander) war möglich, aber nicht nötig, und »bis dass der Tod euch scheidet« erschien angesichts damaliger Sterblichkeit (vor allem der Frauen im Kindbett) nicht als Zumutung. Auch die sexuelle Neigung der Eheleute war von geringer Bedeutung, Hauptsache, es wurden Nachkommen geboren – auf welche Weise auch immer sie zustande gekommen waren.

Doch der historische Sinn der Ehe schwindet hierzulande nicht nur dank des Primats der Liebe und des offenbar unaufhaltsamen Trends zur Ehe für alle. Auch die Vorstellung vom Familienerbe hat sich verändert: Nicht nur, aber vor allem seit dem blutigen 20. Jahrhundert mit Flucht, Vertreibung, Aneignung und Enteignung. Besitz, der über viele Generationen hinweg weitergegeben wurde, der Familie konstituierte, ging verloren, das Band zwischen Herkunft und Zukunft wurde brüchiger. Das allerdings kündigte sich bereits mit dem Bedeutungsverlust bäuerlichen Grundeigentums seit der Wende zum 20. Jahrhundert an. Nicht die Landbevölkerung, sondern städtisches Bürgertum und Proletariat obsiegten. (Zum ganzen Stolz eines Arbeiterhaushalts gehörte im 19. Jahrhundert im Übrigen, wenn die Frau nicht lohnarbeiten musste. Es gab ja auch ohne das genug zu tun.)

Kleine Abschweifung: Die Griechen, heißt es, hätten die Demokratie erfunden. Wenn man allerdings genauer hinschaut, ist es die bäuerliche Kultur um 700 bis 500 vor unserer Zeitrechnung, in der sie entstand – als die griechische Polis ihre Basis in autonomen Landbesitzern hatte. Im konservativen Denken aber verbindet, frei nach Edmund Burke, Grundbesitz Herkunft und Zukunft in einer generationenbezogenen Gemeinschaft.

Was das mit der Ehe für alle zu tun hat? Genau: nichts. In konservativer Lesart könnte man die Ehe für alle als einen Angriff auf das über Generationen bewahrte Erbe auffassen. Liberal Denkende sehen darin hingegen den bloßen Vollzug des sowieso Vonstattengehenden: Kaum einer baut noch ein Haus, das man Familiensitz nennen könnte – insbesondere Angehörige einer Generation, die noch erfahren haben, wie schnell sich Erbe erledigt, wenn Krieg und Sozialismus zusammenwirken. Erhöhte Mobilität entwertet im Übrigen ortsgebundenen Besitz. Eigenheime sehen heute genau so aus: wie jederzeit ablegbare Hüllen vorübergehender Gemeinsamkeit.

Kommt jetzt das Klagelied über die Atomisierung des Individuums? Natürlich nicht. Der Rechtsstaat und sein Gewaltmonopol entwickelten sich aus dem Sieg einer Zentralmacht über mächtige Familienclans. Und zu den segensreichen Folgen der Individualisierung zählt das, was in paternalistischen Stammesstrukturen fehlt: Jeder kann sich seine Verdienste selbst zurechnen, niemand muss seinen Reichtum an die Familie abgeben – oder auch nur mit einer Ehefrau oder einem Ehemann teilen. In einer Meritokratie zählt nicht die Abstammung, sondern die eigene Leistung.

Dazu passt der immer wiederaufflammende Streit ums Erben und Vererben: Keinem, so lautet die geläufige Vorstellung, gebühre qua Geburt die Verfügung über ein womöglich über Jahrhunderte von seinen Vorfahren erarbeitetes und aufgehäuftes Vermögen. Beifällig wird dem Staat zugestanden, voll versteuertes Vermögen ein weiteres Mal zu besteuern – bis hin zur Gefährdung sogar des produktiven Eigentums von Familienbetrieben.

Mal abgesehen vom volkswirtschaftlichen Schaden, der damit in Kauf genommen wird: Mit der Erbschaftssteuer greift der Steuerstaat im Namen von Gleichheit und Gerechtigkeit in eine Enklave privater Solidarität ein und entmachtet einen Bereich, in dem er eigentlich nichts zu sagen hat, weder als Arbeitgeber noch als Verteilungsagentur. Und das ist ganz und gar absichtsvoll: Der Steuerstaat trachtet danach, Abhängigkeit zu schaffen. Wer sich also von der Macht der Familie befreit wähnte, sieht sich unversehens in den Fängen von Vater und Mutter Staat.

Ist also die Ehe für alle nur das Wetterleuchten am Horizont, das vom Ende ihrer Bedeutung kündet? Die vertraglich und kirchlich beglaubigte Ehe war einst nicht lediglich auf zwei Menschen und ihre Nachkommen ausgelegt, sondern auf das, was man heute Nachhaltigkeit nennt: auf den Zusammenhalt und die Mehrung des Besitzes über Generationen hinweg. Waldbesitzer wissen, wem sie den Buchen- oder Eichenbestand zu verdanken haben: ihren Vorfahren. Wer eine Familiengeschichte hat, erfährt Vergangenheit, eine Zusammenhalt stiftende Erzählung über Generationen hinweg, Geschichtlichkeit. Heute, denkt man manchmal, herrscht reine Gegenwart, insbesondere in einem Land wie Deutschland, in dem es Gründe gibt, warum die Erzählung abgebrochen ist: zwölf furchtbare Jahre.

Historisches Bewusstsein dürfte allerdings nicht unbedingt die Stärke von Politikern sein, die notgedrungen von Wahlperiode zu Wahlperiode denken, welche hierzulande gerade einmal vier Jahre dauert. Das wäre nicht weiter schlimm, wenn der Staat sich darauf beschränkte, die Rahmenbedingungen für freie Bürger zu sichern, anstatt sich Gestaltungsmacht anzumaßen. Nicht nur in Deutschland aber hätte es manch Politiker offenbar gern, wenn möglichst viele Wähler in der einen oder anderen Weise staatsabhängig wären – man denke an den frommen Wunsch des damaligen SPD-Generalsekretärs Olaf Scholz, die »Lufthoheit über den Kinderbetten« zu erobern.[44] Schließlich verfügt der Staat über magische Qualitäten, wie die einstige Familienministerin Renate Schmidt wusste: »Wir müssen lernen, was Liebe ist. Da kann der Staat helfen.«[45]

Nur auf die Idee, dass die mangelnde Fortpflanzungsbereitschaft hierzulande auch damit zusammenhängen könnte, dass der Steuerstaat immer mehr in die Gestaltungsfreiheit der Bürger eingreift, kommt offenbar kaum noch jemand. Kinder für alle, also auch (mit Hilfe von Leihmüttern) für homosexuelle Paare, erhöht indes die Geburtenrate nur unwesentlich. Angesichts all des Getöses, was um die Ehe unter Gleichgeschlechtlichen gemacht wird, bleibt festzuhalten: Sie ist und bleibt die Sache einer Minderheit.

Womöglich ist die Ehe für alle ein Verfallsprodukt, das den Abschied von der Institution selbst einleitet. Denn warum soll man den Staat an rein privaten Entscheidungen teilhaben lassen? Das Nötige regelt die Vertragsfreiheit. Der Rest ist der Phantasie überlassen. Fragt sich dann nur noch, warum man das alles ausgerechnet Ehe nennen muss.

Pessimistische Zeitgenossen sehen in der Ehe für alle den Anfang vom Ende des Steuerprivilegs, wie manch einer das sogenannte Splitting nennt: Beide Ehepartner werden steuerlich gemeinsam veranlagt, was die Steuerlast senkt, wenn einer der beiden weniger verdient. Das ist in der Regel die Frau. SPD, Grüne und Linke wollen das Ehegattensplitting schon lange abschaffen, es zementiere das Familienbild des Jahres 1953, aus dem es stammt, denn es bestärke Frauen darin, ihre Arbeitszeit zu reduzieren, sobald sie Kinder bekommen.[46] Feministinnen meinen, damit ermögliche man dem Mann eine billige Haushaltskraft. Während »Doppelverdiener« in den fünfziger und sechziger Jahren des vergangenen Jahrhunderts ein Schimpfwort war, ist es heute die Hausfrauenehe.

Dass Frauen ein größeres Interesse haben könnten an einer partnerschaftlichen Arbeitsteilung, in der sie sich um Kinder kümmern können, während der Mann den Ernährer geben muss, scheint in diesem Horizont selten auf. »Da das Splitting-modell implizit ein traditionelles Ehemodell finanziell attraktiv macht, ist es mit starken negativen Arbeitsanreizen für Zweit-verdiener verbunden«, sagt Helmut Rainer vom Münchner ifo Institut. Das seien oft noch Frauen. »So hindert das Ehegatten-splitting sie daran, ihr volles Potential zu entfalten.« Katharina Spieß vom Deutschen Institut für Wirtschaftsforschung assis-tiert: »Das Ehegattensplitting ist sehr teuer und führt zu hohen Fehlanreizen.« »Das Modell Ehe ist tot«, titelt dazu triumphie-rend die *Welt*.[47]

Angesichts dessen, wie Frauen selbst ihre Wünsche an die Arbeitswelt artikulieren, ist das an akademischer Über-heblichkeit kaum zu übertreffen. Wie sehr schon in der Wortwahl eine leise Verachtung mitschwingt: Frauen sind offenbar beschränkt genug, um auf »Fehlanreize« hereinzu-fallen. Vielen Dank auch! Doch nicht nur der Antikapitalist, die Supermarktkassiererin und der Lebenskünstler mögen sich fragen, ob mensch nur bei der Lohnarbeit sein volles Potential entfalten kann. Schließlich ermöglicht das Split-ting einem der beiden Ehepartner, sich nicht den Erforder-nissen der Erwerbsarbeit zu unterwerfen, entzieht ihn oder sie also dem gefräßigen Kapitalismus! Die traurige Realität ist indes, dass ein Gehalt heute nur noch selten ausreicht, um eine Familie zu ernähren, nicht zuletzt dank hierzulande hoher Steuern und Sozialabgaben. Das aber hat verdammt wenig mit dem Potential zu tun, das Frauen entfalten sollen. Das Geld wird nicht mehr in den Familien, sondern vom Staat umverteilt.

»Und so gehen, wie weiland im Sozialismus, die Frauen stolz einer produktiven Arbeit nach und überlassen die Kinder den Krippen, Kindergärten und Ganztagsangeboten«, spottet Markus Vahlefeld.[48] Dafür sind sie nicht mehr vom Nächsten abhängig, auch Mann genannt, sondern vom benevolenten Sozialstaat, der alles viel besser kann. Der männerfeindliche Diskurs des besonders schrillen Feminismus läuft genau darauf hinaus: Frauen, heiratet den Staat!

Der Sozialwissenschaftler Wolfgang Streeck hat auf die »Doppelgeschichte von Befreiung und Vertreibung« verwiesen, die dem Wohlfahrtsstaat mehr und mehr Macht verliehen habe und auf »eine Sozialisierung der physischen Reproduktion der Gesellschaft« hinauslaufe. Nichts habe man Ende der 1960er-Jahre mehr gebraucht als gefügige Arbeitskräfte – »eine mächtige Schar eifriger Zeuginnen für den Segen der Lohnarbeit«. Das hat die Geburtenrate gesenkt und dem Staat die Aufgabe überlassen, die Lufthoheit über die Kinderbetreuung zu erobern. »Im Ergebnis tritt damit die Gesellschaft an die Stelle von männlichen ›Partnern‹, auf die weniger Verlass ist denn je, weil sie es sich leisten können, jederzeit an Frau und Kind die Lust zu verlieren.«[49]

5. Zurück zu?

Doch halt! Feiert sie nicht soeben fröhliche Urständ, die Ehe in ihrer traditionellsten Form? In Großbritannien und den USA bekennen sich Frauen neuerdings dazu, *Tradwives* zu sein, also traditionelle Hausfrauen. Und in Deutschland befürchtet manch eine aus der meinunghabenden Klasse, wie etwa die Sozialwissenschaftlerin Jutta Allmendinger, dass die Corona-Krise den Frauen »eine entsetzliche Retraditionalisierung« beschere. Tatsächlich berichten Frauen, dass sie während des Lockdowns von Kindergärten und Schulen im Frühjahr 2020 durchaus gern zu Hause geblieben seien, um die Kinder zu betreuen. Auffällig oft wurden auf Facebook Essensfotos gepostet und Rezepte getauscht. Macht die Krise reaktionär? Oder ist das gelebte Praxis (und die schlichte Erinnerung an all das, was einst Überleben sicherte)?

Nun ist Hausfrau schon längst zum Schimpfwort geworden, mindestens seit der Zeit, als aus den USA das Bild der frustrierten Hausfrau hereingereicht wurde, die sich inmitten ihres vollautomatisierten Haushalts in gesichtslosen Suburbs langweilte. »Hausfrauen haben kaum noch Aussicht auf Respekt in der neo-protestantischen Arbeitskultur, auch und gerade bei ihren Schwestern«, konstatiert Wolfgang Streeck.[50] Vor allem bei denen nicht.

Vom Standpunkt der Normalos aber wäre ein wenig Ehrenrettung durchaus angebracht.[51] Es gibt ausgestorbene Berufe, denen niemand nachweint, weil sie anstrengend, unappetitlich oder schlecht bezahlt waren. Der Ansehensverlust der Hausfrau aber ist in jeder Hinsicht erklärungsbedürftig, denn sie verdienten hohen Respekt. Ohne Hausfrau ging früher gar nichts, weder im bäuerlichen Bereich noch im Handwerk oder selbst im Adel. Eine Frau, die ihren Laden im Griff hatte, war ein Gottesgeschenk, eine, die nicht wirtschaften konnte, ein Fluch. Einen kleinen oder größeren Hausstand zu führen erforderte – vor der Erfindung des Kühlschranks und der Waschmaschine und in Abwesenheit von Supermärkten – neben Knochenarbeit präzise Planung, penible Buchführung, ein gutes Verhältnis zu Zahlen und einen kreativen Umgang mit den Fußfallen der Logistik. Für das Gesinde und anderes Personal war die Hausfrau Arbeitgeberin, Führungskraft, Lehrherrin und Ersatzmutter in einem. Kurz: Eine Hausfrau war universal einsetzbar und damit unersetzlich.

Man denke an Goethes Lebensgefährtin Christiane Vulpius, von den edlen Seelen der besseren Gesellschaft als sein »Bettschatz« gewürdigt: Nicht nur warf sie sich anstelle des verängstigten Hausherrn mutig Napoleons Soldaten entgegen – was den Franzosen angeblich ausrufen ließ: »Da haben wir eine Frau, der unsere 200 Kanonen keine Angst machen.« Sie befehligte im Kuhkaff Weimar einen Haushalt, der den beachtlichen Bedürfnissen des Dichterfürsten in seinem Haus am Frauenplan Rechnung trug. Da mussten rechtzeitig gewaltige Mengen an Weinfässern und Schinkenseiten geordert und gelagert werden, damit der Meister sich nicht nur an Christianes »Hasigkeit«, sondern auch an einem intakten Zuhause erfreuen konnte.

Heute ist die Schwundform der Hausfrau vor allem Gegenstand von Spott und Verachtung – man karikiert sie wahlweise als kuchenfressendes Pelztierchen, als Helikoptermutter, als Shopping-Queen mit rauchender Goldcard, als minderbemittelte Sklavin ihres Ehemannes, der sie bei erotischer Unterversorgung durch eine Jüngere ersetzt – kurz: als sich ständig die Nägel lackierendes nutzloses Überbleibsel einer längst vergangenen Zeit.

Das ist, lässt man mal die Gemeinheiten weg, nicht völlig und nicht immer falsch. Wer keine Kinder hat und nicht allzu häufig Gäste bewirten muss, kann die meisten der noch anfallenden Arbeiten von den vielen mechanischen Haushaltshelfern erledigen lassen (oder eine Frau aus dem Migranten-

milieu schwarz bezahlen, die sich auf Haushalt noch versteht).
Der Schrecken eines Waschtags war einmal, mit Einkochen
und Konservieren befasst frau sich nur noch zum Spaß (und
wenn sie einen ergiebigen Garten hat), und die jahrelange Erziehung des Mannes zum willigen Abtrockner erweist sich als
verschwendete Liebesmüh, es gibt schließlich Geschirrspül-
maschinen, die nichts fallen lassen.

Dass es noch heute Männer geben soll, die an der Bedie-
nung selbst einer Kaffeemaschine scheitern, weht den modernen Menschen an wie ein Überbleibsel längst vergangener
Zeiten, als die Putzmamsell in Schürze und Kopftuch mit Feu-
del und Staubtuch für Ordnung sorgte, eine Spitzenkraft, der
sauber nicht genügte, weil es rein sein musste.

Der Blick zurück gibt sie also wieder einmal dem Spott
preis, die Hausfrau, selbst wenn sie Hausfrau und Mutter ist,
also einem »erfolgreichen kleinen Familienunternehmen« vor-
steht. Denn rechtfertigen muss sich nicht nur die »Nur-Haus-
frau«, sondern auch die nicht berufstätige Mutter, von der man
annimmt, dass sie mit der Überprotektion des spät geborenen
Einzelkindes zu kompensieren versucht, dass sie nach abge-
schlossenem Studium für ganztägige Kinderbetreuung bei ge-
legentlichem Staubwischen eigentlich überqualifiziert ist. Doch
Politiker, die von der »Lufthoheit über Kinderbetten« träumen,
trauen Müttern (und Vätern) erfolgreiche Erziehungsarbeit offenbar nicht zu, noch nicht einmal das Überprüfen von Haus-
aufgaben oder Nachhilfeunterricht. Dabei dürfte eine Frau mit
ordentlichem Studienabschluss viele Dinge des Lebens erheblich besser vermitteln können als die dank Zwang zur Inklusion weniger zur Unterforderung der meisten verdonnerte
Lehrerin. Doch auch das würdigt niemand: Wer seinem Kind
Wissen und Fertigkeiten mitgibt, die in den dafür vorgesehe-

nen Anstalten nicht oder noch nicht vorkommen, macht es nur zum Außenseiter, also unglücklich. Vor allem in einer Gesellschaft, in der Überqualifikation das neue Handicap geworden zu sein scheint, gilt es, einen ungerechten Vorsprung zu vermeiden.

Also weg mit der Hausfrau. Dringender benötigt, tönt es, werden alle, die in die künftig überbelasteten Rentenkassen einzahlen, statt der Allgemeinheit zur Last zu fallen, sollte der Gatte sich abwenden und ein Ehevertrag fehlen.

Hausfrauen in die Produktion? Irgendwie hat das etwas Totalitäres. Was spricht in einer freien Welt ohne unzumutbare gesellschaftliche Zwänge und ökonomischen Druck eigentlich gegen eine Hausfrau, oder sagen wir lieber: eine Hausperson auf der Basis einer privaten Vereinbarung? Sind all die Menschen, die sich in einem Privathaushalt mit Alleinverdiener besser aufgehoben fühlen als im Call-Center, an der Ladenkasse oder vor dem Bürocomputer nutzlos? Und ist es wirklich despektierlicher, von Ehemann oder Ehefrau abhängig zu sein als vom Staat?

Ja, doch, viele Frauen wollen arbeiten. Viele Frauen müssen arbeiten, weil ein Einkommen nicht mehr reicht. Nicht wenige Frauen wissen immerhin die Eltern in der Nähe, die sich um ihre Enkel kümmern können, wenn es nottut. Bei anderen etwa, insbesondere Akademikerinnen, bedeutet eine allzu lange Berufspause, nie wieder einsteigen zu können. Ökonomisch gesehen ist ein aufwendiges Studium verschwendet, wenn frau es nicht nutzt. Das alles spricht von einer ziemlich aufwendigen Balance zwischen Arbeit und »Sorgearbeit«, wie das neuerdings genannt wird.

Die Rolle der Männer dabei? Eine der großen Illusionen der letzten Jahrzehnte ist die Vorstellung, es hebe die geschlechtsspezifische Arbeitsteilung auf, wenn sich Mann und Frau alle anfallende Arbeit getreulich teilen. Doch viele Frauen geben weder Kind noch Küche gern an den Mann im Hause ab – und sind durchaus einverstanden damit, dass er dafür (mehr) Geld nach Hause bringt. Die meisten Männer arbeiten nicht weniger, sondern eher härter, wenn Kinder da sind. Das ist ihr Beitrag zur Familie, eine Kleinigkeit ist das nicht. Vielleicht sollte die öffentliche Diskussion ihnen die Freude daran nicht vollständig vermiesen. (Und vielleicht sollten sich Männer und Väter nicht allzu sehr darauf verlassen dürfen, dass der Staat schon einspringt, wenn sie die Lust an der Familie verloren haben.)

Geschlechtsspezifische Arbeitsteilung ist von Übel? Normalos sehen das womöglich anders, wie schon die Sozialdemokraten im 19. Jahrhundert, die froh waren, wenn ihre Frauen nicht auch noch lohnarbeiten mussten. Man wollte offenbar nicht sämtliche menschlichen Ressourcen dem kapitalistischen Verwertungszusammenhang überantworten. Sind sie damit nicht weit kapitalismuskritischer als die Verächter von Hausfrauenehe und spießbürgerlicher, überholter, reaktionärer Kleinfamilie?

6. Ach ja, die Solidarität

Es sind vor allem »progressive« Frauen, die reaktionären Verrat an der Sache wittern, einen Rollback zuungunsten von Frauen, wenn sich in der Krise überkommene Strukturen wieder bemerkbar machen, die womöglich einfach nur mehr oder weniger normal sind. Jutta Allmendinger etwa, die erfolgreiche Karrierefrau, die sogar einmal als Bundespräsidentin gehandelt wurde, beklagte in einer Talkshow während der Corona-Krise im Frühjahr 2020: »Die Frauen werden eine entsetzliche Retraditionalisierung erfahren. Ich glaube nicht, dass man das so einfach wieder aufholen kann und dass wir von daher bestimmt drei Jahrzehnte verlieren.« Bereits jetzt gehe die Anzahl von Frauen in Führungspositionen wieder zurück.[52]

In einem hat sie sicher recht: In Drucksituationen machen Männer und Frauen das, was ihnen womöglich am leichtesten fällt oder was sie am liebsten tun. Früher hätte man gesagt: was ihnen die Natur mitgegeben hat. Das aber wird gar nicht gern gehört. »Wer im feministischen Diskurs auf die Natur verwies, wer also zum Beispiel die Neigung großer Teile der jungen Frauengeneration, ihren beruflichen Ehrgeiz der Familie zu opfern, mit biologischen Faktoren erklären wollte, wurde schnell rausgeworfen. Mit Natur sei hier nichts zu erklären, eher zu verdunkeln«, sagt Barbara Sichtermann, wichtige Stimme der Frauenbewegung seit den siebziger Jahren.[53]

Ob man das als Retraditionalisierung sieht und entsetzlich findet, tut erst mal nichts zur Sache. Doch auch einer gestandenen Wissenschaftlerin fällt es offenbar leichter, etwas zu beklagen, statt es halbwegs emotionsfrei zu analysieren. Und wieso sind nun »drei Jahrzehnte« verlorengegangen? Dass Superwoman ihre Doppelbelastung durch Familie und Beruf locker wuppt, ist gerade in den westlichen Ländern schon ein wenig länger als Märchen enttarnt. Teilzeitarbeit ist noch immer bei Frauen mit Kindern das Mittel der Wahl. Und wieso ist der entscheidende Indikator fürs Entsetzliche der Anteil von Frauen in Führungspositionen? Die Mehrheit der Frauen, nennen wir sie die Normalen, streben ebenso wenig nach Führungspositionen wie viele Männer. Könnte es nicht sein, dass diese »entsetzlichen« Phänomene mit den Neigungen und freien

Entscheidungen von Frauen zu tun haben, die womöglich bei ihrem Lebensentwurf nicht an sozialdemokratische Planerfüllung denken – und schon gar nicht an Führungspositionen, die ihnen weit mehr als eine 40-Stunden-Woche abverlangen würden, egal, ob zu Hause Mann und Kinder warten?

Einer britischen Studie zufolge finden Frauen es weit wichtiger, dass Müttern mehr Wertschätzung entgegengebracht wird, als dass die Zahl von Politikerinnen erhöht wird.[54] Und nicht zuletzt ist ihnen weniger wichtig, dass Männer im Haushalt helfen, als dass sie ein anständiges Einkommen nach Hause bringen. Das kann man ihnen natürlich übelnehmen – aber hilft das weiter?

Warum nur dominiert in der Debatte die Vorstellung, Frauen wollten vor allem Karriere in Führungspositionen, insbesondere in Aufsichtsräten machen, weshalb man dafür eine Quote brauche? Die britische Feministin Belinda Brown: »Natürlich ist es wichtig, dass Frauen, die dies wünschen, im öffentlichen Bereich so viel Status und Wertschätzung erfahren, wie sie wollen. Das Problem liegt in ihrer Neigung anzunehmen, dass wir alle das wollen. Und diejenigen unter uns, die ihr Zuhause, ihre Kinder und Ehemänner wichtiger finden, sind viel weniger sichtbar als diejenigen, die das nicht tun. Schlimmer noch: Frauen im öffentlichen Bereich glauben, sie hätten allein aufgrund ihres Geschlechts ein Mandat, für uns alle zu sprechen. Und die Männer mit politischer Macht glauben ihnen, weil das, was sie sagen, so gut zum männlichen Weltbild passt.«[55]

Es reicht, Frauen nicht an dem zu hindern, was sie wollen. Ob es Karriere und/oder Führungsposition ist oder der Verzicht darauf.

Frauensolidarität, die so oft beschworene, ist eine Illusion. Solidarisch sind die feministischen Akademikerinnen mit allen, die ihrem Rollenverständnis entsprechen, nur nicht mit den Plätzchen backenden Müttern, diesen entsetzlichen Traditionalistinnen, die ihren Kindern, weiblich, Zöpfe flechten und Puppen schenken.

»Frau sein allein genügt nicht«, hat einst Alice Schwarzer dekretiert. Was sie meinte: Nur jene Frauen verdienen Solidarität, die sich als feministische Kämpferinnen im Sinne der *Emma* verstehen. Wie ein spätes Echo erscheint einem da der Aufschrei von Jutta Allmendinger, dank der Krise komme es nun zu einem Backlash, zu einer »Rolle rückwärts«. »Es geht um den Verlust der Würde von Frauen, von Respekt, von Rechten.«[56]

Aha. Frauen verlieren also ihre Würde, wenn sie tun, was Jutta Allmendinger entsetzlich findet? Sind Hausfrauen rechtlos, verdienen Mütter keinen Respekt? Weiß Frau Allmendinger, was sie da sagt? Sie ist damit nicht allein. Auch Franziska Giffey, immerhin Familienministerin, assistiert, sie warnt ebenfalls vor einem »Rückfall in traditionelle Rollenbilder«.[57] Doch vielleicht sind diese Lebensmodelle nie in dem Ausmaß verschwunden, wie es die beiden Sozialdemokratinnen offenbar annehmen? Unsere weltoffene Gesellschaft preist (bis zum Überdruss) die bunte Vielfalt aller Lebensmodelle – warum aber darf ausgerechnet das traditionelle nicht sein? Es ist ja historisch gesehen eine überaus junge Tradition, dass Frauen (außerhalb der Oberschicht) in den ersten Jahren ihrer Kinder keiner (Erwerbs-)Arbeit nachgehen müssen, was zurecht als Fortschritt galt. Vor allem aber ist Frauenpolitik, die nur nach dem geht, was soll, nicht nach dem, was ist, keine Frauenpolitik. Dass nur Frauen Frauen vertreten können, entpuppt sich damit als hilfreiche Lebenslüge. Die vielleicht 20, 30 Prozent der Frauen, bei denen die Karriere an erster Stelle steht, sind eines nicht: repräsentativ. So gesehen haben Männer es einfacher, ihre Lebensmodelle fallen weniger auseinander.

Doch vielleicht ist ja etwas dran, an der These vom Backlash. Eine Bewegung aus den USA und Großbritannien scheint darauf hinzudeuten (wobei man nicht an jeden Trend glauben sollte, über den die Gazetten berichten): *Tradwives* verkünden, wie gern sie Hausfrau seien. Die Empörung darüber ist groß, manch eine vermutet dahinter extrem rechte Umtriebe oder gar weißen Rassismus.[58] Das ist mittlerweile ein Passepartout-Argument und erklärt nichts. Sollen sich Frauen wegen des nötigen »Kampfs gegen rechts« des Vergnügens enthalten, ihren Mann zu verwöhnen? Womöglich haben sie Spaß daran. Schließlich bereichern ja auch gewisse ungewöhnliche sexuelle Bräuche unsere bunte, offene Gesellschaft. Man denke an des damaligen Berliner Bürgermeisters Begrüßungsansprache aus Anlass eines Festes der Sadomasoszene 2005: Berlin sei als weltoffene Stadt stolz darauf, meinte Klaus Wowereit, dass sich Menschen unterschiedlicher Herkunft und Vorlieben hier wohl fühlten und »Lebensfreude pur« zeigten. Das sei eine Sache der Toleranz.[59] Nun, das wird dann wohl auch für Frauen gelten dürfen, die sich freiwillig an Herd und Bett ketten. (Ironie off.)

Die irische Schriftstellerin Eilis O'Hanlon bemerkt dazu mit einer Mischung aus Zorn und Sarkasmus: »Die Anzahl der Dinge, die heutzutage ein offensichtlicher Beweis für Faschismus sein sollen, ist beachtlich.« Viele Menschen seien zu »dünnhäutigen Hysterikern geworden, die einfach nicht mit dem zurechtkommen, was nicht ihrer engen Weltanschauung entspricht«. Offenbar unterliege jeder Lebenswunsch der gnadenlosen Politisierung in links (progressiv, also gut) und rechts (reaktionär, also schlecht). »Es ist jedenfalls seltsam«, bemerkt

O'Hanlon, »dass wir in einer Welt leben, die mit allen möglichen Lebensformen gelassen umgeht – mit nicht monogamen, polyamoren oder was auch immer –, doch sobald eine Frau sagt, dass sie in einem traditionellen Zwei-Eltern-Familienhaushalt leben und zu Hause bleiben möchte und das Abendessen vorbereitet, während der Mann jeden Morgen ins Büro geht, so ist das plötzlich ein Problem.«[60]

Nun, weil so ein Familienmodell bereits vor Jahrzehnten gestorben ist, könnte man mit Gunnar und Ava Myrdal entgegnen, die das jedenfalls vor mehr als 80 Jahren prophezeit haben. Und? Ist das eingetreten? Offenbar nicht. Knapp die Hälfte der deutschen Bevölkerung lebe noch heute in einer Familie im traditionellen Sinn, meint der Journalist Thomas Steinfeld, also in Verhältnissen, die »längst überholt« seien.[61] Dank Corona erzwang der Staat »die Rückkehr eines Familienmodells, dem schon seit Jahrzehnten keine soziale und ökonomische Realität mehr entsprochen hatte. (...) Die Seuchenpolitik schien einen hässlichen, unangepassten Wiedergänger hervorgebracht zu haben.« Der Staat hat das erzwungen? Oder haben sich nicht eher viele Menschen auf die nächste und stabilste Verbindung zurückgezogen, die sie haben, die also offenbar doch noch irgendeine Realität hat? Das »hässliche« und überholte Modell hält sich vielmehr erstaunlich gut – in verblüffend hohem Maße, wenn man bedenkt, dass bis ins 19. Jahrhundert nicht jeder heiraten durfte, die Ehe also erst seit halbwegs kurzer Zeit ein Massenphänomen ist. Kein einziges der immer wieder gefeierten Alternativmodelle hat sich in gleichem Maße bewährt.

Richtig ist allerdings, dass die Familie unter wachsendem Druck steht. Zwar sollen beide Eltern arbeiten gehen, die Männer sowieso, die Frauen wegen Gleichberechtigung und Rente, zugleich aber ist der Zwang ungleich höher geworden, den Kindern (viel öfter: dem Kind) alles erdenklich Fördernde zuteilwerden zu lassen, da keine Mutter (und kein Vater) schuld daran sein will, dass der Nachwuchs sein Potential (gar seine Hochbegabung?) nicht entwickeln kann.

Wie kommt man heraus aus der Falle?

Michel Houellebecq, der böse Zyniker, zeigt einen Ausweg auf, der für alle Seiten bekömmlich ist. In seinem Roman *Unterwerfung* setzt sich ein freundlicher Muslim an die Spitze der französischen Regierung und macht mit sanfter Überredung den Islam zur neuen Staatsreligion. Selbst französische Akademiker merken plötzlich, welche Chancen ihnen das bietet – die Erfüllung archaischer Wünsche. Jetzt dürfen sie eine Frau für die Küche, eine andere für die Kinderaufzucht und eine dritte, knackig junge, für den Sex haben. Das, schreibt der Künstler und Psychologe Raymond Unger, befriedigt das »insbesondere bei Intellektuellen oft verleugnete, aber dennoch tiefe Bedürfnis nach Selbstenthebung. Mit der Unterwerfung unter Allahs Gebote kann endlich auch der ewig Denkende der Bürde seiner dauernden Selbstverantwortung entkommen.«[62] Doch nicht nur dem Mann wird ein völlig neues Leben geschenkt. Auch die intellektuelle Lebensgefährtin kann endlich abrüsten, muss nicht mehr dauernd kämpfen, taucht selig entspannt in der Küche unter, mit Schürze, und serviert bester Laune ihrem Mann und seinem Besuch »köstliche Törtchen mit Entenhals und Schalotten«.[63]

Weg mit der Mehrfachbelastung, nichts mehr müssen, keinen Sex und keine Schwangerschaft und keine Karriere, nur noch selig Gemüse putzen und Teig anrühren. Ein erleichtertes Aufseufzen durchzieht das Land. Endlich Ruhe und Frieden.

7. Parité?

Männer und Frauen unterscheiden sich, nicht nur biologisch, sondern auch in ihren Wünschen und Neigungen. Gleichberechtigung ist nicht Gleichheit. Und manche Kämpfe entpuppen sich als Scheingefechte.

Das gilt auch für den berüchtigten Gender-Pay-Gap, das als beispielhaft geltende Merkmal weiblicher Benachteiligung. Doch bei näherem Hinsehen beruhen die unterschiedlichen Einkommen von Männern und Frauen zumeist auf individuellen Entscheidungen und nicht auf struktureller Benachteiligung. Die amerikanische Psychologin Susan Pinker nennt dieses Phänomen das »Geschlechterparadox«[64]: Je geringer die Benachteiligung von Frauen in einem Land ausfällt, desto seltener schließen sie ein naturwissenschaftliches oder technisch orientiertes Studium ab, das die höchsten Einkommen verspricht. In Japan oder Kanada werden vielleicht 5 Prozent der Frauen Physiker (in Russland oder Thailand um die 30 Prozent). Und trotz bester Qualifikation machen sie seltener Karriere. Warum? Sie haben andere Wünsche und womöglich auch andere Interessen und Fähigkeiten als Männer.

Während die meisten Männer sich ihre Karrierechancen genau ausrechnen und wissen, bei welcher Gehaltsklasse sie schließlich landen wollen, gehen Frauen eher krumme Wege. Selbst überaus erfolgreiche Frauen brechen ihre hochbezahlte Karriere ab, wenn sie entdeckt haben, dass das Streben nach Geld und Macht nicht ihr Hauptinteresse ist, stellt Pinker fest. Je freier sie in ihren Entscheidungen sind, desto stärker unterscheiden sie sich von Männern. Chancengleichheit garantiert keine Ergebnisgleichheit. In der DDR wurden Frauen Traktorist, sie arbeiteten mit Maschinen und in Fleischereien. Das dürfen sie noch immer, aber sie müssen es nicht mehr, und sie tun es immer seltener.

»Die Wahrscheinlichkeit, dass Frauen aus einem naturwissenschaftlichen oder technischen Beruf ausscheiden, um einer anderen Tätigkeit nachzugehen, ist 2,8 Mal höher als bei Männern, und die Wahrscheinlichkeit, dass sie ganz aus dem Berufsleben ausscheiden, ist 13 Mal höher – selbst wenn Ehe und kleine Kinder nicht relevant sind«, schreibt Pinker.[65] Sehr viel anders dürfte es auch hierzulande nicht aussehen.

Frauen und Männer haben unterschiedliche Prioritäten. Frauen verdienen im Schnitt weniger Geld als Männer – etwa, weil sie Teilzeit arbeiten, was 2018 auf zwei Drittel der erwerbstätigen Frauen in Deutschland zutraf.[66] Doch auch wenn man das berücksichtigt, verdienen Frauen weniger. Ungerecht, klar. Die berühmte UBER-Studie beweist das, jedenfalls augenscheinlich. Ökonomen der Universitäten Stanford und Chicago haben die Entlohnung von Fahrern analysiert, die für UBER Personen befördern. Obwohl das Geschlecht beim Fahren eigentlich keine Rolle spielt, verdienen auch dort Männer ungefähr 7 Prozent mehr als Frauen.

Doch die Lösung des Rätsels lässt nicht auf Ungerechtigkeit schließen. Wie sich zeigte, fahren Männer im Schnitt schneller und sind vor allem an Orten und zu Zeiten unterwegs – etwa in No-go-Areas oder nachts –, die Frauen meiden. Außerdem arbeiten sie mehr Stunden in der Woche und bleiben dem Job länger treu. Nicht Diskriminierung ist der Grund, sondern unterschiedliche Prioritäten und Verhaltensweisen.[67]

»Je gleichberechtigter ein Land ist, desto seltener studieren Frauen dort technische Fächer«, befindet auch der deutsche Soziologieprofessor Martin Schröder. Selbst als Forscher für eine Studie in Berliner Schulklassen darüber aufklärten, welche Jobs später bessere Verdienste versprechen, schwenkten lediglich die Jungen auf besser bezahlte Berufe um, die öfter mit Maschinen und seltener mit Menschen zu tun haben. »Auch die Entscheidung, auf Karriere zu verzichten, kann schließlich Ausdruck von Emanzipation sein. Schlechter als den Männern, das zeigt die Zufriedenheitsforschung eindeutig, geht es Frauen mit ihren weniger karriereorientierten Entscheidungen jedenfalls nicht.«[68] Frauen wollen eben nicht immer so leben wie Männer – und umgekehrt.

Das gilt auch für die »gläserne Decke«. Hält man heute Frauen wirklich immer noch davon ab, den ihnen zustehenden Platz in Führungspositionen einzunehmen? Kaum zu glauben, überall werden sie gesucht, die Frauen, die Männer ersetzen sollen – in der Politik und auf den Chefetagen, händeringend geradezu, da die Förderung von Frauen das Ansehen von Betrieb oder Institution hebt. Doch ob coronabedingt oder nicht: 2020 verzeichnet eine Abnahme von Frauen in Führungspositionen. Das Fazit einer Studie der Agentur für Arbeit: »Das Gesetz für die gleichberechtigte Teilhabe von Frauen und Männern an Führungspositionen zeigt bis dato keinen Effekt auf den Frauenanteil in obersten Führungspositionen – weder in der Allgemeinwirtschaft noch im öffentlichen Dienst.«[69] Vielleicht wollen sie einfach nicht, die sperrigen Damen.

Die Debatte unter dem Stichwort »Parität« zeigt, in welche Paradoxien man sich verwickelt, wenn man unter Chancengleichheit Ergebnisgleichheit versteht. Katarina Barley forderte 2019 noch als Justizministerin eine Wahlrechtsreform, die »Parité« auch in der Politik herstellen sollte.[70] In Brandenburg wurde beschlossen, Parteien von der Wahl auszuschließen, die keine quotierte Liste einreichen, also nicht genug Frauen vorweisen könnten.[71] Auch die rotrotgrüne Landesregierung von

Thüringen entschied sich 2019 für die paritätische Besetzung von Wahllisten. Das aber ist so gutgemeint wie verfassungswidrig, denn es stellt die Gleichheitsforderung über die Wahlfreiheit. Nebenbei widerspricht es dem Grundgesetz, wenn Menschen innerhalb der Parteien wegen ihres Geschlechts bevorzugt werden.

Doch die Kämpferinnen für die Parität gehen offenbar davon aus, dass nur Frauen für die Interessen von Frauen eintreten können, dass sie also nur dann entsprechende Berücksichtigung finden, wenn mehr Frauen in die Parlamente einziehen. Sie sind ja in der Tat im Bundestag mit gerade mal gut 30 Prozent vertreten. Nun ist, erstens, ein Parlament kein Lobbyverein oder eine Stammesversammlung, wo jede Interessengruppe Anspruch auf Sitz und Stimme hat. Zweitens steht es in Deutschland jeder Frau frei, einer Partei beizutreten, das ist gemeinhin der Weg ins Parlament. Bereits heute aber gibt es mehr weibliche Mandatsträger im Bundestag, als ihrem Anteil in den dort vertretenen Parteien entspricht.

Geht man nach dem Prozentsatz der weiblichen Parteimitglieder, dann entsenden nur die CDU, die FDP und die AfD weniger Frauen ins Parlament. Die CSU stellt immerhin eine, die SPD 15, Linke und Grüne je 12 mehr.[72] Es kann also nicht die Rede davon sein, dass Frauen im Parlament nicht angemessen vertreten seien.

Werden sie womöglich davon abgehalten, einer Partei beizutreten? Mag sein, dass Frauen es weniger attraktiv finden, in Hinterzimmern die Wege zur Macht zu diskutieren, mag sein, dass es alte weiße Männer mit Stallgeruch gibt, die sie wegbeißen. Aber dass sie nicht umworben, nein, dringend gesucht würden, stimmt nun wirklich nicht. Man müsste also Frauen in die Parteien zwingen, damit die gewünschte Parität entsteht.

Doch braucht es das überhaupt? Können wirklich nur Frauen die Interessen von Frauen vertreten, ausgerechnet jene Frauen, meist akademisch gebildet, die es am wichtigsten finden, dass es mehr Frauen in Führungspositionen gibt? Ist nicht womöglich ein männlicher Abgeordneter weit besser beraten, dessen Frau ihm regelmäßig kundtut, was Frauen brauchen, die außerhalb der großstädtischen Politblase leben?

Die Parité-Kampagne unterstellt überdies, dass Frauen sich noch immer nicht frei entscheiden könnten, wenn es um politische Macht geht, ja dass sie noch immer Opfer seien, denen aufgeholfen werden müsse. Schon der reine Augenschein spricht dagegen. Seit Jahren wird in allen Parteien, auf allen Podien, in vielen öffentlichkeitswirksamen Gremien händeringend nach Frauen gerufen, gerne auch mit anderen besonderen Merkmalen wie Hautfarbe, sexueller Orientierung oder Migrationshintergrund. Die Umworbenen zieren sich jedoch. Sie wollen offenbar nicht, was sie sollen.

Nun hat im Juli 2020 der thüringische Verfassungsgerichtshof der fehlgelaufenen Kampagne ein vorläufiges Ende gesetzt: Das Gesetz der rotrotgrünen Regierung in Thüringen beeinträchtige die Freiheit und Gleichheit der Wahl sowie die Rechte der Parteien auf Betätigungsfreiheit, Programmfreiheit und Chancengleichheit.

»Die mit dem Paritätsgesetz intendierte Widerspiegelung der gesellschaftlichen-sozialen Verhältnisse im Parlament sei dem Verfassungsrecht ›fremd‹, sagte Verfassungsrichter Manfred Baldaus. ›Jeder und jede Abgeordnete vertritt das ganze Volk.‹ Die Wahl sichere die Integration politischer Kräfte, nicht jedoch die Integration von Frauen und Männern als Geschlechtergruppen. Schließlich gelte auch in Thüringen: ›Männer haben nicht mehr Rechte als Frauen und Frauen nicht mehr Rechte als Männer.‹«[73]

Mittlerweile hat auch das Brandenburger Verfassungsgericht das Paritätsgesetz für verfassungswidrig erklärt, einstimmig, auch mit der Stimme einer Frau, der Schriftstellerin Juli Zeh. Die ist ausgebildete Juristin und kennt sich offenbar besser aus als die einstige Justizministerin.[74] Für Selbstverständliches braucht man heutzutage Gerichte.

Doch warum und wofür eigentlich soll es wichtig sein, dass Frauen und Männer in gleicher Zahl im Parlament vertreten sind? Offenbar steckt dahinter die Vorstellung, dass Frauen anders ticken als Männer, dass sie – genau! – anders sind. Doch wurde das – Biologismus! – nicht gerade noch heftig bestritten? Es geht bei solchen Forderungen wie der nach Parité ganz offenbar nicht um Gleichberechtigung von Frauen, sondern um ihre Bevorzugung – also: um Macht. Der Kampf um die Macht ist selbstredend legitim, nicht legitim ist, ihn als Kampf um höchste Werte verkaufen zu wollen.

Was ist denn nun das ganz andere, das Frauen der Politik hinzufügen können oder sollen? Susan Pinker nennt unter den besonderen Prioritäten von Frauen bezeichnenderweise: Sie möchten lieber mit Menschen zu tun haben, möchten etwas Sinnvolles tun, was sie persönlich befriedigt, ja sie möchten die Welt zu einem besseren Ort machen. Dafür aber ist Politik, dafür ist das deutsche Parlament schlicht nicht zuständig, übrigens auch nicht die Bundeskanzlerin. Weltverbesserung ist reine Anmaßung. Doch viele Politikerinnen scheinen just daraus ihr aufgeblähtes Selbstbewusstsein zu beziehen: Sie wollen gestalten, verbessern, die Menschen beglücken. Man darf seine Zweifel haben, ob ausgerechnet dieses angeblich weibliche Prinzip in der Politik ihr guttut. Es entspricht jedoch der voranschreitenden Tendenz zum Nanny-Staat unter »Mutti Merkel«.

Politik hat sich zu bescheiden. Es ist schon viel, wenn Staat und Regierung die Rahmenbedingungen gewährleisten: Schutz der Bürger nach innen und nach außen durch Ausübung des Gewaltmonopols, Durchsetzung der Einhaltung der Regeln, funktionierende Institutionen und, im Falle einer Krise wie der Corona-Epidemie, Krisenmanagement. Das fehlte übrigens in den ersten Monaten des Jahres 2020 auf bemerkenswerte Weise, es ist nicht vorausschauendem Regierungshandeln zu verdanken, dass die Epidemie in Deutschland damals halbwegs erträglich verlief, sondern vor allem einem funktionierenden Gesundheitssystem, von Krankenhäusern bis zu den Hausärzten.

Übrigens hat es sich als Gerücht erwiesen, dass die Corona-Krise in Ländern, in denen Frauen an der Regierungsspitze stehen, weit besser bewältigt worden sei. Der Journalist Alexander Wendt hat das nachgeprüft: »Tatsächlich kommt das von einer Premierministerin geführte Neuseeland ungefähr so gut durch die Viruskrise wie das männergeführte Israel, aber deutlich besser als Belgien, das Land mit den weltweit meisten Covid-19-Toten pro Einwohner und regiert von einer Premierministerin. Das wiederum von einem Mann regierte Südkorea steht sehr viel besser da als Deutschland. Und brauchte dafür noch nicht einmal einen Shutdown.«[75]

Offenbar kann man beides behaupten – dass Geschlecht ein bloßes soziales Konstrukt sei, dass aber zugleich die weiblichen Neigungen und Eigenschaften unsere Welt zu einem besseren Ort machten. Die Vorstellung, dass mit Frauen alles wärmer und menschlicher sei, ist ziemlich abgestandene feministische Folklore. Vor allem sind es heute längst nicht mehr die Männer, die Frauen vorschreiben wollen, wie sie zu leben haben, sondern andere Frauen, die sich anmaßen, »die« Frauen zu vertreten. »Es war sehr kühn von den avancierten Feministinnen«, bemerkt Barbara Sichtermann trocken, »auf die Anschlussfähigkeit ihrer Theorien mit den Grundannahmen des gesunden Menschenverstandes zu verzichten.«[76]

Es ist schon verblüffend, diese sich moralisch erhaben dünkende Überheblichkeit, mit der manch feministische Vorkämpferin die Lebensmodelle anderer Frauen abtut. So ist das nun einmal mit der Freiheit: Sie erlaubt Menschen, auch das zu tun, wovon andere ihnen abraten. Doch ein politisches Verdikt hat in einer freien Gesellschaft niemanden zu kümmern, der mit seiner Lebensentscheidung anderen keinen Schaden zufügt. Dass er sich womöglich selbst damit schaden könnte (Rentenansprüche), steht auf einem anderen Blatt. Der Staat hat über private Entscheidungen nicht zu bestimmen, sofern sie nicht mit sozialen Leistungen verbunden sind. Das setzt allerdings voraus, dass die Beteiligten beim Scheitern des Lebensmodells nicht umstandslos auf die Allgemeinheit setzen. Freiheit bedeutet Vertragsfreiheit und Selbstverantwortung.

Letztlich sind andere Themen weit wichtiger als die Forderungen nach Quote oder Parité. Wenn es um das geht, was Frauen, Kindern und Männern gleichermaßen nützt, wäre durchaus mehr Erfindungsgeist gefordert.

Angesichts heutiger Lebenserwartung haben Frauen nach ihren fruchtbaren Jahren noch viele Jahrzehnte vor sich. Sind sie nach 15, 20 Jahren, in denen womöglich Kinder an erster Stelle stehen, wirklich nicht mehr zu gebrauchen für den Arbeitsmarkt oder, um es freundlicher zu formulieren, für eine interessante, ausfüllende Tätigkeit? Weil dann die Ausbil-

dung schon lange her, also veraltet sei? Sicher, es ist nicht ein-
zusehen, warum Frauen ein teures Studium absolvieren, um
danach jahrelang Kinder zu hüten. Warum sollte man die Rei-
henfolge nicht umkehren? Denn die notorische Doppelbelastung ist ebenso wenig wünschenswert. Auch das Engagement
der Männer und Väter wird daran wenig ändern, denn viele
Frauen wollen nun einmal für ihre Kinder da sein. Eine seltsame Vorstellung im Übrigen, dass Frauen in reiferen Jahren
schon zu alt sein sollen, um noch etwas zu lernen. Ältere wissen meist eher, was sie wollen, als Achtzehnjährige. Und warum muss es ein Studium sein? Das Abitur bedeutet schon
lange keine Hochschulreife mehr, an manch einen ist ein kos-
tenloses Hochschulstudium vergeudet, und nicht zuletzt verdankt sich der viel beklagte Facharbeitermangel der steigenden
Akademisierung.

Mal so gefragt: Warum kann das Kinderkriegen nicht vor
Ausbildung und Berufslaufbahn liegen? Warum wird frau mit
40 nichts mehr, wenn sie bis dahin nichts geworden ist? Warum werden auch in jeder Hinsicht leistungsfähige Senioren
in die Rente geschickt? Das schreit nach Antworten, die weit
wichtiger wären als der Ruf nach mehr Frauen in Parlamenten
und Führungspositionen.

Apropos Parlament: Wirkungsvoller als eine Frauenquote
wäre womöglich das Senken der Akademikerquote. Derzeit
haben um die 80 Prozent der Parlamentarier ein Studium
abgeschlossen – im Vergleich zu 18 Prozent in der Gesamtbevölkerung.[77] Das sind zu viele, es ist nicht repräsentativ. Es fehlen Menschen mit Berufserfahrung. Es fehlen die
Normalen.

8. Der toxische Mann

Wer bei all diesen Debatten keine Rolle zu spielen scheint, ist der Mann. Er müsste ja, nach allem, was so erzählt wird, der Nutznießer der »Retraditionalisierung« während der Corona-Krise gewesen sein und sich wieder als Pascha aufgespielt haben. Doch nein: Er scheint sich durchaus bewährt zu haben. Einer Studie des Bundesinstituts für Bevölkerungsforschung vom Sommer 2020 zufolge haben Väter ihren Anteil an der Familienarbeit in dieser Zeit deutlich ausgedehnt. Am stärksten belastet fühlten sich alleinerziehende Frauen.[78]

Tatsächlich werden immer wieder Männer gesehen, Kinderwagen schiebend oder mit Babys vor den Bauch geschnallt. Mit Knoten auf dem Kopf und Fünftagebart. Viele Kinder heute haben andere Väter als die früherer Generationen, liebevolle, zärtliche Kerle, stolz auf den Nachwuchs, anstellig in der Küche (die Freizeitmeisterköche mal weglassen), Männer, die eher darunter leiden, dass ihre Frauen eifersüchtig darüber wachen, dass die Kinder sich nicht allzu sehr an den Vater binden.

Ist der neue Mann das fluide Metropolen-Ding, also ein Weichei, oder jemand, der erfolgreich erwachsen geworden ist, der seine Grenzen und die anderer kennt, statt bei jeder Herausforderung auseinanderzufließen?

Doch für lautstarke Aktivistinnen sind Männer noch immer der altböse Feind, egal, wie sie sich mühen. »Männer sind Schweine« war ja noch ein harmloses Spottlied. Heute geht es in der radikalfeministischen Ecke weit weniger höflich zu. »Männer sind Abfall«, heißt es da. Oder auch Arschlöcher. Alle. Männer müsse man unter Generalverdacht stellen, weil »Männlichkeit als Konzept« schon der Fehler sei.[79] Von

»toxischer Männlichkeit« ist in dieser Szene gern die Rede, von »alten weißen Männern« als Übel der Welt. Auf Twitter oder in Kolumnen wird all das fröhlich in die Welt gequakt, hat also eine weit größere Reichweite als die dümmsten feministischen Sprüche der siebziger Jahre. Nicht nur hierzulande, auch in Frankreich wird geholzt: Die grüne Abgeordnete und Journalistin Alice Coffin will »die Männer eliminieren» und das Pamphlet *Ich hasse Männer* von Pauline Harmange ist ein Bestseller.[80] Klug wäre es, das nicht weiter ernst zu nehmen. Die fröhliche Hemmungslosigkeit der Männerverächterinnen korrespondiert allerdings mit dem politischen Bemühen nicht nur linker Politiker, Frauen zu bevorzugen, weil die ja so viel nachzuholen hätten.

Doch die bemitleidenswerten *Deplorables* in den USA sind mittlerweile die weißen Männer der Mehrheitsgesellschaft. In Deutschland ist das nicht wesentlich anders. Was Bildung und Ausbildung betrifft, liegen Mädchen und Frauen vor den Männern. In den Schulen dominieren weibliche Lehrer, die weibliche Tugenden fördern, während den Jungen ein männliches Rollenvorbild mehr und mehr fehlt. Männer sterben früher und sind überproportional in Gefängnissen und Obdachlosenheimen vertreten. Typisch männliche Berufe verschwinden oder sind entwertet, Berufe, bei denen es auf körperliche Kraft und Geschick oder auf schiere Muskelstärke und Durchhaltevermögen ankommt, vom Malocher im Stahlwerk bis zum Bergmann am Flöz. Männer sind zwar eher bereit, das Risiko einer Firmengründung oder einer selbständigen Tätigkeit einzugehen als Frauen, aber das gilt selbstredend nicht für alle.

Heute bemühen sich vielerlei Erziehungsagenten, dem kleinen Jungen den künftigen Mann auszutreiben (und dem kleinen Mädchen die künftige Frau). Weil es ja die Männer seien, die Kriege führen, worunter am meisten die Frauen litten, weil sie im Krieg Sohn, Vater oder Mann verlieren könnten, wie Hillary Clinton einst bemerkte.[81] Pech, sollte sich später herausstellen, dass die Frauen dem weichgespülten Softie einen Kerl vorziehen, der noch richtig zupacken kann, und zwar nicht beim Abwasch oder Mülltüten runterbringen, einer, der im Ernstfall das tut, was Männer schon immer tun mussten: die Familie schützen, notfalls auch mit körperlichem Einsatz.

Der fluide Metropolenmann hat längst Herausforderer gefunden. Zuerst deutlich bemerkbar in jener Silvesternacht 2015 in Köln, in der es vielen jungen Männern mit Hintergrund gelungen war, massenhaft Frauen zu bedrängen und sexuell zu nötigen. Was diese jungen Männer in Köln und nicht nur dort antreibt, offenbar stimuliert von einer »giftigen Mischung aus nordafrikanisch-arabischer Kultur und Religion«[82], hat jedoch mit dem »alltäglichen Sexismus«, jenem Generalverdacht gegen Männer schlechthin, wahrscheinlich nur am Rande zu tun. Frauen waren womöglich nicht das wahre Objekt der Übergriffe. Der Angriff richtete sich vielmehr, ganz gemäß einer arabisch-islamischen Kulturalisierung, gegen die »Ehre« der (deutschen) Männer, die es nicht fertiggebracht hatten, ihre Mütter, Schwestern, Frauen zu schützen. Angefangen von der (ja noch immer überwiegend männlichen) Polizei, die ihre Schutzfunktion nicht ausübte, bis zu den nächtlichen Begleitern, die, hätten sie sich gegen die Übermacht zur Wehr gesetzt, im Zweifelsfall zu Märtyrern ihres Rittertums geworden wären. Deutsche Männer sind heute mehr und mehr mit einem archaischen Männlichkeitsideal konfrontiert, dem Mann, metrosexuell, nichts entgegenzusetzen hat.

Derweil geben sich Medien und Politiker alle Mühe, noch die letzten Männerbastionen zu schleifen: Polizei und Bun-

deswehr. Ja, in beiden Institutionen gibt es mittlerweile viele Frauen – bei der Bundeswehr noch immer am häufigsten
im Sanitätsdient und weit überwiegend als Zeitsoldatinnen.[83]
Dennoch ist Schutz und Verteidigung, auch unter Gewaltan-
wendung, weiterhin eine klassische Männeraufgabe. Doch
ihr Ansehen leidet nicht nur seit Studenten- und Friedensbewegung und nicht nur in jenen Szenen, in denen *all cops* als
bastards gelten. Sie finden vor allem bei den politisch für sie
Verantwortlichen nicht mehr jene Fürsorge, auf die sie, für
die gesellschaftliche Dreckarbeit zuständig, Anspruch haben.
Ursula von der Leyen machte sich während ihrer Zeit als Verteidigungsministerin gewiss um die Umstandskleidung von
Soldatinnen verdient.[84] Vor allem aber bemühte sie sich um
den »Kampf gegen Rechts« in der Bundeswehr, da sie dort ein
»Haltungsproblem« und »falsch verstandenen Korpsgeist«
vermutete. Es gab bundesweite Durchsuchungen nach Devo-
tionalien aus der NS-Zeit. Offiziere berichten noch heute voller
Verbitterung, wie sie genötigt wurden, Spinde zu öffnen. Gefunden wurde wenig, immerhin ein Foto von Helmut Schmidt
in Wehrmachtsuniform. Der Verdacht, es gebe ein rechtsex-
tremes Netzwerk, hat sich nicht erhärtet.[85] Auch die Eliteein-
heit KSK ist mittlerweile unter strenger Beobachtung – als
mögliche Gefahr für die Demokratie. Doch lässt sich aus einigen in der Tat bedenklichen Einzelfällen auf die gesamte
Truppe schließen? In einem Brief an die Verteidigungsministerin fordert ein Ausbilder der KSK: »Erkannte kriminelle oder
rechtsextremistische Soldaten gnadenlos entfernen, aber keine
Kultur des Misstrauens etablieren.« Der Brief gipfelt in einer
Bitte, das Selbstverständliche zu tun: »Reden Sie mit uns!«[86]
   Rechte Netzwerke beim Militär wären keine Kleinigkeit.
Doch es ist keine gute Idee, die Loyalität der Truppe durch

einen Generalverdacht auf die Probe zu stellen. Ein guter Befehlshaber sorgt für Aufklärung – steht aber in der Öffentlichkeit hinter seinen Leuten. Alles andere strapaziert das Selbstbewusstsein einer Truppe, deren Angehörige im Fall des Falles ihr Leben riskieren sollen. Trotz all der vielen Beraterhonorare, die von der Leyen ausgab: Hier fehlte ein vernünftiger Ratschlag.

Auch die Polizei erlebt wenig Zuspruch trotz immer härterer Arbeitsbedingungen. Die Parole »all cops are bastards« scheint sich mittlerweile selbst bei Politikern durchgesetzt zu haben.[87] Bei den Grünen würde einen das vielleicht nicht wundern, dort war man sich noch Jahre nach der Parteigründung so gar nicht einig, was das Gewaltmonopol des Staates betrifft – aus Rücksicht auf Militante an der Basis oder in der Tradition dogmatischer linker Sekten wie KBW oder KPD. In einem Streitgespräch mit Antje Vollmer meinte Otto Schily im Jahr 1985: »Ich glaube, dass bei manchen Grünen irgendwo noch im Bewusstsein eine Art von Revolutionsmythos herumhängt und dass sie sich schwertun mit ihrem Verhältnis zum Staat. Die Grünen dürfen aber überhaupt keinen Zweifel daran lassen, dass sie das Gewaltmonopol des Staates anerkennen.«

Doch auch in den Medien werden linksextremistische Angriffe auf »die Bullen« nicht weiter ernst genommen, ebenso wenig bei der SPD-Parteivorsitzenden Saskia Eskens. Man sei ja selbst Antifa – seit 58 Jahren, wie Eskens bekannte, die der Polizei »latenten Rassismus« bescheinigt.[88] Und der »Kampf gegen Rechts« ist nun mal wichtiger, egal, ob der Verfassungsschutz vor der wachsenden Zahl militanter Linksextremisten warnt. Der rotrotgrüne Berliner Senat hält seine schützende Hand über gewalttätige Chaoten in besetzten Häusern, zum Ärger der Polizei und mittlerweile selbst bei der ARD.[89] »Anhängern keiner anderen Form von Extremismus wird es so leicht gemacht«, konstatiert die Kriminologin Dorothee Dienstbühl, spezialisiert unter anderem auf Clankriminalität.[90] Selbst nach Krawallnächten in mehreren Städten, als Ordnungskräfte angegriffen, angepöbelt, bespuckt, verhöhnt und verletzt werden, wird von ihnen Zurückhaltung und Deeskalation verlangt.[91] Solche Aufforderungen sind wenig hilfreich, wenn es darum geht, den Ordnungskräften Respekt zu verschaffen, dort, wo er am nötigsten wäre: bei jungen Männern mit Migrationsvorder- oder -hintergrund, wo man die deutsche Polizei mittlerweile für eine reine Lachnummer zu halten scheint. In Berlin etwa müssen Polizisten neuerdings nachweisen, dass sie bei Kontrollen und Strafverfolgung keine Diskriminierung begangen haben – also nicht nach Erfahrungswerten vorgegangen sind. Das dürfte dazu führen, dass sie ihre Arbeit bei einer bestimmten Klientel schlicht einstellen. Eine schlechte Botschaft für die Sicherheit im öffentlichen Raum.

Deutschland ist kein Polizeistaat, und das sollte so bleiben. Doch war nicht einmal die Rede von »wehrhafter Demokratie«? Das Gewaltmonopol des Staates soll Selbstjustiz und Bürgerkrieg verhindern. Dazu aber muss es auch ausgeübt werden. Und das ist noch immer – vorwiegend Männersache.

Böse Menschen halten den neuen Mann für ein vom Feminismus kujoniertes und herabgewürdigtes Wesen, und bei manchen Exemplaren kommt einem das in der Tat so vor, jenen, die bei jedem weiblichen Stirnrunzeln schon auf die Knie fallen. Doch es gibt ihn durchaus noch, den Normalo, der weder das eine noch das andere ist, weder Macho noch Warmduscher. Männer mit Begabung fürs Praktische, mit Beschützerinstinkt ohne Überlegenheitssyndrom, Kerle, die dafür sorgen, dass der Wasserhahn nicht tropft, das Kinderspielzeug wieder heil ist und es im Kamin warm ist, weil sie Holz gehackt haben. Und die danach vielleicht sogar zu dem weiblicherseits nachgesuchten guten Gespräch in der Lage sind.

Doch selbst solche Männer dürften in ihrer Rolle verunsichert sein. James Brown besang 1966 mit »It's a man's world« auf heute geradezu rührend erscheinende Weise eine längst vergangene Welt, in der Männer einfach großartig waren: »Man made the cars, to take us over the road, man made the train, to carry the heavy load, man made the electric light, to take us out of the dark« – »It's a man's world«. Doch Autos, Züge und elektrisches Licht sind längst erfunden, und das Spielzeug kommt aus China. Nur eines stimmt noch heute: Ohne Frau und Kinder ist er »lost in bitterness«.

Man weiß nicht, ob die in den Medien mittlerweile so beliebten Attacken junger Wesen, deren Gender wir nicht unterstellen möchten, nur Spaß am Spiel sind oder ob der eine oder die andere ahnt, dass sie zudem Attacken auf einen Solidarpakt sind, der, siehe oben, sich auch in der Krise bewährt hat. Jener Solidarpakt zwischen Mann und Frau, ob mit oder ohne Trauring.

III.
Heimat

1. Heimat, deine Sterne

Für die meisten – vermuten wir mal: die Normalos – ist Heimat nichts, worüber man reden muss, weil der Begriff ganz unsentimental Zugehörigkeit benennt, Vertrautheit, Schutz. Anderen kommt schon das Wort nicht ohne ironische Distanz über die Lippen. Sie assoziieren damit süßliche Idylle, Heidi und Alm-Öhi oder Sittenbilder aus den Heimatfilmen der fünfziger Jahre mit buntbemalter Bauernstube, Hirschgeweih und Plüschsofa, was ja noch harmlos wäre. Andere wittern hinter Heimatliebe Schlimmeres: kleinkarierte Sehnsucht nach Abschottung. Sie halten Patrioten für verstockte Verhockte oder gar für Deutschnationale, singen vorsichtshalber die Nationalhymne nicht mit und beäugen misstrauisch alle, die bei Fußballspielen deutsche Fahnen hissen (oder blonde Zöpfe tragen).

Mag sein, dass es ein Zugeständnis an jene war, die, gegen den Strom, auf ihrer Heimatliebe bestehen, als Horst Seehofer sein Innenministerium 2018 durch die Zuständigkeit für Heimat ergänzte. Doch ob Freunde der Heimat darunter wirklich vor allem die »Würdigung eines sichtbaren und spürbaren Staates« verstehen?[1]

An der Abneigung gegen Heimat hat Seehofers Versuch, der AfD ein Thema wegzunehmen, jedenfalls nicht viel geändert. Obwohl Heimat und Nationalismus schon historisch nichts miteinander zu tun haben, muss mit negativen Reaktionen rechnen, wer über Heimatgefühle räsoniert, statt sich vorsorglich zu bunter Weltoffenheit zu bekennen. Der kommunistischen Internationale zufolge hat der Proletarier keine Heimat. Die Epigonen der studentischen Linken der siebziger Jahre dünkten sich kosmopolitisch, ganz so international wie ihr Gegner, das Kapital. Dass das Bürgertum dafür sorge, dass alle Bindungen sich verflüssigen und auflösen, konstatierte *Das Kommunistische Manifest* von Marx und Engels einst nicht ohne Bewunderung. Der Proletarier kenne kein Eigentum und habe kein Vaterland.[2] Und nun die Globalisierung: Sie nimmt ebenso wenig Rücksicht auf Heimatgefühle wie Menschenrechtsaktivisten, die Nächstenliebe durch Fernstenliebe ersetzt sehen wollen.

Gut möglich, dass genau deshalb wieder mehr über Heimat geredet wird, ein Begriff mit durchaus wechselnden Konjunkturen. Wie jemand Globalisierung und Einwanderung erlebt, dürfte dabei eine Rolle spielen, ebenso der Wunsch, etwas zur Verfügung zu haben, was zwischen Familie und Vaterland vermittelt[3] – zumal dann, wenn die Regierung den Nationalstaat in ein supranationales Gebilde überführen will, ohne das Volk groß nach seiner Meinung dazu zu fragen.

Wer die mehr oder weniger neue Sehnsucht nach Heimat, auch wenn sie sich gegen die Migrationspolitik der grenzenlosen Fernstenliebe richtet, weitgehend emotionsfrei zu analysieren, also auch zu verstehen versucht, erntet bei dem einen oder anderen gesinnungspolitischen Diskursaufseher prompt den Vorwurf, sich mit dem Objekt seiner Analyse gemein zu machen.[4] Dabei wäre es an der Zeit, mit der AfD bzw. dem Rechtspopulismus hierzulande das zu tun, was David Goodhart für Großbritannien mit den Brexit-Befürwortern getan hat: die Beweggründe derer ernst nehmen, die nicht zum akademischen urbanen Bürgertum gehören, die sich übergangen fühlen und Zorn empfinden (nicht Wut). Denn die ach so weltoffenen Eliten sind meist gar nicht bunt, sondern weitgehend homogen, sie grenzen sich zwar nicht nach außen, aber dafür nach unten ab, und ihre vorgebliche Toleranz gilt nicht für jeden. Die wahren Spießer sind die saturierten Linken, die sich noch immer im Widerstand glauben, obwohl sie längst die Diskurshoheit erobert haben, die sie »moralisch totalitär« verteidigen.[5]

Kosmopoliten wie Migranten sind von ihrer Struktur her sicherlich nicht die ersten Verteidiger nationaler und lokaler Bindungen, und je mehr es davon gibt, desto eher wird das Geflecht, das das Land zusammenhält, loser. Auch fühlen sich gewiss nicht ohne Grund jene benachteiligt, die lokal und kulturell verwurzelt sind, wenig Ausweichmöglichkeiten haben und die Kosten der Weltoffenheit der anderen zu tragen haben. Zu den negativen Folgen von massiver Einwanderung gehören Konkurrenz um günstigen Wohnraum und Sozialleistungen, die Gefahr von Lohndumping und zunehmende Gewalt, auch konkurrierender Migrantengruppen, also: nachlassende Homogenität und Vertrautheit. Wer darüber klagt, dass Rechtspopulisten vom Zorn der Deklassierten profitieren, sollte sich fragen, warum Linke wie Sozialdemokraten so offenkundig darin versagen, sich deren Probleme anzunehmen. Offenbar sind diejenigen, die einen erfolgreichen Marsch durch die Institutionen hinter sich haben, heute die wahren Beharrungskräfte, während sich Protest jetzt auf der rechten Seite artikuliert.

Links scheint man lieber mit Hillary Clinton über die »Zurückgebliebenen« zu spotten, die nicht »mit uns in die neue

Zeit« marschieren wollen. Dabei ist kaum zu übersehen, dass der Urmutter der Arbeiterbewegung, der SPD, ihre Hinwendung zur Identitäts- und Minderheitenpolitik nicht gut bekommen ist, sie hat damit ihre einstige Gefolgschaft verprellt, nämlich all jene unterhalb der Mitte. Die Quittung: ihr offenbar unaufhaltsamer Niedergang.

Und die Grünen? Es muss ihr linker Kern sein, der da gegen Heimat opponiert, dem Heimat irgendwie »heimatt«[6] ist und der Vaterlandsliebe wie Grünen-Chef Robert Habeck (zugegeben: vor Jahren, aber vielen im linksgrünen Milieu aus dem Herzen gesprochen) »zum Kotzen« findet.[7] Dabei passt das Thema Heimat eigentlich bestens zur grünen Forderung, es möge allenthalben nachhaltig und ökologisch zugehen, tier- und umweltfreundlich und möglichst ohne lange Wege und den damit verbundenen Fernverkehr. Das Regionale boomt. Schwingt sich das nicht sogar zu einer Art Selbstvergewisserungsindustrie auf? Große Supermärkte haben jedenfalls verstanden und etikettieren mittlerweile alles Mögliche als regional, also gerade um die Ecke und selbst gemacht, »fingierte Regionalprodukte, die auf industrielle Weise an zentralen (oft städtischen) Standorten hergestellt« werden.[8]

Diese Sorte verlogener Heimatliebe korrespondiert mit dem beständigen Schikanieren der einheimischen Landwirtschaft, deren Produkte gift- und »genfrei«, bio, öko und tierlieb sein sollen. Dafür ist man bei Exporten aus anderen Ländern weit weniger pingelig. Internationale Freihandelsverträge sorgen dafür, dass Staaten mit niedrigen Produktionskosten und geringen Umweltauflagen ihre Agrarprodukte leichter nach Deutschland importieren können, da wird nicht groß gefragt, auf welch tier- und naturliebe Weise sie hergestellt worden sind.[9] Und wen kümmert es, wenn in Europa spanische Orangen auf dem Müll landen, weil sie aus Südafrika billiger importiert werden können?

Was ist Heimat dem biobewussten Städter wert? Offenbar ist sie ihm eine Art Modelleisenbahnidylle, ein undefinierbares Irgendwo. Oder ein Ort für den Wochenendausflug, auf der Suche nach schöner Landschaft samt saftiger Wiesen mit glücklichen Kühen. Und am Horizont dutzende von Windrädern, die der grünen Seele ein gutes Gefühl geben. Zu Begegnungen mit den eigentümlichen Bewohnern kommt es selten.

Dabei lohnt sich das, wie ein mutiger Journalist einmal zu seinem großen Erstaunen festgestellt hat. Der *Zeit*-Reporter Henning Sußebach verließ an einem Sommertag die journalistische Filterblase und machte sich zu Fuß auf, vom Norden Deutschlands in den Süden, unter Vermeidung asphaltierter Flächen, um zu schauen, ob das Land abseits von Straßen und Städten mit dem Bild übereinstimmt, das man als Zeitungsleser und Fernsehzuschauer von ihm hat. Dabei erlebte er die seltsamsten Dinge: etwa, dass es ein Leben außerhalb der Großstadt gibt, dass auch AfD-Wähler nette Leute sein können, dass man auf dem Land die Kosten für die moralischen Moden der Stadt trägt und dass das Leben dort dennoch nicht das schlechteste ist. Was hat er dabei gelernt? Einmal, wie verdammt klein die eigene Filterblase ist. Zum anderen, dass auf dem Land Themen Dauerbrenner sind, die in den Redaktionen längst abgehakt sind, etwa die sogenannte Energiewende. Ja, Zitat: »dass es überhaupt viel weniger Arschlöcher gibt, als wir denken« und dass Journalismus sich zu sehr aufs urbane Milieu konzentriert. Kurz: Journalisten sollten häufiger in die »toten Winkel« ihrer Wahrnehmung schauen, sich aus ihrer Filterblase herausbewegen und das andere entdecken. »Wir übersehen bei aller Bedeutung des Extremen das Normale.«[10]

So ist es. Die Provinz ist weder Idylle noch Museum, die fünfziger Jahre des vergangenen Jahrhunderts sind lange her, man hat Auto und Fernsehen und reist in aller Herren Länder. Und doch spürt man ihn hier mehr als in der Stadt, den einst so scharfen Unterschied zwischen denen, die die Gräber ihrer Vorfahren in der Nähe wissen, und den Zugezogenen, ob vor 75 Jahren oder später. Heimat hat man oder nicht. Warum sollte es so schwer sein, darüber zu reden?

Der linke Journalist Robert Misik etwa unterscheidet schlitzohrig zwischen progressivem (Sozialdemokraten, Kommunisten und anderen »progressiven Bewegungen«) und nicht progressivem Heimatbegriff. Den gibt es da, wo Heimatgefühle rechts sind und ausgrenzen.[11] Aha. Einige Publizisten mit Migrationshintergrund proklamieren: »Eure Heimat ist unser Albtraum«[12], wobei man sich fragt, warum das nicht auch umgekehrt gilt. Es soll Menschen geben, die ebenfalls schlecht träumen, wenn sich zeigt, dass viele Türken in Deutschland, auch die mit einem deutschen Pass, geht man nach ihrem Wahlverhalten, offenbar noch immer die Türkei unter Erdoğan als ihre eigentliche Heimat empfinden, ein eher wenig weltoffenes und demokratisches Regime.[13]

Warum also hat man in Deutschland ein Problem mit Heimat zu haben? Weil das irgendwie »Nazi« sei? Oder liegt das daran, dass sie in Deutschland so oft verlorengegangen ist?

2. Stadtluft macht frei

Städte sind ideale Orte für Entwurzelte und Heimatlose – und für alle, die ihre Wurzeln als Fesseln empfinden, von denen sie sich befreien wollen. Das galt früher im wörtlichen Sinn:

Leibeigene konnten sich durch Flucht in die Stadt von ihrer Dienstherrschaft befreien.

In vielen Großstädten der Welt dominieren längst die aus vielerlei Gründen Zugewanderten. Auch in Deutschland leben in Großstädten wie Frankfurt am Main um die 30 Prozent Ausländer (München und Berlin liegen knapp dahinter), rechnet man Personen mit Migrationshintergrund dazu, so gibt es dort weniger als 50 Prozent autochthone Deutsche. Je kleiner die Stadt oder die Gemeinde, desto eher bleiben die Ureinwohner unter sich.

Das heißt nicht, dass in Großstädten nur entwurzelte Nomaden leben, die Alteinwohner haben ihren Kiez, die Neuankömmlinge schaffen sich Parallelgesellschaften in »ihren« Stadtteilen, die schon mal, etwa in Duisburg oder Essen, als No-go-Areas verschrien sind. Wer nach Deutschland migriert, sammelt sich dort, nicht in der Provinz – vor allem, wenn er illegal eingewandert ist. In einer Stadt lässt sich leichter in der Menge untertauchen, ist die soziale Kontrolle weit lockerer. Das ist Freiheit, die jedoch nicht ohne Risiko ist.

Was den Altvorderen aus der Provinz der Sündenpfuhl, der Seuchenherd, der Ort des Verbrechens war, hat die Jüngeren schon immer gelockt, insbesondere jene einst durchaus kleine Spezies, die Studenten. Universitäten liegen nur selten gerade um die Ecke. Wer studieren will, muss den Ort verlassen, an dem die Familie wohnt, das, was man Heimatgemeinde nennt, ein Terminus, der einst lediglich verwaltungstechnisch bedeutsam war. Immerhin konnte man von den Behörden aus der Stadtluft, die frei macht, dorthin, also in die Heimat, wieder abgeschoben werden, wenn man sich als unbequem erwies. Vielleicht legte bereits dieser Sachverhalt einen Schatten über den Begriff.

Seit die Zahl der Studenten hochgeschnellt ist – sie ist mit 2 900 000 heute beinahe zehn Mal so hoch wie vor 50 Jahren[14], eine, selbst wenn man die Vereinigung 1990 bedenkt, Rekordzahl –, ist auch der Mobilitätsradius größer geworden. Universitätsstädte gelten als freier, kreativer, lebendiger, wie überhaupt Städte die Domäne der Jüngeren sind (und das Habitat gutsituierter, kulturbeflissener Pensionäre). Westberlin, nur zur Erinnerung, war seit den sechziger Jahren das Ziel der wachsenden Anzahl von Wehrdienstverweigerern, weil es dort keine Wehrpflicht gab, ein ganz wesentlicher Anziehungsfaktor.

Die verstärkte Neigung zum Studium heißt nicht nur, dass immer mehr junge Leute aus der Provinz in die Großstadt ziehen, sondern auch eine zunehmende Abkehr von dem, was einst deutsche Stärke war: die duale Ausbildung, also die Kombination aus betrieblicher Ausbildung und Berufsschule. Es wird studiert, egal, was dabei herauskommt. Der beliebteste Studiengang ist bei Männern wie Frauen Betriebswirtschaftslehre, bei Frauen unmittelbar gefolgt von Germanistik; bei Männern steht Maschinenbau auf Platz 2 und Elektrotechnik auf Platz 4.[15] Immerhin. Doch dass die akademische Ausbildung mehr gilt als die Berufsausbildung, macht sich schon längst im Lehrlingsmangel bemerkbar.

Ein Studium ist nichts Elitäres mehr. Das kann man begrüßen. Das Fehlen von Auswahlkriterien (außer in wenigen Fächern) und die Freiheit von Studiengebühren hat das Studium allerdings auch zu einer Art besserem Parkplatz gemacht und den Hang zu jenen »Geschwätzwissenschaften« befördert, mit denen sich wenig Lebenspraktisches anfangen lässt – außer Politiker zu werden, vielleicht. Einst hieß es nach dem mehr oder minder erfolgreich abgeschlossenen Studium von Politikwissenschaften oder Germanistik: »Ich mache was mit Medien«, doch denen geht, ebenso wie den Werbeagenturen, das Geld aus. Bislang offerieren (staatliche) Institutionen noch eine stetig wachsende Anzahl von Betreuungs-, Beratungs- oder Gleichstellungsposten, gern auch für Gendergedöns, deren Zahl sich in dem Maß erhöht, in dem man Probleme schafft, die es zu verwalten gilt. Ob die Steuergelder dafür noch lange reichen?

Vielleicht erhöht sich eher auf die Dauer der Frust, keine dem Aufwand eines Studiums angemessene Position mehr erreichen zu können. Böse spekuliert Ross Douthat in der *New York Times*, der ganze Kampf gegen »weiße Wissenschaft« (und gegen die angeblich angemaßte weiße Überlegenheit) komme dem einen oder der anderen, egal, mit welcher Hautfarbe, womöglich gerade recht, um den Kampf ums eigene Fortkommen endlich aufgeben zu dürfen.[16]

Jedenfalls haben mit der Studentenzahl auch die akademisch Gebildeten zugenommen, die den Zeitgeist und das Meinungsbild prägen und die beim Wort Heimat notorisch Unrat wittern. Heißt Heimat nicht »das Hergebrachte gegen das Neue, die Tradition gegen die Moderne, das Dorf gegen die Stadt, das Eigene gegen das Fremde, das Reine gegen das Vermischte«?[17] Weg damit, Platz fürs Neue, Bunte, Diverse! (Dabei heißt konservativ nicht, die Asche zu bewahren, sondern das Feuer am Leben zu erhalten.)

Man kennt das Lied: Alle Revolutionäre wollten Tabula rasa machen für den neuen Menschen und die neue Welt, nicht nur Linke. Es sind auch ein paar anrüchige Gestalten darunter, die ebenfalls mit einem »weg mit dem alten Plunder« die Welt verändern wollten. Joseph Goebbels etwa, Hitlers Reichsminister, fand Gefallen am Wegräumen: »Dass die Städte selbst

in ihrem Kern getroffen werden, ist von einer höheren Warte aus gesehen nicht ganz so schlimm. (...) Wir werden durch
die britischen Luftangriffe hier Platz bekommen.« Adolf Hitler schätzte an den Bomben des Feindes, dass sie die Städte für
den modernen Verkehr »aufschließen«.[18]

Die autogerechte Stadt wurde in den sechziger Jahren vielerorts auf Kosten des wenigen noch verbliebenen Altbaube-
stands verwirklicht, da war allerdings zumeist die SPD die
treibende Kraft.

Nun, längst haben sich die Kosmopoliten in den Großstädten vorzugsweise im von den Bomben verschonten und im
Laufe der vergangenen Jahrzehnte »gentrifizierten« Altbaube-
stand eingenistet, während das »neue Wohnen« in Hochhaus-
siedlungen den Unterschichten vorbehalten bleibt. Irgendwie
kleben sie doch am Alten, unsere vorwärtsstrebenden Modernen – »eine Rebellion der tadellosen Vier-Zimmer-Altbau-
Bourgeoisie gegen das schrecklich vulgäre, unaufgeklärte und
politisch unkorrekte Proletariat«[19] in seinen Neubauzellen.

Wie steht es also um die Heimat im Sinne eines Ortes der
Verbundenheit? Gibt es sie noch, die *Somewheres*, angesichts
der *Anywheres*, die all das für überholt, ja rückwärtsgewandt
halten?

3. Exkurs ins Unbehauste

Es war ein wirklich gelungener Werbespot: Man sieht ein ma-
lerisch verwanztes Hippiecamp, Unterwäsche hängt antiauto-
ritär auf der Leine, auf dem Lagerfeuer brutzelt irgendetwas,
einer klampft, ein anderer trommelt. Ein kleines Mädchen
schwärmt dem eher unfroh dreinblickenden Vater vom Haus

der Schulfreundin vor, die dort sogar ein eigenes Zimmer hat. »Spießer«, mault der Vater. Daraufhin strahlend das Kind: »Wenn ich groß bin, will ich auch Spießer werden.« Der Spot wurde, na klar, für eine Bausparkasse produziert. Was könnte schon spießiger sein als ein Bausparvertrag – als die Immobilität einer Immobilie in Zeiten der Beweglichkeit?[20]

Doch davon hängt es ab, wo und wie man Wurzeln schlägt, ob der Ort, das Dorf, die Stadt zu Heimat wird. Der seit Jahrzehnten ironisierte Drang der Deutschen zum Eigenheim, von dem es hierzulande im Vergleich zu den Nachbarländern gar nicht so viele gibt, bedeutet nichts anderes. Nur: Wann ist ein Haus mehr als eine Behausung?

Der Architekt Hans Kollhoff erinnert in seiner Abrechnung mit »Schein und Sein« der Architektur daran, dass eine Stadt weit mehr sein kann als ein Mangelwesen, geplagt von einer Architektur, die Geschichte verneint. Der Bürgersteig sei »eine der größten zivilisatorischen Leistungen der Menschheit«, er lädt zum Flanieren ein, erlaubt Begegnung. Und er führt an Häusern vorbei, die ein Gesicht haben anstelle einer Glasfront – Häuser, »die einen Beitrag leisten zum Kollektivgedächtnis der Stadt«. Und das bieten nicht die Kreationen von Architekten, die ihr Genie verwirklichen wollen, sondern Häuser, die aus den Konventionen vergangener Generationen, aus der Gesellschaft und ihrer Geschichte schöpfen: Renaissance als Aneignung, als »Aufscheinen des Neuen im Alten«.

»Ist man erst mal in die Gesellschaft der alten Meister geraten und fühlt man sich dort sogar aufgenommen und schließlich zu Hause, unter den eigenwilligen Gestalten, die ein Möbelstück oder ein Haus von Generation zu Generation weitergegeben und es gründlich poliert haben, die eigentümliche Patina hervorgeholt haben, dann beginnt man, es ihnen gleich-

zutun und nicht hinter dem einmal Erreichten zurückzublei-
ben. Schließlich spürt man, ganz unzeitgemäß, eine große
Gelassenheit, die den Dingen – den vergangenen wie den zu-
künftigen – ihr Recht zubilligt und die das Ich im Wir aufge-
hen lässt.«[21] Das Wir nicht als zwanghaftes Kollektiv gemeint,
sondern als generationenübergreifende Zugehörigkeit. Doch
wo gibt es die noch?

Dass eine Sehnsucht danach existiert, ist unübersehbar. In
vielen Orten der ehemaligen DDR, in denen jahrzehntelang
kein Geld für den Abriss der maroden Häuser und für moder-
nes Bauen vorhanden war, sind die Altbaubestände liebevoll
restauriert worden. Im Westen, in Frankfurt am Main, haben
die Bürger dafür gesorgt, dass zwischen Dom und Römer anstelle der funktionalen Abscheulichkeiten aus Sichtbeton die
Altstadt mehr oder weniger wiederauferstanden ist. Touris-
ten lieben Italien und Frankreich für römische Überreste und
unversehrte mittelalterliche Städte oder Großbritannien für
Schlösser und Herrenhäuser und pittoreske Dörfer mit jahr-
hundertalten Kneipen.

Alte und moderne Märchen zehren davon: dass sich in der
Bausubstanz vergangene und lebende Generationen begegnen. Im bösen Märchen ist es das Gespensterhaus, im guten
das geheimnisvolle Elternhaus, ein verwunschenes, rosen-
umranktes Gehöft. Heutige Romanautoren greifen gern auch
zum Herrenhaus in Südfrankreich oder Cornwall. So ein Haus
bleibt im Sommer kühl und riecht nach Johannisbeermarme-
lade, Leinöl und Lavendel. Im Winter zieht es durch die Fens-
ter und die Hunde liegen seufzend vor dem offenen Kamin.
Dort steht im elterlichen Schlafgemach ein schweres großes
Bett, in dem schon der Urgroßvater, ach was: der Urururgroß-
vater gezeugt und geboren worden ist. Das Haus hat Geschich-

te und Geheimnisse, Spuren der Vergangenheit verbergen sich hinter holzvertäfelten Wänden, und geheimnisvolle Dokumente liegen versteckt unter dem Parkett. Dass es schon lange im Besitz der Familie ist, sieht man an den hohen alten Bäumen in den dunklen Gärten mit den riesigen Rhododendren. Oder an den Möbeln – nein, keine Erbstücke, sondern genuine Mitbewohner, denn auch sie waren schon immer da. So wie seine Bewohner seit jeher hier wohnten.

Und so weiter und so fort. Alte Gemäuer mit Geschichte, genuine Elternhäuser, sind bei den Autoren von Unterhaltungsromanen und ihren Lesern besonders beliebt, es gibt sie ja kaum noch, Familiensitze des Adels ausgenommen, die auch deshalb ein beliebtes Sujet sind. Selbst auf trivialem Gebiet findet man die Sehnsucht nach Geschichte.

Ist das deutsch? Auch. 14 Millionen Unbehauste strömten nach 1945 gen Westen, das prägt noch heute, obwohl sich die meisten Flüchtlinge und Vertriebenen damals bemühten, bloß nicht aufzufallen. Niemand sollte ihnen ihre Herkunft anmerken, keine Klangfärbung sollte darauf hindeuten, die Vergangenheit galt nichts, nur eine Zukunft, die man sich weltoffen dachte und in der erkennbare Verwurzelung nur störte. Menschen ohne Geschichte.

Manche davon haben zeit ihres Lebens der Heimat hinterhergetrauert, entfremdet von den vielen anderen, die sie nie verlassen mussten. Wieder andere bestärkten sich im Glauben, dass es besser sei, gar nicht erst eine zu haben, schon, um sie nicht verlieren zu müssen.

Die Bildungsbürger unter den Heimatvertriebenen hatten womöglich ein Elternhaus verloren, brachten dafür aber eine gute Kinderstube mit. Eine gute Kinderstube konnte man, im Unterschied zum Elternhaus, stets bei sich haben und bei

Bedarf vorzeigen. Die gute Kinderstube war das portable Elternhaus, die geistige Heimat, deren materielles Substrat verlorengegangen war im Krieg. Und es war das, worauf man sich zurückziehen konnte, wenn sie einen wieder mal als »tolopen Pack«, als Zugelaufene behandelten, die neuen Nachbarn, die eingebildeten Pfahlbürger mit ihren misstrauischen Blicken, dem Eingeborenenstolz und dem ehernen Lebensgefüge.

Bildungsbürger hatten die Heimat im Kopf – Goethes *Faust*, auch Nietzsche, Ringelnatz und Eugen Roth. Das Auswendiggelernte makellos wiedergeben zu können gehörte zum Überlebenstraining in der Kriegsgefangenschaft und zählt wohl auch dank der Abwesenheit dieser Zwangslage mittlerweile zu den aussterbenden Tugenden. Ansonsten war alles abgelegt, das an Vergangenes erinnerte, aber das half nicht, die Eingeborenen durchschauten die vielen Fremden, die der Zweite Weltkrieg nach Westen gespült hatte. Sie würden nie dazugehören.

Mit wachsendem Wohlstand nahm der Wunsch manch Hereingespülter nach einem Elternhaussurrogat zu. In den sechziger Jahren wurde es in Niedersachsen Mode, halbverfallene Bauernhäuser auf dem Land zu kaufen und auszubauen. Fachwerkhäuser haben Dauer, sind also zum traditionsstiftenden Elternhaus durchaus geeignet. Doch es zeigte sich, dass das örtliche Handwerk nicht mehr wissen wollte, wie man mit Fachwerk umgehen muss, damit es überdauert. Wir wissen offenbar alle nicht mehr, welche Voraussetzungen lange Dauer benötigt.

»Hausstand« ist auch so ein Zauberwort aus einer fernen Zeit, in der es ein Privileg war, heiraten und ein eigenes Haus begründen zu dürfen. Hausstand war mit dem Wunsch verbunden, selbst eine Tradition zu schaffen, griff also weit aus in die Zukunft. Das passt nicht zu kurzfristigen Behausungen für Lebensabschnitte und die damit verbundenen Partner.

Anders gefragt: Sind die vielen neu entstehenden Einfamilienhäuser, diese schnell hochgezogenen Hüllen, elternhaus-, also zukunftstauglich? Und wird ihr Zerfallsprozess ähnlich attraktiv ausfallen wie der vieler historischer Ruinen, die nur noch das Efeu zusammenhält?

Der Historiker und Journalist Gustav Seibt meldet Zweifel an: »Man hat noch nicht über die Anthropologie der deutschen Nachkriegsgesellschaft nachgedacht. Aber wer sie zu schreiben versuchte, der müsste von der massenhaften Elementarerfahrung von Obdachlosigkeit und Flucht ausgehen. Ist sie nicht einbetoniert in der sichtbaren Oberfläche dieser Gesellschaft? In den hunderttausenden Eigenheimen, in ihrer peniblen Reinlichkeit, ihrer heimatlosen, frostig anmutenden Gleichförmigkeit und ihren überheizten Wohnzimmern? In den Fußgängerzonen und Einkaufszentren, in der geschrubbten Ordentlichkeit, Befestigtkeit und Solidität der Lebensumstände?«[22]

4. Flucht aufs Land

Mitten in der Corona-Panik im Frühsommer 2020 hieß es, bereits eine Million Pariser habe der Stadt den Rücken gekehrt, um irgendwo in der Provinz eine neue Bleibe zu suchen – eine größere Wohnung in besserer Luft.[23] Fünf Millionen Chinesen sollen Wuhan verlassen haben, und noch nicht einmal die Hälfte sei zurück.[24] Auch anderswo gibt es solche Bewegungen – raus aus den engen Städten, in denen man seinen Mitmenschen täglich allzu nah kommt. »Eine kürzlich durchgeführte Harris-Umfrage ergab, dass mehr als zwei von fünf amerikanischen Stadtbewohnern einen Umzug an einen weniger überfüllten Ort in Erwägung ziehen. Die National Association of

Realtors stellte in Umfragen fest, dass amerikanische Haushalte ›nach größeren Häusern, größeren Höfen, Zugang zur Natur und mehr Trennung von ihren Nachbarn suchen‹. Viele der eingefleischten Stadtbewohner, so die *New York Times*, gäben nun Gebote für Vorstadthäuser ab, die weiter von der Stadt entfernt sind«, resümiert der amerikanische Stadtforscher Joel Kotkin.[25]

Dabei schien der Trend zur Megacity ungebrochen – 2015 lebten an die 45 Prozent der Weltbevölkerung in Städten und das, dachten viele Zukunftsforscher, würde auch so weitergehen. Wie in den *Tributen von Panem* wäre dann die Stadt das Zentrum und die Provinz ihr untertan – als Versorgungseinrichtung und Müllplatz zugleich. Doch bislang sieht es so aus, als ob Covid-19 vor allem ein urbanes Phänomen wäre. Die größte Stadt der USA, New York, wo etwa 3 Prozent der Bevölkerung leben, verzeichnet an die 20 Prozent der womöglich durch die Pandemie verursachten Todesfälle.[26] Auch London mit seinen neun Millionen Bewohnern bekam zunächst die meisten Fälle in Großbritannien ab, weshalb dort Devon, Cornwall und sogar Wales immer beliebter werden. Die Nähe zu Menschen hat Vorteile, bringt jedoch auch die alten Plagen zurück.

Stets begünstigte die Enge der Städte Seuchen. Bis in die zweite Hälfte des 19. Jahrhunderts wuchs die städtische Bevölkerung nur durch Zuzug vom Land, die Sterblichkeit war größer als die Geburtenrate. Doch London hat sich sogar nach der Pest im Jahre 1665, die mit 100 000 Menschen etwa 25 Prozent der Einwohner tötete, schon bald wieder erholt.

Womöglich ist die Flucht aus den Städten auch diesmal wieder nur temporär. Doch Seuchen haben immer schon, zumindest bei den Begüterten, zum Rückzug auf den Landsitz geführt, man denke an die Stadtflucht vieler Italiener nach der Pestwelle im 14. Jahrhundert. Womöglich befinden wir uns soeben wieder in einer solchen Phase – unter neuen, durchaus günstigen Bedingungen.

Es gibt bereits Stimmen, die den Zug aufs Land geradezu verlangen, etwa in Italien: »Architekten, Stadtplaner, Soziologen und Anthropologen fordern von der italienischen Politik nun, das Leben auf dem Land attraktiver zu machen sowie die Menschen zu ermutigen, die Städte zu verlassen und in Dörfer zuziehen. Auf diese Weise sollen künftige Pandemien verhindert werden.« So könnte das Land wieder aufgewertet werden: »In Italien gibt es tausende Dörfer mit weniger als 5000 Einwohnern. Mehr als 2300 dieser Orte sind (...) so gut wie verlassen.«[27]

Die Stadt, heißt es, ermögliche eine Vielzahl von Begegnungen, die Kreativität und Produktivität explodieren lassen. Gewiss. Doch für viele Berufe, in denen nichts Handfestes produziert wird und wo kein Publikumsverkehr nötig ist, hat sich in der Zeit des Lockdowns die Arbeit im Homeoffice als weitgehend unproblematisch erwiesen. Ein Computer kann auch auf einem Tisch in der kühlen Landhausküche stehen, dafür braucht man kein vollverglastes Büro in der Stadt, der Kontakt mit den nicht immer geliebten Kollegen lässt sich keimfrei per Zoom abhandeln, und wer ein gepflegtes digitales Archiv hat, braucht keine Aktenordner mehr griffbereit. Für viele Sachbearbeiter am Schreibtisch mag die tägliche Videokonferenz und ein Treffen einmal die Woche genügen.

Mehr als die Hälfte der Londoner Angestellten könnte ihre Arbeit auch im Homeoffice erledigen, heißt es in einer Studie.[28] Mag sein, aber was bedeutet das? Es würde die öffentlichen Verkehrsmittel und die Straßen vom Pendlerandrang morgens und abends entlasten – und sie zugleich nicht genug auslasten. Die Gastronomie hätte erhebliche Einbußen zu verzeichnen, weil die Mittagessen und abendlichen Geschäftsessen wegfielen. Auch der Einzelhandel, der allerdings schon länger unter Shopping-Malls und Einkaufszentren mit dem immer gleichen Angebot leidet. Eine weit größere Auswahl bietet Amazon mitsamt der bequemen Möglichkeit, alles, was nicht gefällt, zurückzusenden. Außerhalb der Stadt wären dann größere Wohnungen mit Platz fürs Homeoffice gefragt, während für die ein, zwei Tage in der Woche, in der man das Büro aufsuchen muss, eine Minibleibe in der Nähe des Büros ausreichte, Wohnungen, in denen etwa in Paris sonst ganze Familien unterkommen müssen.[29]

»Weltweit schätzt die Organisation für wirtschaftliche Zusammenarbeit und Entwicklung (OECD) die Zahl der Bürobeschäftigten auf etwa 641 Millionen. Wenn schrittweise 20 Prozent von ihnen dazu übergehen, von zu Hause aus zu arbeiten, haben wir es mit 128 Millionen Menschen zu tun, die kein Vollzeitbüro mehr benötigen. Basierend auf Schätzungen der OECD könnte dies zu einem Rückgang von 2,3 Milliarden Quadratmetern pro Jahr führen. Keine angenehme Zahl für Gebäudeeigentümer.«[30] Zumal dann, wenn anhaltende Covid-19-Angst dazu führt, dass Angestellte nicht mehr in Fahrstühle steigen wollen – das wäre ein immenses Problem für die vielen Bürohochhäuser ...

Auch das »neue Normal« für Studenten und Professoren heißt Bedeutungsverlust der Städte. Man muss sich nicht zwingend in einem Hörsaal versammeln, um an einer Vorlesung teilzunehmen. Theater und Oper? Geht auch keimfrei virtuell. Kino ist längst schon im eigenen Wohnzimmer möglich. Wozu noch in die Stadt?

Schöne neue Welt. Oder künftige Trostlosigkeit. Ob das wirklich alles ernstzunehmende Perspektiven sind?

Boshafte Zeitgenossen denken vielleicht, eine gewisse Entmachtung der städtischen Szenen täte dem Gemeinwesen gut, eine Auflösung der Blasen, in denen sich Meinung bildet. Städte ermöglichen ein enges Netz von Beziehungen, das kann inspirierend sein, aber auch zu borniertem Milieus führen. Entflechtung bietet Optionen: »Man stelle sich vor, Menschen zögen aus ihrer Blase weg und würden Bekanntschaft mit der Welt ›da draußen‹ machen. Einer Welt, in der fluide Geschlechter ebenso wenig eine Rolle spielen wie Hautfarbe, in der man über Natur nicht redet, sondern in ihr lebt. Eine Welt, die entspannt ist. Für Massenhysterie fehlt es schlicht an der Masse, aber auch grundsätzlich an Aufgeregtheit und vielleicht auch Überkandideltheit. (...) Für das politische Klima könnten mehr entspannte Menschen mit Bodenhaftung den entscheidenden Unterschied machen.«[31]

Sicher. Einerseits. Andererseits: Was mit dem Stadtleben verlorengeht, hat der Lockdown im Herbst 2020 drastisch vor Augen geführt. Seit man die Konsumtempel nur noch mit Abstand und Maske betreten durfte, hat die Einkaufslust gelitten. Am bittersten aber war nun das Schließen von Theatern, Kinos, Opern und Kleinkunstbühnen, von Clubs und Kneipen, von Restaurants und Gaststätten. Das traf ausgerechnet die Bravsten der Braven. Alle hatten sich bereits im Frühjahr an die verordneten »Maßnahmen« gehalten, doch ausgerechnet die »Kulturschaffenden«, die sich selbst als »systemrelevant« einstuften, mussten nun dran glauben und wagten doch nur verhaltenen Protest.[32] Die subventionierten Theater und Opernhäuser werden überleben, manche Kleinkunstbühne aber wird es im Frühjahr nicht mehr geben.

Und dann die Restaurants, Gaststätten, Kneipen! Sie dienen ja nicht nur der Nahrungsaufnahme, sie sind Orte der

Geselligkeit. Und nicht nur das: Im 19. Jahrhundert waren sie Treffpunkt für die rebellischen Bürger, die nicht nur am Stammtisch zornig die Fäuste schwangen. So schrumpft das, was städtisches Leben ausmacht: bürgerliche Öffentlichkeit, das Recht auf Versammlung, auch zum Protest.

Für eine lebendige städtische Öffentlichkeit gibt es keinen Ersatz, auch wenn die Aufwertung der Provinz, andererseits, eine gute Idee ist. Jedenfalls solange man sich keine Illusionen über »die Welt da draußen« macht. Die Flucht aufs Land ist nicht neu, sie ist ein periodisch wiederkehrendes Phänomen, man denke an die Hochzeit der Künstlerkolonien zwischen 1870 und 1910. Etwas Ähnliches gab es im Gefolge von 1968 und wieder in den achtziger Jahren des vergangenen Jahrhunderts, stets verbunden mit einem zunächst unrealistischen Bild vom Leben auf dem Lande.

Doch die französische Provinz ist ein gutes Beispiel dafür, wie solche Fluchten die einen wie die anderen verändern können. Nach den Pariser Studentenunruhen 1968 zog es viele Aussteiger raus aus dem »kapitalistischen Entfremdungszusammenhang«, etwa in die verlassenen Steinhäuser des Vivarais im Departement Ardèche. Eben noch hatte Jean Ferrat davon gesungen, dass die jungen Leute einer nach dem anderen die schöne Provinz verließen, um in der Stadt in den Genuss von Kino und Resopalmöbeln zu kommen, schon kamen sie zurück. Andere. Städter.

Das ging nicht ohne Spannungen ab und ist doch irgendwie gelungen. Die *Néoruraux* haben vielerorts traditionelle bäuerliche Produktionsweisen wiederbelebt, man denke an Ziegenkäse und Schafzucht, aber auch an die stete Verbesserung der Weinproduktion in dafür nicht ganz so renommierten Lagen. Andere haben die halbverfallenen Steinhäuser renoviert und an

Feriengäste vermietet. Ihnen folgten diejenigen, die es sich leisten konnten, ein altes Haus aufwendig zu restaurieren, auch wenn sie selbst es nur zwei, drei Monate im Jahr nutzten: Niederländer, Belgier, Engländer. Manch pittoresk herausgeputztes Dorf ist im Winter menschenleer. Die jungen französischen Familien bevorzugen Niedrigenergiehäuser auf der grünen Wiese, sie können sich den Unterhalt eines alten Hauses nicht leisten. Doch Tourismus erhält alte Kulturlandschaften, auch wenn sie ab und an nur noch Fassade ist.[33] Eine Globalisierung, die das Regionale zu neuem Leben erweckt hat.

Einen ähnlichen Zug aufs Land gab es in Deutschland in den achtziger Jahren. Doch was finden Stadtflüchtige heute vor, wenn es sie in die Provinz zieht? Schöne Landschaft? Bäuerliche Idylle trotz krähender Hähne? Romantische Fachwerkhäuser?

Seit den achtziger Jahren des vergangenen Jahrhunderts verliert die Landwirtschaft in Deutschland rapide an Bedeutung. Im Jahr 2017 lag der Anteil der Erwerbstätigen in der Landwirtschaft nur noch bei 1,4 Prozent aller Erwerbstätigen und der Anteil an der Wertschöpfung lediglich bei 0,9 Prozent der gesamten Wertschöpfung in Deutschland.[34] Bauern wurden zur Minderheit, in vielen Dörfern gibt es keinen einzigen mehr.

Die alte Dorfgemeinschaft ist Vergangenheit. Viele Dörfler, die ihre alten Behausungen mit den niedrigen Decken und den krummen Wänden satthatten, haben sich neue Häuser am Dorfrand gebaut und den Dorfkern selbst dem Verfall preisgegeben. Doch es hat sich etwas geändert.

Es gibt Bewegungen zurück zum Alten, nicht ohne Echo, wie der enorme Erfolg solcher Zeitschriften wie *Landlust* zeigt, einst mit Millionenauflage verkauft, heute immer noch für etwa 850 000 Käufer pro Heft gut. Sicher, diese appetitlich aufgemachten Hefte kaufen eher die Städter. Und doch belegen sie, dass das Landleben plötzlich einen neuen Nimbus erhalten hat. Nicht ganz ohne Grund. Der Tante-Emma-Laden mag ausgestorben sein, dafür gibt es ein Revival von Landbrauereien und Backhäusern, von Bauerngärten und Gehegen mit frei laufenden Hühnern, von lokalen Käseproduzenten und Dorfmetzgereien. Irgendwer wird, wer weiß, auch die Dorfkneipe neu erfinden.

Und längst nicht alle alten Strukturen sind zerfallen. Mehrgenerationenhaushalte sind auf dem Land häufiger, enge Kontakte zu Nachbarn und Freunden ebenfalls, das Netz der Sozialbeziehungen hält oft ein Leben lang. »Viele Menschen haben jetzt nicht mehr den Eindruck, sie wären gegenüber der Stadt benachteiligt, und sie leben mit einem gewissen Stolz auf dem Land in dem Gefühl, dass ihr Leben anders, aber keineswegs schlechter als in der Stadt ist. Dadurch entsteht in großen Teilen des Landes ein neues Selbstbewusstsein, das noch in der zweiten Hälfte der 1970er-Jahre völlig unvorstellbar war«, schreibt Werner Bätzing, emeritierter Professor für Kulturgeographie, in seiner umfassenden Bestandsaufnahme des Landlebens.[35]

Das müssten allerdings auch die Städter begreifen, die noch immer auf die blöde Landbevölkerung herabblicken. Es soll Zugezogene geben, die gegen morgendliches Hahnengeschrei vor Gericht gezogen sind oder gegen den Güllegestank, wenn Bauern ihre Felder düngen. Landwirte finden die Arroganz wenig erheiternd, mit der sie als Umweltschweine und Tierschänder verdächtigt und mit ständig neuen Anordnungen und Einschränkungen kujoniert werden, während man Freihandelsabkommen mit Ländern schließt, die unter Garantie Tier und Umwelt bei weitem nicht so umsichtig behandeln wie der freundliche Bauer um die Ecke. Monika Gruber, Kabarettistin und Bauerstochter, erregt sich besonders über Renate Künast, die im Bundestag behauptet hat: »Der Grund für die Pandemie ist die falsche Art und Weise, wie wir unsere Nahrungsmittel produzieren, Landwirtschaft betreiben und mit der Umwelt umgehen.« Laut Künast sei jetzt die Zeit, eine Ernährungswende einzuläuten. [36] Monika Gruber bemerkt mit bitterer Ironie, dass der Deutsche Bauernverband seinen Mitgliedern umgehend den Verkauf von Fledermäusen und Schuppentieren auf den Wochenmärkten verboten hat.[37]

Während sich in den Städten ein wachsendes Konfliktpotential sammelt, Normalverdiener sich die Mieten kaum noch leisten können, Parks und öffentliche Plätze von Drogendealern oder Partyrandalierern besetzt werden, scheint es gut möglich, dass auf dem Land eine neue Mischung entsteht, die heimatfähig sein könnte.

Die virtuelle Beweglichkeit macht den Landsitz in des Wortes Bedeutung wieder attraktiv. Man ist auch in einem Haus in der Provinz mit der Welt verbunden. Mobilität und Beständigkeit gehen, wer weiß, eine neue Verbindung ein. Die Teilhabe an der Welt ist nicht mehr an die Bedingung geknüpft, die Heimat zu verlassen. Erlaubt das womöglich sogar eine neue Beheimatung?

5. Entheimatung

Doch es gibt ja noch immer das alte Normal. Noch immer wohnen erwachsene Kinder nicht weit von den Eltern entfernt, wenn nicht gar mit ihnen. (Je gebildeter Eltern und Kinder, desto eher wohnen sie weiter auseinander.) Aufgrund der hohen Lebenserwartung ist der Kontakt zwischen Kindern, Eltern und Großeltern heute länger und intensiver, Großeltern sind finanziell, emotional und zeitlich eine wichtige Ressource bei der Kindererziehung. Gewiss, im Süden, wie in Spanien und Italien, hocken sie mehr aufeinander als hierzulande, aber auch in Deutschland verliert Familie keineswegs an Bedeutung, obwohl ihr nun schon seit 50 Jahren das Totenglöckchen geläutet wird.[38] Das spricht auch für örtliche Bindung. Offenbar ist ein nicht unbeträchtlicher Teil der Bevölkerung verwurzelter, als kosmopolitische Metropolenbewohner glauben. Dennoch ist Deutschland europaweit das Land, in dem es besonders wenig selbstgenutzte Immobilien gibt.

Deutschland liegt, was Wohneigentum betrifft, weit unterhalb der europäischen Spitzenreiter und noch unterhalb des EU-weiten Durchschnitts, weniger davon gibt es lediglich in der Schweiz.[39]

Das verdankt das Land vor allem dem Zweiten Weltkrieg, weit mehr noch als der Erste »eine gigantische Entheimatungsmaschinerie« (Armin Nassehi)[40]. Zur Vertreibung und Enteignung der Juden, zu den enormen Kriegsschäden, zu Flucht und Vertreibung nach dem Krieg gesellte sich die Substanzvernichtung durch die Enteignungen in der DDR zugunsten eines Volkseigentums, um das sich niemand scherte. Wie dramatisch sich der Mangel an Immobilienbesitz auswirken kann, zeigte sich in den Übergangsmonaten nach der friedlichen Revolution 1989 bis zur Wiedervereinigung ein Jahr später. Ohne Immobilienbesitz gab es in der untergehenden DDR für die vom frischen Unternehmergeist dringend benötigten Bankkredite keine Sicherheiten, also auch kein Geld. Die unklaren Eigentumsverhältnisse dank unzuverlässiger Grundbücher brachen manch einem der Hoffnungsvollen das Genick.

Doch zurück zur »Entheimatung«: Womöglich sitzt auch vielen Nachgeborenen die Entwurzelung der geflüchteten oder vertriebenen Eltern oder Großeltern noch in den Knochen. (Bei den Kindern und Enkeln der Ermordeten weiß man das.) Die einen assimilierten sich geradezu übereifrig in der neuen Umgebung, das sind diejenigen, die nicht zurückblicken wollten. Wer den Verlust von Heimat und damit der eigenen Geschichte erlebt hat, lässt sich womöglich auf den Zauber der Verbundenheit nicht mehr ein, mal abgesehen davon, dass Zugehörigkeit nicht einfach so entsteht oder gar erworben werden kann – das wurde den Hinzugekommenen von ihren neuen Nachbarn oft genug drastisch gezeigt.

Die anderen konnten von der Trauer um den Verlust nicht lassen, was Abwehrreflexe auslöste, auch bei vielen Nachgeborenen, die die verklärte Heimat ja gar nicht kannten und nicht kennenlernen konnten. Ihnen war die Mohnkuchenseligkeit dicker schlesischer Omas peinlich, der ganze Trachtenrummel, die ewigen Egerländer, das dauernde Geflenne, der »revanchistische Mist«. Desinteresse paarte sich mit aggressiver Mitleidlosigkeit, für die man sich im Nachhinein eigentlich nur noch schämen kann.

Der Historiker Andreas Kossert hat mit großer Emphase beschrieben, wie es den 14 Millionen Deutschen erging, die während oder nach dem Krieg aus ehemals deutschem Gebiet oder aus alten deutschen Siedlungsgebieten im osteuropäischen Raum in die Besatzungszonen der Westalliierten strömten. Insbesondere in den ländlichen Gebieten waren viele Einheimische überfordert mit den entwurzelten Landsleuten, die fremdartig sprachen, aßen, aussahen.

Und waren sie nicht alle Nazis gewesen? Hatten sie sich ihr Schicksal nicht selbst zuzuschreiben, hatten sie Flucht, Vertreibung, Totschlag und Vergewaltigung nicht irgendwie sogar verdient? Das ist eine besonders unappetitliche Variante der von vielen Nachgeborenen vertretenen Kollektivschuldthese. Noch nicht einmal die ehemaligen Kriegsgegner würden sich dazu versteigen. Ist diese Mitleidlosigkeit Selbstschutz, wird der Verlust doppelt negiert, damit er nicht weh tun kann? Oder ist der radikale Bruch mit einer Vergangenheit gemeint, die man sich aus naheliegenden Gründen nicht zu eigen machen will? Doch muss bei dieser Operation offenbar auch noch der ganze große Rest deutscher Vergangenheit abgeräumt werden, die ja in der Tat mehr zu bieten hat als zwölf Jahre Unheil. Davon ist selten die Rede, wenn zum Erinnern aufgerufen wird. Während man in Polen wieder beginnt, das deutsche Erbe etwa im ehemaligen Schlesien zu würdigen, ist in Deutschland die Erinnerung nicht nur an die alten deutschen Kernlande und Siedlungsgebiete gründlich aus dem Gedächtnis getilgt.

Die Schriftstellerin Petra Reski, Tochter von Vertriebenen, selbstkritisch: »Ich glaubte an den Fortschritt der Geschichte. Heimat war ein überwundenes Relikt aus der trüben Vergangenheit, und ich war froh, mit so etwas nicht geschlagen zu sein. Das Ruhrgebiet war nur ein zufälliger Fleck, auf dem meine Familie gelandet war. Ich beschloss, mich auch in der Zukunft nicht mit einer so heiklen Angelegenheit wie einer Heimat zu belasten. Was heult ihr denn jetzt, dachte ich, ihr seid doch selbst schuld, dass man euch vertrieben hat. Ich war der neue Mensch. Ich stand auf der Seite der Sieger.«[41]

Sie war nicht allein mit ihrer Abwehr. Das Dilemma der »Dahergelaufenen«: Sie hatten im Grunde nur zwei Möglichkeiten. Entweder waren sie reuig und nahmen die Vertreibung als Strafe für die Verbrechen des Hitlerregimes an. Oder sie machten sich mit »ewiggestrigem« Gejammer unbeliebt. Mit jämmerlichem Selbstmitleid, dachte manch gnadenloser Nachgeborener, versuchten sie ja nur, von ihrer eigenen

Schuld abzulenken. Heimat und damit verbundene Gefühle als legitim und verständlich und ihren Verlust als schmerzlich anzuerkennen hätte mehr Empathie verlangt, als manch einer zur Verfügung hatte.

»Dass die Aufnahme der 14 Millionen nicht zur politischen Dauermalaise wurde und die befürchtete Radikalisierung ausblieb, dafür zahlten die Vertriebenen mit Verleugnung ihres Schmerzes und kultureller Selbstaufgabe. Schlesier, Ostpreußen, Pommern, Deutschböhmen und Banater Schwaben, die über Jahrhunderte beigetragen haben zur Vielfalt der deutschen Identität, hatten in der Heimat nichts mehr zu melden. Sie mussten sich anpassen im Westen ihres Vaterlandes, das ihnen zur kalten Heimat werden sollte«, schreibt Andreas Kossert.[42] Doch den Schmerz zu verleugnen setzte offenbar ungeheure Energien frei: Leistungs- und Anpassungsbereitschaft und Arbeitskraft der Vertriebenen wurde zum entscheidenden Motor des Wirtschaftswunders.

Heimatliebe hatte sich als überaus hinderlich erwiesen, also erfanden sich viele der Vertriebenen und ihrer Kinder kosmopolitisch neu, wie Petra Reski: »Ich nahm mir vor, mich in meinem Leben auf gar keinen Fall mit einer HEIMAT zu belasten. Ich würde um das Ruhrgebiet garantiert nicht weinen. (...) Ich wollte überall leben können. Und nie Heimweh haben.«[43]

Persönliche Anmerkung: Ich kenne das gut. Mein nüchternes Verhältnis zu Heimat verdankt sich wohl der Tatsache, dass meine Eltern, ursprünglich aus Thüringen und nach 1947 im Westen »einquartiert«, über Heimatverlust nicht sprachen. Sie sprachen überhaupt nicht viel über die Vergangenheit, aus Schuldgefühl, wie man als aufrührerische Jugendliche mutmaßte. Doch wahrscheinlich hatten sie gar keine Zeit, an Vergangenes zu denken oder gar ihm hinterherzutrauern. Auch die Erinnerung an Bombennächte, Gefangenschaft, Hunger und Kälte musste verdrängt werden, wenn es vorwärtsgehen sollte, in die Zukunft. Sicher verband sich solch Pragmatismus oft mit einer gewissen Gefühlskälte. Die Kriegsgeneration hatte Schaden genommen, wie und wodurch auch immer, selbstverschuldet oder nicht.[44]

Die neue Umgebung erlaubte im Übrigen keine Sentimentalitäten. Mir selbst war gar nicht klar, warum ich, als Nachkriegskind aufgewachsen, kein Zugehörigkeitsgefühl entwickelte. Die Wahrheit lautete: Ich gehörte ja auch nicht dazu.

Warum also diskutieren wir heute wieder über Heimat? Weil uns zum Beispiel die Menschen mit türkischem Hintergrund und deutschem Pass zeigen, dass sie eine haben, die nicht Deutschland heißt? Oder weil Heimatverbundenheit besonders sichtbar wird im Moment ihrer Infragestellung durch massive Zuwanderung?

Beim Thema Migration geht es um einen Kulturkonflikt, um einen Kampf um Anerkennung und Einfluss, und den kämpfen nicht nur diejenigen, die noch nicht lange hier leben (die das dafür oft ziemlich lautstark tun). Auch die Normalos kämpfen um Anerkennung und Einfluss, seit sich Mehrheit nicht mehr von allein versteht. In deutschen Städten dünkt sich die mediale und politische Elite weltoffen und kosmopolitisch, beschränkt sich aber meistens auf ihr Viertel und ihre Blase und diskutiert zugleich Mobilität wieder kleinsträumlich (Lastenfahrrad statt Auto). In einem Dorf, in dem man auch räumliche Nähe zu Menschen hat, mit denen einen nichts verbindet, dürfte sogar bunter und offener sein als in jenen Milieus, in denen man sich den »identitätspolitischen Kämpfen um Zugehörigkeiten« (Armin Nassehi[45]) unterwerfen muss. Denn diese Kämpfe sind knallhart. Die Nation, ein eher unbestimmter und offener, aber dennoch definierter Raum, wie auch das Staatsvolk, das weit mehr ist als eine ethnische Kategorie, zerfällt wieder in sich gegenseitig bekriegende Stämme, die ihre Riten und Codes pflegen, die man bei Strafe nicht verletzen darf. So, wie Frauen angeblich nicht mitgemeint sind, wenn dem Bürger nicht die Bürgerin hinzugefügt wird, so fühlt sich heute jeder irgendwie Diverse ausgeschlossen, der nicht ausdrücklich inkludiert wird. Mark Lilla hat recht: damit lässt sich kein Staat machen.

Doch halt: Vielleicht ist ja der Tribalismus der Identitätssuchenden just die Antwort auf das Gefühl von Heimatlosigkeit? Menschen wollen dazugehören, aber womöglich nicht zu einem Land wie Deutschland, aus Furcht, sich damit auch mit den Verbrechen der Vergangenheit identifizieren zu müssen. Das schreckt Angehörige anderer Nationen eher weniger, die ebenfalls nicht nur als friedliebende Kraft durch die Geschichte pflügten. In England wird mit Inbrunst bei jeder *Last Night of the Proms* fahnenschwenkend »Rule Britannia« gesungen. Britannien hat allerdings nicht immer zum Glück anderer Völker über die Meere geherrscht.

Im Grunde ist der Nationalstaat der perfekte Kompromiss zwischen Globalisierung und Stammeskultur. Mehr Größe und Weite hält der normale Mensch nicht aus. Doch je mehr der Nationalstaat unter Druck gerät, desto stärker schrumpft der Raum, der Identifikation zulässt: erst auf die Region, dann auf die Stadt oder das Dorf, endlich auf die Familie und die Freunde. Bis sich Identifikation, wer weiß, vollständig vom Raum löst und nur eine Art Seelenverwandtschaft bleibt.

6. Stammeskulturen

Die strengen Vertreter der Identitätspolitik, so scheint es, schließen den Raum als Identifikationsanker radikal aus. Die einst selbstverständliche Frage, woher jemand kommt, was für ein Landsmann er sei, gilt heute manchen als ungehörig, angeblich, weil sie etwas voraussetzt, eine Herkunft oder eine Zugehörigkeit, und damit wiederum ausschließt. Aber aus was, möchte man fragen, wenn es doch augenscheinlich etwas ist, dem man sich gar nicht anschließen möchte – etwa der Mehrheit. Vulgo denen, die schon länger hier leben. Den »Weißbroten« oder »Kartoffeln«.

Einige besonders laute Identitätsaktivisten machen kein Geheimnis aus ihrer Abscheu vor den Normalen, deren beständig schlechtes Gewissen womöglich genau dazu einlädt. Die brüske Aufforderung »Check your privileges« ist der Mehrheitsgesellschaft längst in Fleisch und Blut übergegangen, und den Deutschen fällt das schon wegen der eigenen Schuldgefühle besonders leicht.

Doch worum geht es eigentlich? Sevilay ist ein schöner Name, aber kein deutscher, selbst wenn er in einem von der Bundesrepublik Deutschland ausgestellten Personaldokument steht. Es ist kein rassistisches Verbrechen, wenn der normale Mensch nicht genau weiß, ob das ein Frauen- oder Männername ist oder wie er einen für ihn ungewohnten Namen wie Özoğuz richtig ausspricht. Und müsste es nicht eigentlich verzeihlich sein, wenn der weiße Thomas nicht sofort erkennt, dass der schwarze Michael in Duisburg geboren wurde, wenn man bedenkt, dass noch nicht einmal eine Million Menschen unter gut 83 Millionen keine weiße, sondern eine schwarze Haut hat? Ist es Rassismus, wenn Polizisten bei Menschen mit

»südländischem Aussehen« genauer hinsehen, oder ein Erfahrungswert, seitdem 2015 nicht nur Hilfsbedürftige eingewandert sind, sondern auch »Problemfälle«?

Das alles sind Scheingefechte. Die Frage der Identität drückt womöglich etwas ganz anderes aus als den verständlichen Schmerz über die Unhöflichkeit oder Gefühllosigkeit eines Normalos, der sich seinerseits beständig der Aufforderung ausgesetzt sieht, bunt und divers zu empfinden und keine falsche Mutmaßung über das Geschlecht seines Gegenübers anzustellen. Was nicht ganz einfach ist, da nicht jeder zum Gruße gleich seine sexuelle Identität mitsamt Orientierung anbietet. (Aber natürlich wird der Normalo von nebenan seinen Freund Walter künftig Waltraud nennen, wenn der darauf besteht.)

Bei den Linken ist es womöglich der Schmerz über das verlorengegangene revolutionäre Subjekt, die Arbeiterklasse, der Aktivisten auf den Identitätszug aufspringen lässt. Endlich finden sich hier wieder Erniedrigte und Beleidigte, die an systemischer oder struktureller Benachteiligung leiden, so dass man sich zu ihrer Speerspitze im Kampf gegen das System erklären kann. »Penetranz im Auftritt und kraftmeierische Rhetorik, Apodiktik der Forderungen und Lust an öffentlicher Zurechtweisung weisen Ähnlichkeiten mit autoritären Phänomenen der siebziger Jahre wie den K-Gruppen auf«, meint der Historiker Vojin Saša Vukadinović. [46] Oder mit dem Kulturkampf von Maos Roten Garden – da werden Denkmäler gestürzt, Straßennamen verändert, Sprachsäuberungen gefordert, kurz: die Gegenwart von der Vergangenheit gereinigt.

Wenn es keine Verbindung zur Geschichte mehr gibt, da sie »der Feind« geprägt habe, der weiße Mann, muss sich der Wunsch nach Bindung, die jedem Menschen eigen ist, eine andere Verknüpfung suchen. »Wenn keine Identität besteht, muss eben eine artikuliert werden« – so Armin Nassehi –, und wenn es als Wutschrei daherkommt.[47] Diese Heimatlosigkeit ist eine geistige, keine räumliche. Wachsende Heterogenität der Gesellschaft hat das, was als normal gelten kann, unter Druck gesetzt. Assimilation, Anpassung an eine Mehrheitsgesellschaft aber kann nur dort gelingen, wo diese noch definiert und verteidigt, was sie für selbstverständlich hält. Daran fehlt es.

Der Fokus auf die Hitlerzeit hat das Land vom Rest seiner Geschichte (und von den Vorfahren) abgeschnitten. Kein Wunder, dass die einstige Beauftragte der Bundesregierung für Migration, Flüchtlinge und Integration, Aydan Özoğuz, dem Land bescheinigte, »eine spezifisch deutsche Kultur« sei, »jenseits der Sprache, schlicht nicht identifizierbar«.[48] Offenbar sieht manch einer Deutschland als bloßes Siedlungsgebiet. Auch bei den medialen und akademischen Eliten scheint es viele zu geben, die vom Land und von seinen autochthonen Bewohnern wenig halten. Nicht jeder von ihnen würde wohl hinter dem Banner »Deutschland, du mieses Stück Scheiße« aufmarschieren wie einst Claudia Roth.[49] Doch der normale Mensch traut es ihnen mittlerweile zu. Diese mehr oder weniger offene Verachtung des Eigenen und nicht die (völlig legitime) Kritik an der Einwanderungspolitik der Regierung spaltet die Gesellschaft.

Dass Integration und Assimilation hierzulande scheitern, dürfte auch damit zu tun haben, dass man niemandem zumuten kann, sich mit einem Land zu identifizieren, das nicht wenigstens ein klein wenig positive Identität aufzubieten hat. Selbst auf eine unbestechliche Bürokratie und einen funktionierenden Rechtsstaat kann man heute kaum noch stolz sein. Dass der Bundespräsident Deutschland nur mit gebrochenem Herzen lieben kann, passt ins Bild.

7. Globale Solidarität?

Die Philosophin Maria-Sibylla Lotter schreibt über die Sprach-
säuberer der neuen Empfindlichkeit, was auch darüber hinaus gilt: »Wenn potentielle Opfer (...) dazu ermutigt werden,
sich als hilflose Opfer zu sehen, die durch Verbote vor Verlet-
zungen geschützt werden müssen, wird ihnen eine Macht of-
feriert, die nichts mit freier Selbstermächtigung zu tun hat. Es
ist die Macht, die einem moralischen Verschuldungsmecha-
nismus entspringt und an ihn bindet: Wer ein Narrativ durchsetzen kann, das ihn als Opfer etabliert, erwirbt damit einen
Anspruch auf Wiedergutmachung, den er allerdings auch nur
um den Preis einlösen kann, dass er sich als Opfer präsen-
tiert und es nicht als eine eigene, sondern als Aufgabe der
Privilegierten betrachtet, Benachteiligungen auszugleichen.
Das bleibt nicht ohne Auswirkungen auf die Wahrnehmung
oder Nichtwahrnehmung der eigenen Handlungsmöglichkei-
ten.«[50] Der cancel culture dient der Opferstatus »als Vorwand
für Macht« (Steven Pinker)[51], denn Opfer sein kann sich als
lohnend erweisen.

Doch alles, was über das menschenübliche Maß an Mitgefühl hinausgeht, macht den normalen Steuerzahler – eine
unterschätzte und diskriminierte Minderheit übrigens – zu
Recht misstrauisch. Das Fordern von Wiedergutmachung auch
nach hunderten von Jahren als Entschädigung für tatsächlich
oder angeblich erlittenes Unrecht kommt ihm unangemessen
vor. Gibt es da wirklich keinerlei Verjährung?

Gutwillige Menschen erklären dann gern, dass Deutschland
ja ein reiches Land sei, also auch abgeben könne, zum Beispiel
wenn es um die europäischen Nachbarländer geht, die unter
den Folgen der Corona-Maßnahmen leiden. Nur spricht sich

mittlerweile herum, dass wir uns das längst nicht mehr leisten können.

Die Deutschen mögen fleißig und produktiv (gewesen) sein, aber reich sind sie damit nicht geworden. Dem Global Health Report 2019 zufolge sind Italiener und Spanier doppelt so reich wie die Deutschen und selbst die Griechen sind reicher, vergleicht man die Durchschnittsvermögen.[52] Nun, das relativiert sich erheblich allein schon dadurch, dass die Kaufkraft in Deutschland höher ist als bei den westlichen Nachbarn. Doch die hohe Abgabenbelastung der Mittelschicht, der Verzicht auf Aktienbesitz und die Vorliebe für Sparbuch und Lebensversicherung, entwertet durch anhaltende Niedrigzinspolitik, wiegt viele Vorteile auf. Hinzu kommt die hohe und rasant steigende Verschuldung des Staates. Woher das Geld kommt, das derzeit wie Kamelle beim Karneval von der Regierung verteilt wird, im Inland wie im Ausland? Man frage lieber nicht.

»Reich wird man eher anderswo«, kommentiert der Wirtschaftswissenschaftler Walter Krämer die These, Deutschland sei der große Profiteur von EU und Euro[53], und sein Kollege Daniel Stelter nimmt »das Märchen vom reichen Land« auseinander.[54] Noch nicht einmal mehr richtig leistungsfähig sei Deutschland, trotz seiner weltberühmten *Hidden Champions*. Was Patentanmeldungen betrifft, befindet sich Deutschland mittlerweile hinter Südkorea, Japan, der Schweiz und den USA.[55]

Die Normalos mögen es also nicht ganz so gelassen sehen wie die weltoffenen Eliten, wenn sie nicht nur millionenfache Einwanderung in den Sozialstaat akzeptieren sollen, sondern auch noch Umverteilung in die Nachbarländer, ganz zu schweigen von allerhand Rettungsaktionen, etwa der Welt oder des Klimas. Gut möglich, dass manch einer auch diese Lehre aus der Corona-Krise gezogen hat: Ein bisschen weniger Globalisierung hilft beim Überleben. Weltoffenheit ist prima, aber in der Krise verlässt man sich lieber auf das Vertraute und Nächste und versucht, die Abhängigkeit von anderen so weit wie möglich zu reduzieren. Sie kann schließlich sogar lebensgefährlich sein, wenn man etwa, was Medikamente betrifft, auf Lieferungen aus Indien oder China angewiesen ist.[56]

Auch das ein Rollback, eine Retraditionalisierung, irgendwie erschreckend? Vielleicht. Aber es entspricht instinktivem Verhalten: Wenn es von oben hagelt, zieht man den Kopf ein. Das gehört nun mal zur »Grundprogrammierung des Menschen«, schreibt der Journalist Ralf Schuler. »Konzerne, Staaten und Organisationen mögen weltweit kooperieren, der Mensch wohnt daheim.«[57] In einer Krise schrumpft die ganze schöne große Welt wieder auf das Eigene gegen das Fremde.

Denn wegen Corona war plötzlich auch Europa nicht mehr als Ausweichmöglichkeit im Spiel. Wir erinnern uns: Deutsche, die in Deutschland keine Heimat sehen oder dort nicht beheimatet sein wollen, können sich wahlweise als Kosmopoliten oder als Europäer fühlen. Europa ist zwar nicht die ganze Welt, aber reicht gewiss ein wenig weiter als der nationale Horizont. Doch siehe da: Was nach dem Migrantenansturm im Herbst 2015 angeblich nicht möglich war, behauptete jedenfalls Angela Merkel, funktionierte (fast) reibungslos. Die Länder des Schengenraums schlossen ihre Grenzen – nicht nur nach außen, sondern auch gegeneinander. Europa zerfiel wieder in seine Nationen.

Zerfiel? Oder zeigte sich nicht auch da wieder, was unter der polierten Oberfläche ziemlich stabil fortbesteht?

Die Stärke Europas liegt in seiner überwältigenden, in seiner zauberhaften und verzaubernden Vielfalt. Land für Land, auch (oder gerade?) jene, die noch nicht lange Nationalstaat sind, man denke an Italien oder Belgien, pflegt seine Kulturen und seine Unterschiede. In Großbritannien oder Frankreich zweifelt man nicht an Tradition und Patrimoine, schätzt ein jeder seinen Nationalcharakter, nicht selten sogar seine Überlegenheit, vor allem aber seine Besonderheit, das, was das Land von den anderen unterscheidet. Nur *Anywheres* sehen in der Europäischen Union einen Ersatz für die eigene Heimat im nationalstaatlichen Rahmen. Gerade die Separatistenbewegungen etwa der Katalanen in Spanien oder der Kurden in der Türkei legen Zeugnis davon ab, wie intensiv der eigene Staat als Gehäuse des Vaterlandes gesehen wird. Man denke an das zerfallende Jugoslawien: Ethnische und kulturelle Unterschiede haben selbst die Herrschaft des Sozialismus überlebt, Jugoslawien existiert nicht mehr.

Vielvölkerstaaten wie die Donaumonarchie funktionierten erstaunlich lange, vielleicht nur, weil es einen im fernen Wien weilenden Kaiser gab, auf den man sich verpflichten konnte, ohne die eigene ethnische oder kulturelle oder religiöse Identität ablegen zu müssen. Bosnier und Italiener, Kroaten und Deutsche, Rumänen, Serben, Polen, Ungarn und Slowenen, Tschechen und Ukrainer hielten es irgendwie miteinander aus, zumal sie ihre eigene Sprache behalten konnten. Doch sobald diese Klammer mit dem Ersten Weltkrieg zerbrach, traten die schon lange köchelnden Konflikte an die Oberfläche. Insbesondere die Serben strebten längst ihr eigenes Großreich an, es war ja der nationalistische serbische Geheimbund »Schwarze Hand«, dessen Anhänger mit zwei Schüssen auf den österreichischen Thronfolger die europäische Tragödie auslösten.

Die nächste Klammer, mit der widerstrebende Völker zusammengezwungen wurden, war die Sowjetunion. Mit ihrem

Ende flog Jugoslawien auseinander – blutig erkämpften sich die verfeindeten Ethnien staatliche Souveränität. Heute gibt es sechs anerkannte Nachfolgestaaten Jugoslawiens, de facto, mit dem Kosovo, sieben.

Bis 1914 hat man um die 50 souveräne Staaten weltweit gezählt, darunter 16 europäische. 1960 gehörten den Vereinten Nationen 82 Staaten an, 2015 bereits 193. Womöglich kommen irgendwann ein kurdischer, katalanischer oder schottischer hinzu. Wir leben in einer Welt, »in der durch Belgien ein Riss geht, Katalonien, Schottland, Nordirland mit ihren Nationalstaaten hadern, Großbritannien nicht zur EU gehören will, Tutsi über Hutu herfallen, Rohingya vertrieben werden (...) und die UN im Grunde nichts anderes ist, als der wenig erfolgreiche Versuch, auf dieser Welt lieber im Gespräch zu bleiben, als im Krieg zu sein«, so Schuler.[58]

Man mag das alles bedauern, doch kulturelle, religiöse und ethnische Nähe spielte bei allen Staatsbildungen der letzten Jahrzehnte eine große Rolle, weil sie das Zusammenleben erleichtern. Wenn man sich in Jahrzehnten, gar Jahrhunderten nicht friedlich verständigen konnte, geht man sich vernünftigerweise besser aus dem Weg – man denke an die einvernehmliche Trennung zwischen Tschechen und Slowaken.

Irgendeinen Vorteil muss der (mehr oder weniger homogene) Nationalstaat also haben. Jedenfalls ist eine nationalstaatliche Ordnung besser als die Herrschaft mächtiger Clans, die sich aus der Staatskasse bedienen. Nationen sind, wie der Migrationsforscher Paul Collier schreibt, »buchstäblich unsere einzigen Systeme, die öffentliche Güter bereitstellen«: Bildung und Infrastruktur, gemeinsame Sprache und Währung, Rechtssicherheit und nicht zuletzt den Sozialstaat.[59] »Fast alle wichtigen Dinge sind in nationalen Institutionen verwurzelt: Recht,

Demokratie und Verlässlichkeit; Steuern, Ausgaben und Wohlfahrtsstaat; Umverteilung zwischen den Klassen und Generationen; Arbeitsmarkt und nationale Medien«, stellt David
Goodhart fest.[60]

Der Nationalstaat ist die schützende Hülle für Rechts- und
Sozialstaat. Doppelte Staatsangehörigkeit offenbart hier ihre
Zwiespältigkeit: Auf welche Rechtsnorm kann sich ein Mensch
mit türkischer und deutscher Staatsangehörigkeit beziehen?
Ganz nach Belieben, also ganz danach, wo jeweils der Vorteil liegt? Gerade das Verhältnis zwischen Deutschen mit und
ohne türkischem Migrationshintergrund zeigt, wie wenig die
deutsche Offenheit das Zusammenleben befördert, sie hält im
Grunde nur die Spaltung offen, jedenfalls führt sie nicht zu
einer gemeinsamen Identität.

Wenn der Unterschied zwischen Staatsbürgern und Nicht-
oder Halbstaatsbürgern zerfließt, leidet die Solidarität, die
einer »kollektiven Identität« bedarf, was Menschenrechtsaktivisten gern übersehen. Der Sozialstaat bedeutet Fürsorge
weit über Familie und Nachbarschaft hinaus, ist aber überfordert, wenn er für die halbe Menschheit zuständig sein soll und
nicht nur für die eigenen Staatsbürger. Präzise fasst Jonathan
Franzen das Dilemma zusammen: »Der Versuch, die gesamte
Menschheit zu lieben, ist ein ehrenwertes Unterfangen, richtet den Fokus aber kurioserweise auf das Selbst, auf die eigene
Moral und das eigene spirituelle Wohlergehen.«[61] Es ist eher
eine »herablassende Zuneigung« (Goodhart), mit der sich die
moralischen Eliten jeweils neuen Objekten zuwenden.

Die besondere Bindung an die eigenen Mitbürger aber ist,
recht betrachtet, ein Vorteil in einer zunehmend individualistischen Welt. Kurios, dass ausgerechnet in einem Land, in
dem der Sozialstaat den größten Teil des Haushaltsbudgets

für sich beansprucht[62], an seine Überforderung nicht gedacht wird, wenn er – *open borders* – für alle Welt zuständig sein soll. »Migration«, schreibt Paul Collier, mache »die Nationen zwar nicht obsolet (...), eine weitere Zunahme (könnte) ihnen aber, zusammen mit einem multikulturellen Ansatz, das Wasser abgraben.«[63]

Ob es das allgegenwärtige Schuldgefühl ist, das die Deutschen zum Volk der offenen Herzen und offenen Taschen macht? Margaret Thatcher, einst britische Premierministerin, schreibt in ihren Erinnerungen, sie verstehe zwar das Bedürfnis deutscher Politiker, sich auf eine weitgefasste europäische Identität zu beziehen, doch die selbstbewussten Nachbarn sehen das anders: »Weil die Deutschen eine Scheu davor haben, sich selbst zu regieren, versuchen sie ein europaweites System zu schaffen, in dem sich keine Nation mehr selbst regiert.«[64] Alle sollen schließlich aus der deutschen Vergangenheit lernen! Doch der Schuss ging nach hinten los. Heute ist der Verweis auf die deutsche Vergangenheit auch bei Nachbarn wie Spanien, Griechenland oder Italien vor allem beliebt, um deutsche Hilfe anzumahnen.

Die deutsche Ablehnung des Nationalstaates, gepaart mit historisch dekorierter Moralisierung, macht bei den Nachbarn keine Furore und widerspricht der Realität, die sich wieder mal nicht an deutsche Ratschläge hält. Die Migrationspolitik der Kanzlerin ist ein deutscher Sonderweg, den kaum einer mitgehen mag. Im Übrigen: Der gemeine Fußballfan findet weltweit nichts dabei, die Nationalhymne zu grölen und die eigene Fahne zu schwingen. Das ist in Großbritannien so selbstverständlich wie in Frankreich oder Italien. Nur in Deutschland lasse man bitte kein einziges kritisches Wort über die Angehörigen der »Mannschaft« fallen (wie man sagt, seit sie nicht mehr Nationalmannschaft heißt), die nicht mitsingen, wie Mesut Özil oder Sami Khedira. Ganz aufgeklärt heißt es dann, man dürfe den Spielern kein »nationales Ehrgefühl« abfordern, das sei »ein Relikt aus einem längst vergangenen Zeitgeist«.[65] So ein Satz kann nur einem realitätsblinden deutschen Journalisten einfallen.

Niemand käme auf die Idee, dergleichen über die *Night of the Proms* in Großbritannien oder über jedes größere Sportereignis in den USA zu sagen, wo mit Inbrunst und mit Tränen in den Augen die nationale Symbolik zelebriert wird. Weil nur »im Namen der Deutschen« unvorstellbare Verbrechen geschehen seien? Dieses Mantra dürfte dem einen oder anderen Normalen mittlerweile als Schutzschild erscheinen, hinter dem sich die deutsche Politik verkriecht. Auch einigen unserer Nachbarn wäre es womöglich wohler, die Deutschen würden sich nicht als Weltmacht der Moral verstehen, sondern wie alle anderen verhalten: als Bürger eines selbstbewussten Nationalstaats, der seine eigenen Interessen vertritt. Doch wie soll das gehen mit einer Regierung, in der die Kanzlerin kein Volk mehr kennt, auf das sie immerhin den Amtseid geschworen hat, sondern nur noch eine irgendwie geartete Bevölkerung?

IV.
Das Eigene und das Fremde

1. Selbsthass

Darf man stolz aufs eigene Land sein? Ist Vaterlandsliebe ein erlaubtes Gefühl? Normal ist es, wie einst Gustav Heinemann sagte, seine Frau und seine Familie zu lieben, nicht aber den Staat. Und stolz könne man ja eigentlich nur auf etwas sein, das man sich selbst zurechnen kann, das man geschaffen hat, heißt es oft, wenn es um die Frage geht, ob man stolz auf das eigene Land sein darf.

Doch warum eigentlich nicht? Es ist doch großartig, ein Land wie Deutschland, in dem die Menschen überwiegend friedlichen Umgang miteinander pflegen, in dem es funktionierende Institutionen und Verwaltungen gibt, wo man sich auf rechtsstaatliche Verfahren verlassen kann und das Gewaltmonopol beim Staat liegt und nicht bei der Mafia, Bürgermilizen oder Schariarichtern. Ein Land, dessen Bewohner produktiv und erfinderisch sind, diszipliniert und zivilisiert zugleich. Das ist, wenn man sich die Menschheitsgeschichte betrachtet, ein Fortschritt, den man mit allen Kräften bewahren sollte. Denn das alles ist längst in Gefahr.

Aber die deutsche Vergangenheit, heißt es dann. Die Nazis. Der Kolonialismus. Überhaupt: die »weiße Rasse«. Es ist, nicht nur in Deutschland, mittlerweile unüblich, die westlichen Errungenschaften und die europäische Kultur zu lobpreisen. Man hat sich schuldig zu fühlen aufgrund seines vermeintlichen weißen Privilegs. Normal, Verzeihung, ist das nicht. Statt dankbar zu sein für die europäischen Errungenschaften von Aufklärung bis Menschenrecht, Meinungsfreiheit bis Marktwirtschaft, für das Positive, das man vorangehenden Generationen zu verdanken hat, geht ein allgemeines Wehklagen durch die westliche Welt – etwas, das einst vor allem ein deutsches Privileg war, wo man sich für Opa oder Uropa schämen musste, weil der Nazi war.

Man wähnt sich nicht mehr auf den Schultern von Riesen, sondern als Nachfahre von Schurken, die aus der Geschichte zu tilgen seien.

Der westliche Selbsthass geht mittlerweile weit über deutsche Befindlichkeiten hinaus. Ältere, von 68 ff. geprägte Generationen empfanden selbst Terroristen, religiöse Fanatiker und Guerillabewegungen als lobenswert, solange die behaupteten, gegen den westlichen Imperialismus zu kämpfen. Heute genügt es, dass sich jemand beleidigt fühlt, um Schuld- und Reuereflexe auszulösen. Paradoxerweise klopft »die ganze Welt – ob Afrika, Asien oder der Nahe Osten – (...) an die Tür Europas und möchte hier in einem Augenblick Fuß fassen, da dieser Kontinent sich im Selbsthass suhlt«, schreibt der französische Denker Pascal Bruckner in einer bitterbösen Abrechnung mit dem »Schuldkomplex«.[1] Irgendwas muss Europa also doch haben, was für es spricht? Vielleicht, dass man als Homosexueller hierzulande nicht erhängt wird?

Doch halt: Der ganze Kontinent suhlt sich in Selbsthass? Nein. Aber seine medialen und politischen Eliten, die sich mittlerweile nach jedem Aufschrei irgendeiner »Bewegung«

zur Rettung des Klimas, der Welt, der Menschheit, dieser oder jener Minderheit krümmen und Besserung geloben. Schuld an allem Elend dieser Welt sei der weiße Mann (die weiße Frau darf sich, als Nutznießerin, mitgemeint fühlen). Obzwar der Aufstieg des Kapitalismus, dem weißen Mann sei Dank, überall auf der Welt die Lebensbedingungen verbessert hat, obwohl noch nie zuvor so wenige Menschen in Armut leben mussten, selbst angesichts der Tatsache, dass fast überall die Kindersterblichkeit sinkt und die Lebenserwartung steigt, verachtet der Bußfertige die eigene Zivilisation.[2]

Dabei verdankt sich die Einzigartigkeit Europas einem Paradox. Es hat das Schlimmste angerichtet und zugleich fürs Gegengift gesorgt, hat vom Sklavenhandel der Araber und Afrikaner profitiert und ihm zugleich ein Ende bereitet: »Aus der mittelalterlichen Ordnung entstand die Renaissance, aus dem Feudalismus das Streben nach Demokratie, aus der Unterdrückung durch die Kirche die Aufklärung. Die Religionskriege beförderten die Idee des Laizismus, der Antagonismus der Nationen die Hoffnung auf eine übernationale Gemeinschaft. Die Eroberungen in Übersee ließen den Antikolonialismus entstehen und die Revolutionen des 20. Jahrhunderts die antitotalitären Bewegungen.« Die Europäer lieferten den von ihnen einst Beherrschten die Werkzeuge ihrer Emanzipation: »Die ihre Unabhängigkeit fordernden Kolonisierten wandten gegen ihre Herren die Regeln an, die sie von ihnen gelernt hatten.«[3] Europa, sagt Pascal Bruckner weiter, »ist das Tat gewordene kritische Denken«. Ebenso Arthur M. Schlesinger: »Keine andere Kultur hat Selbstkritik in ihr ureigenstes Wesen eingebaut.«[4]

Woher also der Selbsthass, woher der Stolz darauf, die Allerschlimmsten zu sein? Nun, das hat offenbar auch seine Vorteile. »Hält man sich für den König der Niedertracht, steht man immerhin noch an der Spitze der geschichtlichen Entwicklung«: Bruckner bringt es auf den Punkt.[5] Hinter der zur Schau gestellten Selbstverachtung verbirgt sich nur schlecht die eigene Hybris. Wer sich für den Zerstörer des Planeten hält, glaubt im Grunde, dass er sein Herr wäre. »Wir verlieren die Kontrolle über das Klimasystem«, tönte Stefan Rahmstorf vom Potsdam-Institut für Klimafolgenforschung im »Klimasommer« (Annalena Baerbock) 2019.[6] Wir haben diese Kontrolle irgendwann einmal gehabt? Wann soll das gewesen sein? Ein besseres Beispiel für Größenwahn ist schwer zu finden.

Die Tränen des weißen Mannes entspringen einer Kultur der Gönnerhaftigkeit und Herablassung. Irgendwie ist man noch immer Kolonist, jetzt aber mit nichts als altruistischen Absichten: Die anderen, die von uns Unterdrückten, schaffen es nicht, aus eigener Kraft etwas aus sich zu machen! Wir müssen helfen!

Korrupte Stammesfürsten ergreifen die Chance. Nicht sie sind schuld am Elend etwa in Afrika oder im Nahen Osten, nicht sie halten ihre Bevölkerung in Armut, sondern der Westen, der Kapitalismus, die anderen. Die Oberschicht bereitet sich von den milden Gaben der Weißen ein fürstliches Leben, während ihre Untertanen keine Chance auf minimale Verbesserungen ihrer Lebenssituation erhalten. Ehrlicher wäre, wie es vor einigen Jahren der schwarze Filmemacher Jean-Pierre Bekolo aus Kamerun vorgeschlagen hat, der Westen würde Afrika wieder kolonisieren: »Das koloniale Projekt war viel erfolgreicher, als seine Initiatoren es je vermutet hatten. Als es nicht mehr als akzeptabel galt, ein Kolonist zu sein, sprang der Pilot mit dem Fallschirm ab. Ein anderer übernahm das Steuer – er hat jetzt alles unter Kontrolle –, aber er ist inkompetent und hat noch nicht einmal einen Flugplan.«[7] In dem

Fall müsste man als Erstes die korrupten Stammesfürsten entmachten und danach die erstickende Macht des Paternalismus abschaffen, wonach die Familie alles, der Einzelne nichts ist. Die einstigen Kolonialherren stehen dafür allerdings nicht mehr zur Verfügung. Tragendes völkerrechtliches Prinzip ist die Nichteinmischung in die inneren Angelegenheiten eines souveränen Staates. Demokratie und Rechtsstaat kann man niemandem aufzwingen.

Weiße Bußfertigkeit jedenfalls ist es nicht, was der an Bodenschätzen und Menschen reiche afrikanische Kontinent braucht.[8] Sieht ganz so aus, als ob China das begriffen hat, das sich in Afrika einkauft. Das weiße Europa nicht. Hier predigt man Selbsthass und bekommt dafür die Quittung: den Hass derjenigen, die sich ausgeschlossen fühlen, obwohl sie gar nicht dazugehören wollen – entweder weil sie Deutschland eine »Dreckskultur« attestieren oder weil sie seine Bewohner für eine »Köterrasse« halten.[9]

Europa hat sich aufgegeben. Einst Leuchtfeuer von Wissenschaft und Aufklärung, heute Rücklicht. Ein Trauerspiel.

Denn tatsächlich hat die europäische Kultur etwas ganz Einzigartiges hervorgebracht, etwas, das weltweit so vielen Menschen zu Wohlstand verholfen hat wie nie zuvor in der Geschichte. Nein, eben nicht, weil Europäer andere Länder kolonisiert und sich an Sklavenarbeit bereichert hätten, sondern weil Europa unter nicht immer willentlicher Unterstützung durch die christlichen Kirchen eine Kultur der Neugier, Risikofreude, Innovationslust hervorgebracht hat – und nicht zuletzt Kooperationsbereitschaft, vor allem in Hinblick auf Arbeitsteilung und Handel. Das Verbot der Cousinenehe durch die Kirche hat die Familienclans entmachtet und das Individuum gestärkt; das *sola scriptura* der Reformation hat mit den Kulturtechni-

ken Lesen (und Schreiben) die Intelligenz befördert. Eine um-
fangreiche Studie des amerikanischen Anthropologen Joseph
Henrich nennt das Ergebnis in einem Wortspiel WEIRD (*weird*
= seltsam), »western, educated, industrialized, rich and de-
mocratic«. Gerade der Individualismus habe den Kontakt mit
anderen befördert, indem er an die Stelle der Großfamilie Nei-
gungsbündnisse gesetzt hat. Wer Güter, Dienste und Wissen
tauscht, hat die Enge seiner Blase verlassen.[10] Das aber ist etwas völlig anderes als das, was uns heute als bunt und weltoffen empfohlen wird: Multikulti.

2. Multikulti

Bis ins erste Jahrzehnt des 21. Jahrhunderts hinein war man
sich bei CDU und SPD einig darüber, dass es eine Grenze für
Einwanderung geben müsse. Helmut Schmidt erklärte 2004
spitz auf den Punkt: »Die multikulturelle Gesellschaft ist eine
Illusion von Intellektuellen.«[11] Auch Angela Merkel bezweifel-
te noch im Jahr 2000, dass eine multikulturelle Gesellschaft
eine »lebensfähige Form des Zusammenlebens« sei.[12] Horst
Seehofer, damals bayerischer Ministerpräsident, erklärte 2010
multikulti für tot[13], assistiert von der Kanzlerin: »Multikulti ist
gescheitert, absolut gescheitert.«[14]

Selbst bei den Grünen gab es einst Vernunft anstelle des
kindlichen Aufschreis von Katrin Göring-Eckardt: »Wir krie-
gen jetzt plötzlich Menschen geschenkt« (November 2015).[15]
So schrieben Daniel Cohn-Bendit und Thomas Schmid 1991:
»Nicht minder unverantwortlich wäre es, die multikulturelle
Gesellschaft als einen modernen Garten Eden harmonischer
Vielfalt zu verklären und – in einem Akt seitenverkehrter

Fremdenfeindlichkeit – das ungeliebte Deutsche mit dem Fremden vertreiben zu wollen. Die Entrüstung über den Fremdenhass, die als Gegenmittel eine Politik der schrankenlos offenen Grenzen empfiehlt, hat etwas Scheinheiliges und Gefährliches. Denn wenn die Geschichte irgendetwas lehrt, dann dies: Keiner Gesellschaft war je der zivile Umgang mit dem Fremden angeboren. Vieles spricht dafür, dass die Reserve ihm gegenüber zu den anthropologischen Konstanten der Gattung gehört; und die Moderne hat mit ihrer steigenden Mobilität dieses Problem allgegenwärtiger gemacht als zuvor. Wer dies leugnet, arbeitet der Angst vor dem Fremden und den aggressiven Potentialen, die in ihr schlummern, nicht entgegen.«[16]

Von so viel Einsicht ist man seit 2015 weit entfernt. Warum nur? Die beinahe zur Massenhysterie gewordene Willkommenskultur dehnt sich nun schon über fünf Jahre, obwohl man *open borders* längst als einen gefährlichen Irrtum erkannt hat. Tatsächlich ist man nicht dem Rat der altgrünen Veteranen gefolgt, Einwanderung streng zu reglementieren, sondern hat Veränderungswillige aus aller Herren Länder dazu verlockt, mit dem Zauberwort Asyl Einlass nach Deutschland zu erwirken. Die noch fünf Jahre zuvor so skeptisch wirkende Angela Merkel mutierte 2015 zu »Mama Merkel«, die alle Bedürftigen in die Arme schloss – und eben nicht nur jene, die aufgrund von Verfolgung Anspruch auf Asyl haben.

Die Zahl der Bedürftigen aber wächst unaufhaltsam – nicht vor allem, weil sich ihre Lage täglich verschlechterte, es sind ja eher nicht die wirklich Elenden, die sich auf den Weg machen. Sondern weil sie die (auch finanziellen) Mittel dafür und vor allem die Informationen haben, mit welchen Angeboten ein Land wie Deutschland lockt. Sie treffen völlig rationale Entscheidungen, wenn sie losziehen. Doch sobald sich die Versprechen als

Luftschlösser erweisen, folgt Enttäuschung. Sicher, die meisten, die es ins Land geschafft haben, konnten ihre materielle Lage verbessern (und die ihrer zu Hause gebliebenen Familien – es sind Milliarden Euro, die auch von Flüchtlingen nach Hause geschickt werden).[17] Doch der Preis für materielle Vorteile ist Ansehensverlust und damit sozialer Abstieg – für beruflichen Aufstieg fehlt meist die nötige Qualifikation.

Für ein Land wie Deutschland, dessen Politiker nach 2015 eine Zeitlang felsenfest behaupteten, durch (ungesteuerte) Migration würde es ein neues Wirtschaftswunder geben, sie löse das Problem des Facharbeitermangels und der Überalterung, bedeutet die Zuwanderung (nicht erst) seit 2015 bislang keinen erkennbaren Gewinn. Sie strapaziert die Gesundheits- und Sozialsysteme, die auf einem räumlich begrenzten Nationalstaat als einem »Club mit definierter Mitgliedschaft« basieren.[18] Dessen Gewebe aber ist durch die Mobilität von Gütern und Personen längst durchlöchert. Nur die Globalisierungsgewinner profitieren von Multikulti, der Rest muss die Sause bezahlen.

Was wird aus der Rente, wenn der Generationenvertrag nicht mehr funktioniert, nicht nur, weil die autochthonen Deutschen immer weniger Kinder bekommen, sondern auch, weil die Produktiven auswandern und die internationale Mobilität die Verbindung zwischen den Generationen unterbricht? Was ist mit dem Gesundheitssystem, was mit den Sozialkassen, wenn immer weniger in sie einzahlen? Was wird mit den Städten, in denen es kaum noch bezahlbaren Wohnraum gibt für Gering- und Mittelverdiener, also gerade für jene, deren Dienstleistungen man dringend benötigt – von Polizisten über Verkäufer bis Müllmänner?

Bunter und diverser mag ja (für manche) aufregend sein, andere regt es auf: Multikulti-Gesellschaften sind anstrengender und neurotischer. Und je mehr sich Parallelgesellschaften verfestigen, desto näher ist man der Spaltung des Landes.

3. Willkommensjubel

Der Willkommensjubel, unterstützt von Politikern und Journalisten, überdröhnte 2015 alle Einwände. »Was die Flüchtlinge zu uns bringen, ist wertvoller als Gold«, tönte die damals große Hoffnung der SPD, Martin Schulz, noch nach den Vorfällen der Silvesternacht in Köln.[19] Der Chef der Bundesagentur für Arbeit (BA), Frank-Jürgen Weise, meinte voller Optimismus, von den Ankommenden werde weniger als die Hälfte bleiben, und davon seien 70 Prozent erwerbsfähig. »Das ist eine gute Bereicherung unserer Arbeitswelt und unserer Gesellschaft, dass da nicht überall ältere graue Herren durch die Gegend laufen und langsam mit dem Auto auf der Autobahn rumfahren, sondern das wird eine lebendige Gesellschaft.«[20] Stimmt schon. Jugendliche Raser und Hochzeitskonvois auf der Autobahn machen das Leben irgendwie munterer. Eine ordentliche »Party- und Eventszene« mit Massenschlägereien in den Großstädten bestreitet man nicht mit älteren grauen Herren. Eine Gesellschaft, in der die Menschen im Schnitt älter sind, ist friedlicher, was man nicht hoch genug schätzen kann, wenn man an all diejenigen denkt, die das »Lebendigere« mit ihrem Leben bezahlt haben.

Damals wurden noch viele andere Märchen erzählt, etwa, es kämen aus Syrien vor allem Ärzte und qualifizierte Facharbeiter. So redete man sich und den Bürgern die Sache schön. Das erwies sich allerdings als moralische Falle. Soll man Hilfsbedürftigen des eigenen nackten ökonomischen Vorteils wegen helfen? Das widerspräche der Moral. Soll man einem gebeutelten Land ausgerechnet die Qualifizierten abwerben? Auch das entspricht nicht dem hohen moralischen Ton. Das gilt auch für alle anderen pragmatischen Fragen wie: Wäre Kriegsflüchtlingen nicht am besten mit Auffanglagern in der Nähe ihrer Heimat geholfen, damit sie zurückkehren können, wenn die Krise vorbei ist? Schon, weil ihr Land sie dann dringend braucht? Und kamen überhaupt vor allem Kriegsflüchtlinge aus Syrien, Frauen und Kinder? Immerhin gab es damals umgehend einen schwungvollen Handel mit syrischen Ausweispapieren. Schließlich: Warum soll man Flüchtlinge integrieren, die nach dem Wegfall der Fluchtgründe in ihre Heimat zurückkehren?

Doch solche Argumente verfingen nicht, wo die Moral auf »Wir müssen helfen« erkannte. Auch wer darauf hinwies, dass die Seenotrettung durch Flüchtlingshelfer viele Menschen dazu verleitete, in seeuntaugliche Schlauchboote zu klettern, weil die Rettung ja garantiert war, erntete Empörung in Frageform: »Ja sollen wir sie denn ertrinken lassen?« In der *Zeit* erklärte die Journalistin Mariam Lau die Aktivitäten diverser NGOs zum »Teil des Geschäftsmodells der Schlepper«, was den Tatsachen entspricht, und erntete dafür bei den Menschenfreunden Kübel von Hass. Man solle ihr »täglich brühend heißen Kaffee ins Gesicht schütten«, meinte ein unwitziger Witzbold von der *Titanic*.[21] Die Redaktion der *Zeit* dachte nicht daran, sich hinter ihre Autorin zu stellen. Sie distanzierte sich. Ein Tiefpunkt unserer mittlerweile daran reichen Debattenkultur.

Bis heute weiß man nicht, wer seit 2015 aus welchen Gründen und aus welchen Ländern zu uns gekommen ist. Doch offenkundig war und ist die Mehrzahl der Ankommenden muslimisch, was wenig Hoffnung auf kulturelle und ökono-

mische Integration macht. Der Migrationssoziologe Ruud Koopmans warnte bereits 2016 vor zu viel Optimismus: »In allen
europäischen Ländern liegen muslimische Immigranten bei
fast allen Merkmalen der Integration hinter allen anderen Ein-
wanderergruppen. Das gilt für den Arbeitsmarkt, aber auch
für Bildungsergebnisse, für interethnische Kontakte, also solche mit der heimischen Bevölkerung, und die Identifikation
mit dem Wohnland.«[22]

Kurz: Man sprach von humanitärer Hilfe, von Flucht und
Asyl, obwohl es offenkundig um Einwanderung ging. Planlos
und sinnlos. Aber die Deutschen durften wieder stolz auf sich
sein.

Noch immer ist aus der ungeregelten Einwanderung keine
geregelte geworden. Nicht wenige reisen mit fehlenden Ausweispapieren oder gefälschten Pässen ein, legen sich mehrere
Identitäten zu, stellen Mehrfachanträge, werden ausgewiesen,
kehren wieder zurück. Eine europäische Lösung ist nicht in
Sicht – für die europäischen Nachbarn ist die deutsche Politik der offenen Grenzen eher abschreckend. Ebenso unüber-
schaubar sind die Kosten für Unterbringung und Unterhalt,
sie liegen längst bei mehr als 20 Milliarden Euro im Jahr. Der
Ökonom Bernd Raffelhüschen errechnete vor einigen Jahren
Kosten von bis zu 450 000 Euro pro Flüchtling für den deutschen Staat – ging allerdings davon aus, dass Flüchtlinge nach
sechs Jahren in den Arbeitsmarkt integriert sind. Heute sagt
er: »Eine Arbeitsmarktbeteiligung von 50 Prozent ist nun mal
keine Integration. Die Integration ist schlichtweg misslun-
gen.«[23] Mal abgesehen davon, dass von 50 Prozent nicht die
Rede sein kann. Einer sozialversicherungspflichtigen Tätigkeit
gehen vielleicht 20 Prozent nach, 80 Prozent der Asylbewer-
ber beziehen staatliche Transferleistungen.[24]

Der Markt für unqualifizierte Arbeit ist nicht groß genug, um alle Arbeitswilligen unterzubringen, und an Willen und Disziplin fehlt es vielen Eingewanderten aus Ländern mit deutlich anderer Kultur. Man muss nicht die Zunahme von Gewaltverbrechen und Vergehen gegen die sexuelle Selbstbestimmung anführen, um zu bezweifeln, dass die massenhafte Zuwanderung eine Erfolgsgeschichte wird.[25]

Womöglich kann man das Offenhalten der Grenzen nach Deutschland im Sommer 2015 noch als humanitären Akt verstehen und gutheißen, obzwar nichts darauf hindeutet, dass Ungarn mit den Ankommenden nicht human umgegangen wäre. Dass die Grenze aber hernach nicht geschlossen wurde, ja dass die Regierung es anderen überließ, den Flüchtlingsstrom zu bremsen, hatte keinen anderen Grund als den ausdrücklichen Wunsch der Kanzlerin, die keine unguten Bilder sehen wollte und kühn behauptete, dass man Grenzen nun mal nicht schließen könne. Als ob, schreibt Ferdinand Knauß, die Migrationswelle »ein schicksalhaftes Naturereignis« darstelle, das mit ihrer Politik nichts zu tun habe.[26]

Dabei hatte sich Deutschland doch besonders attraktiv gemacht: Mit seinem großzügigen Sozialsystem und den Signalen von »Mama Merkel« via Selfies sowie der in allen Medien propagierten Willkommenskultur samt Teddybärwerfen. Die Völker hörten die Signale, im Internetzeitalter besonders schnell, und strebten nach Deutschland, kaum einer wollte dort bleiben, wo er zuerst europäischen Boden betreten hatte, wie es doch eigentlich vorgesehen ist.[27]

Merkels Ruf nach einer europäischen Lösung für ein Problem, das Deutschland mit seinen lockenden Angeboten selbst geschaffen hat, blieb bislang ungehört, insbesondere Österreich und Ungarn leisten Widerstand. Auch die Entscheidung der Briten für den Brexit zeigt, dass sich die Nachbarn eher wieder auf ihr eigenes nationales Interesse besinnen, solange Schengen nicht funktioniert, da sie nur im nationalen Rahmen Grenzen kontrollieren, für Ordnung und Sicherheit sorgen, vernünftige Einreisebedingungen und »Obergrenzen der Belastung« festlegen können.[28] Klassische Aufgaben des Staates also: für Sicherheit zu sorgen, die Grenzen zu schützen und sich um die Wohlfahrt der eigenen Bürger zu kümmern.

Das ist normal und nur so kann ein Staat langfristig bestehen. Weder die Rettung der Welt noch des Klimas, beides Aufgaben, die Angela Merkel am Herzen liegen, gehören zu den Zuständigkeiten einer deutschen Bundeskanzlerin und erst recht nicht der Ersatz der Staatsräson durch eine »universalistische Sozialmoral«.[29]

Einwanderung, die ein gewisses Maß übersteigt, und das tut jede ungeregelte, gar ohne Obergrenze, ist Sprengstoff. Zwar geht die Gründung der AfD, der Alternative für Deutschland, auf Kritik an der Europolitik der Merkelregierung zurück, aber sie profilierte sich bald als Partei der Kritik an der Zuwanderungspolitik. Denn Migranten konkurrieren nun einmal mit all denjenigen, die »schon länger hier leben«, wie die Kanzlerin zu titulieren beliebt, was sie nicht mehr »deutsches Volk« nennen mag.[30] Doch die Partei, die sich einst als Interessenvertreterin der arbeitenden Klassen verstand, die SPD, findet es längst wichtiger, allumfassende Menschenliebe zu praktizieren und exotische Minderheiten zu umarmen. Mittlerweile sind ihre Umfragewerte unter die der Grünen gerutscht, auch ihre Stammwähler sind abgewandert, nicht wenige zur AfD.

Die Normalen finden die Politik der offenen Arme und offenen Portemonnaies alles andere als normal.

4. Alles Fremdenfeinde

Sind die Normalos heimliche Fremdenfeinde und zu Unrecht »besorgte Bürger«?

David Goodhart zählt 75 Prozent der britischen Bevölkerung und mehr als die Hälfte der Angehörigen ethnischer Minderheiten zu jenen, die sagen, dass die Einwanderung ins Vereinigte Königreich zu hoch oder viel zu hoch sei. Wen wundert das? »Es ist ein grundlegender menschlicher Instinkt, vor Fremden und Außenstehenden auf der Hut zu sein. In reichen, individualistischen modernen Gesellschaften mögen ethnische Instinkte und Stammesdenken abgeschwächt sein, aber sie verschwinden nicht, sondern machen der Sorge um den ökonomischen Raum und öffentliche Güter Platz.«[31] Viele *Somewheres* haben nichts gegen Einwanderung, nur gegen Masseneinwanderung. Gewiss gibt es Xenophobie, die gibt es in jedem Land und in jeder Kultur. Womöglich aber spielt die Angst vor dem Verlust der eigenen Identität eine weit größere Rolle als Rassismus, der immer wieder allen unterstellt wird, die in die Willkommenseuphorie nicht einstimmen wollen.

Die Debatte darüber erweist sich in Deutschland als besonders schwierig. Wer auf sozialen Sprengstoff und Interessenkonflikte oder auch nur auf die Rechtslage hinwies, galt auf dem Höhepunkt der Euphorie nicht nur als hartherzig, sondern gleich noch als Fremdenfeind und Ausländerhasser. Das war ein mehr als geschicktes Framing. Denn es machte vor allem diejenigen hilf- und sprachlos, die beides nicht waren: weder Ausländer- noch Fremdenfeinde. Womöglich verstanden sich viele von ihnen schlicht und ergreifend als Freunde der eigenen Blase, kurz: als völlig normale Deutsche, die sich nicht dafür schämten, dass sie sich Sorgen um ihr Land machten – um seine soziale Kohärenz, um seine Kultur, um seine Freiheitsvorstellungen.

Nicht nur die erheblichen Kosten der Migration, wenn sie vor allem eine in die Sozialsysteme ist, erzeugen Widerstand, mindestens ebenso stark ist die Furcht vor kultureller Marginalisierung. »Das einst recht homogene Volk soll sich in einen Stamm unter Stämmen verwandeln, also etwa in ›Deutschländer‹, die neben ›Deutschtürken‹ oder ›Deutschsyrern‹ leben. Das indigene Volk protestiert dagegen (…). Dieser Protest ist nicht mehr ›sozial‹ im alten Sinne, und er kann auch nicht mehr nach dem alten Links-Rechts-Schema gedeutet werden. Er hat vielmehr rein kulturellen Charakter«, konstatiert der Historiker Rolf Peter Sieferle.[32]

Dieser Zusammenprall der Kulturen betrifft vor allem die muslimische Zuwanderung. Weder passt das mitgebrachte Verständnis der Rolle der Frauen zu unserer Lebensweise noch die weit verbreitete Auffassung, die Gebote des Korans stünden über den Regeln des Rechtsstaats. Warum ausgerechnet viele deutsche Feministinnen die Verschleierung zum Ausdruck des freien Willens muslimischer Frauen verklären, wird auf immer ein Rätsel bleiben.[33]

Doch womöglich ist das ein weiterer paradoxer Ausdruck der Vorliebe insbesondere in linksbürgerlichen Kreisen für »edle Wilde«, deren kulturelle Eigenart man zu respektieren habe. Persönliche Anekdote: Eine Lehrerin erzählte, sie habe ihren Schülern die Aufgabe gestellt: »Weist nach, dass die AfD rechtsextrem ist.« Nicht ob, sondern dass, was den Interpretationsspielraum einigermaßen einschränkt. Ihre Begründung, auf Nachfrage: Die Partei sei rechtsextrem, nämlich völkisch, da sie möchte, dass deutsche Frauen mehr Kinder bekommen. Das mache »ihren Kindern mit Migrationshintergrund« Angst.

Offenbar ist die Lehrerin nicht auf die Idee gekommen, einmal die paar »Weißbrote« und »Kartoffeln« unter ihren Kindern zu fragen, ob es ihnen womöglich Angst mache, dass der türkische Präsident Erdoğan 2017 bei einem Wahlkampfauftritt »seine« Türken auch in Deutschland dazu aufforderte: »Macht fünf Kinder, nicht drei, denn ihr seid Europas Zukunft.« Das sei die »beste Antwort« auf die »Unhöflichkeit« und »Feindschaft«, die ihnen entgegengebracht werde.[34]

Wer das nicht als – völkische?, rechtsextreme? – Kampfansage versteht, muss blind und taub sein. Der Politologe Ralph Ghadban vermutet, dass Erdoğan Merkel verachtet, weil sie in der Flüchtlingskrise zu seinen Füßen krieche.[35] Er könnte recht haben.

Woher also der deutsche Masochismus? Auf Seiten vieler Linker hat die Figur des Flüchtlings den einst kniefällig verehrten Proletarier ersetzt. Nun tritt eine Art globaler Unterschicht an die Stelle der Proletarier aller Welt, doch nicht mehr als Speerspitze der Bewegung und Befreiung, sondern als Objekt der Fürsorge. Das aber ist oft nichts anderes als eine freundliche Form der Herabsetzung, ein Mitgefühl, mit dem man moralische Untadeligkeit demonstrieren kann.

Das dankt ihnen niemand. Im Gegenteil: So etwas erzeugt Verachtung, die sich bereits jetzt auf vielen Schulhöfen zeigt, ganz zu schweigen von anderen eher unfriedlichen Begegnungen im öffentlichen Raum. Die aber werden in den Medien noch immer gern verschwiegen, meist mit der Begründung, ihre Erwähnung oder gar Skandalisierung spiele den Falschen in die Hände, also der AfD, die solche »Einzelfälle« instrumentalisieren könne.

Die Kriminalitätsstatistik ist nicht in jeder Hinsicht aufschlussreich, da es nicht genug präzise Ausgangsdaten gibt.

Hinreichend sicher ist, dass im Jahr 2018 32 Prozent der Häftlinge in deutschen Gefängnissen Ausländer waren – bei einer Ausländerquote an der Bevölkerung von knapp 12 Prozent ist ihr Anteil also überproportional hoch. (Auch der muslimische Anteil an den Häftlingen.) Nicht mitgerechnet sind dabei deutsche Häftlinge mit Migrationshintergrund und Häftlinge mit Doppelpass, die werden als Deutsche gezählt.[36] Laut Bundeslagebild des BKA 2018 gab es einen Anteil nichtdeutscher tatverdächtiger Zuwanderer von gut 38 Prozent bei Straftaten gegen das Leben oder gegen die sexuelle Selbstbestimmung.[37] Die Tatverdächtigen waren überwiegend männlich und unter 30 Jahre alt, es gab auch hier mehr Straftäter als in der vergleichbaren deutschen Altersgruppe.

Daraus ergibt sich mitnichten ein Generalverdacht gegen Migranten, es zeigt sich lediglich das Naheliegende und Offensichtliche. Zum einen, dass viele Immigranten die Konflikte mit anderen Ethnien oder Gruppen aus ihren Herkunftsländern mitgebracht haben. Zum zweiten, dass die aussichtslose Lage insbesondere junger Männer, die sich vom Leben in Deutschland ein anstrengungsloses Paradies versprochen haben, ihre womöglich auch noch kulturell verankerte Neigung zu Gewaltausbrüchen fördert. Das kann man sicher nicht als aus dem Ruder gelaufene »Party- und Eventszene« verharmlosen. Und zum dritten spielt ein Frauenbild eine Rolle, das von Verachtung für westliche Freizügigkeit geprägt ist.

Im Sommer 2020 häuften sich die Fälle von öffentlicher Randale, die sich vor allem gegen die Polizei richtete, in Stuttgart oder Frankfurt am Main, dominiert von jungen Männern mit Migrationshintergrund.[38] Sie durften sich ermuntert fühlen durch Politiker, die prompt nach Deeskalation auf Seiten der Polizei riefen, statt sich hinter die Ordnungshüter und damit hinter das Gewaltmonopol des Staates zu stellen. So bringt man den Randalierern bei, dass dieser Staat sich und das Staatsvolk nicht verteidigen kann – oder will.

Wer seine Haustür weit öffnet, muss damit rechnen, dass nicht nur Menschen mit blütenweißen Absichten Einlass begehren. Auch spielen tiefreichende kulturelle Unterschiede eine Rolle zwischen denen, die schon länger hier leben und den Neuankömmlingen – etwa die unterschiedliche Bewertung eines Menschenlebens und vor allem eines Frauenlebens in arabisch und muslimisch geprägten Kulturen sowie ein durchaus anderes Verständnis für Rechtsgüter wie Eigentum.[39]

Es erhöht das Sicherheitsgefühl der Eingeborenen nicht, wenn sie das Gefühl haben, dies sei alles keine Rede wert, und es stärkt auch nicht ihr Vertrauen in Politik und Medien, wenn darüber geschwiegen wird. Wer sich deshalb Sorgen um sein Land macht und sich dafür mit feiner Ironie als »besorgter Bürger« verspotten lassen muss, ist schlicht und ergreifend normal.

5. All lives matter

Nach dem Tod von George Floyd in Minneapolis, einem schwarzen Amerikaner, nach und mutmaßlich aufgrund seiner Festnahme durch Polizisten, gab es weltweit Proteste – in den USA mitsamt gewalttätigen Demonstrationen, Brandstiftung, Denkmalstürzen und Plünderung. »Black lives matter« – das Leben Schwarzer zählt. Selbstverständlich. Ebenso selbstverständlich: »All lives matter«. Das allerdings wurde von »Black lives matter«-Aktivisten (BLM) giftspuckend abgelehnt.[40]

Wer würde »Black lives matter« heute noch bestreiten? Ganz sicher kaum einer in den USA, dem sein Job und sein Ansehen etwas wert ist, dort wird man schon wegen eines dummen Witzes geächtet.[41] Und waren die Polizisten, die Floyd festzunehmen versuchten, von rassistischen Motiven getrieben? Also weiß gegen schwarz? Das ist, angesichts ihrer Herkunft, so einfach wohl nicht. Im Übrigen ist es in den USA generell ratsam, bei der Begegnung mit einem Polizisten keinen Widerstand erkennen zu lassen. Das mag an der von Ort zu Ort unterschiedlichen und oft schlechten Ausbildung der dortigen Polizeikräfte liegen, aber auch daran, dass diese wiederum davon ausgehen müssen, dass die Person, die sie kontrollieren, bewaffnet ist. Mittlerweile aber sind amerikanische Polizisten besser als ihr Ruf.[42]

Wie also wurde aus einem aus durchaus unterschiedlichen Ursachen gespeisten bedauerlichen Vorfall, der in den USA keineswegs alltäglich ist, das wochenlange Toben eines gewalttätigen Mobs, die schlimmsten Unruhen seit Jahrzehnten? Die bürgerkriegsähnlichen Ausschreitungen schienen schon bald kaum noch mit diesem konkreten Fall zusammenzuhängen. Auch in Deutschland gingen Publikum und Medien wie selbstverständlich davon aus, dass sich der Aufstand dem alltäglichen Rassismus gegen Schwarze verdanke – und im Zweifelsfall war an all dem Donald Trump schuld. Insbesondere in den deutschen Medien war man um keine üble Nachrede verlegen. »Schlimme Bilder sind das aus den USA, ein schlimmer Rassismus und ein schlimmer Präsident, der seine Ku-Klux-Klan-Gesinnung wie einen Keil in die amerikanische Gesellschaft treibt«, konstatierte etwa Georg Restle in der ARD.[43] Nun verdankten sich die schlimmen Bilder jedoch weder dem Ku-Klux-Klan noch Donald Trump, sie zeigten enthemmte Gewalttäter, die die Demonstrationen nutzten, um Läden zu plündern, zu zerstören und Häuser anzuzünden. Auf die

Hautfarbe der Besitzer wurde dabei keine Rücksicht genommen, es traf auch Schwarze – also schlimmer Rassismus, oder? Noch nicht einmal für das Vorgehen der Polizei war Trump verantwortlich, der amerikanische Präsident hat keinen Einfluss auf die Polizei in den einzelnen Bundesstaaten, es gibt insgesamt rund 16 000 Polizeibehörden, die eigenständig geführt werden, sie unterstehen den jeweiligen Gouverneuren und Bürgermeistern.[44]

Auch in Deutschland schien man zu meinen, dass die Parole »White lives matter«, die bald ebenfalls kursierte, eine Parole der *white supremacy*, also rassistisch sei. Das ZDF berichtete am 23. Juni 2020 über ein Fußballspiel in Manchester: »Zunächst aber sorgt eine offensichtlich rassistisch motivierte Aktion für Entsetzen. Ein Flugzeug kreist über dem Stadion. Nur das Leben Weißer zähle, so die Botschaft.« Später musste man diese Meldung korrigieren. »Nur« stand gar nicht auf dem Banner, das das Flugzeug hinter sich herzog, sondern lediglich »White lives matter« – eine Reaktion auf die Tötung dreier weißer Schwuler. Was ist daran »rassistisch motiviert«, gar noch »offensichtlich«? Wer war entsetzt? Und woher kommt da plötzlich ein »nur«?[45]

Und was trieb deutsche Demonstranten auf die Straße und Politiker zu Betroffenheitsfloskeln, die ein nicht ganz ohne eigenes Zutun ums Leben gekommener Amerikaner offenbar mehr bewegt als ein enthaupteter französischer Lehrer[46], dessen Mörder sich auf eine Fatwa berief, oder ein schwules Paar, das in Dresden von einem ebenfalls islamgläubigen Täter mit dem Messer angegriffen wurde, wobei einer von beiden getötet wurde?[47]

Die Antwort der Antirassisten könnte lauten: George Floyds Tod war das Ergebnis eines »systemischen« Rassismus, also eines im System (in der Struktur unserer Gesellschaft) ange-legten Rassismus. Bei Tätern, die sich bei ihren Taten auf Allah berufen, wird offenbar kein System vermutet, zumal islami-sche Propaganda ja gern behauptet, Abneigung dieser Ideolo-gie gegenüber sei Rassismus – als ob eine Religion eine Rasse besäße. Wenn man das ernst nähme, wäre man bei der BLM-Demonstration in Berlin auch für den gewalttätigen Islam auf die Straße gegangen, immerhin richtet der sich ja »gegen das System«.

Man könnte an einer solchen Weltsicht verzweifeln, zumal sie so verdammt wenig mit der Wirklichkeit zu tun hat. Auch nicht mit der in den USA.

Dass es Rassismus gibt, weltweit, sei unbestritten. »Rassis-mus ist ein Faktor der menschlichen Kultur«, sagt der Wirt-schaftswissenschaftler Glenn Cartman Loury.[48] Ist der Fall George Floyd also tatsächlich kein Einzelfall, ist das Gesche-hen symptomatisch für die USA, ja für Rassismus weltweit? Ist er ein Märtyrer der guten Sache, weshalb er in einem golde-nen Sarg beerdigt wurde?

Man bestreitet sicher niemandem seine Empfindungen an-gesichts des Falls George Floyd, wenn man versucht, dieses Bild anhand vorhandener Evidenzen zu überprüfen. Der An-teil Schwarzer bzw. Afroamerikaner an der amerikanischen Bevölkerung beträgt um die 14 Prozent (Hispanics oder Lati-nos: 17 Prozent). Schwarze Männer, also etwa 7 Prozent, bege-hen indes beinahe die Hälfte aller Tötungsdelikte, sagt Loury. Auch werden sie eher zu Opfern von Mord und Totschlag als die Männer der weißen Mehrheit. Allerdings sind hier die Tä-ter weder überwiegend Weiße noch weiße oder schwarze Poli-zisten, sondern andere Schwarze. Das ist, sagt Loury, selbst ein Mann mit schwarzer Hautfarbe, das wahre Drama: Die

Schwarzen sind nicht Opfer des weißen Rassismus. Sondern »die größte Bedrohung für die Lebensqualität von Menschen, die in Schwarzen-Gegenden leben, ist das kriminelle Verhalten ihrer Mitbürger, und die meisten von diesen sind schwarz. Schwarze in den amerikanischen Städten sind in erheblichem Maß Opfer von Raub, Vergewaltigung und Mord, und oft sind die Täter auch schwarz.«[49] Wer die Polizei abschaffen will, macht gerade die Menschen in den *Black Communities* schutzlos. Schlimmer noch: Aus Angst vor dem Rassismus-Vorwurf zieht sich die Polizei mehr und mehr zurück, wenn es um afroamerikanische Verdächtige geht – der sogenannte Ferguson-Effekt.[50] Auch in Deutschland meidet die Polizei mittlerweile die No-go-Areas der Parallelgesellschaften mit Migrationshintergrund, schon aus Selbstschutz, wie in Berlin, wo die Polizei mittlerweile sogar bei der Sistierung eines Drogendealers beweisen muss, dass sie nicht diskriminierend gehandelt hat. Das bedeutet den politisch angeordneten Verzicht aufs staatliche Gewaltmonopol.

Es ist das weiße Schuldbewusstsein, das auch in Deutschland kursiert, wenn es um Rassismus geht: die koloniale Vergangenheit. Verantwortlich für die schwarze Tragödie, heißt es stets, sei die Vergangenheit, die Sklaverei, also die Weißen. Doch die erfolgreichsten Menschenhändler waren keine Weißen. »Die Versklaver vom 6. bis zum 19. Jahrhundert waren afrikanische, sehr kriegerische Ethnien und ab dem 10. Jahrhundert die moslemischen Emirate im Sahel-Gürtel. Demnach müssten vor allem die Ethnien in Mali, im Tschad, im Sudan, aber auch in Ghana, Nordnigeria und Benin unvorstellbare Summen an die Nachfahren ihrer Opfer zahlen. Doch diese Nachfahren sind großenteils ausgelöscht«, so der Historiker Egon Flaig.[51] Wer überlebte, waren ausgerechnet die Versklaver.

Flaig schätzt, dass nur 360 000 von insgesamt 9,9 Millionen der afrikanischen Sklaven ins britische Nordamerika kamen, und vor allem von diesen dürften die heute in den USA lebenden Schwarzen abstammen.[52] Die Abschaffung der Sklaverei wurde von den Weißen betrieben. Heutige Afroamerikaner sind seit 1865 in der fünften Generation Nachfahren von freien Menschen.

Das Narrativ von den Schwarzen als ewigen Opfern schadet ihnen selbst am meisten, meint Glenn Loury.

Es passt nicht, die USA zum Hort von gegen Schwarze gerichtetem Rassismus zu machen, meint auch John McWhorter, Professor an der Columbia-Universität, in einem feurigen Verriss des Buchs von Robin DiAngelo, *White Fragility*, in dem sie allen Weißen beibringen will, sich zu ihrem Rassismus zu bekennen.[53] »Allein eine solche Annahme entwürdigt alle stolzen Schwarzen. Sicher war ich in meinem Leben hin und wieder am Rande von Rassismus betroffen gewesen, doch das hat keinen Einfluss auf meinen Zugang zu gesellschaftlichen Ressourcen gehabt. Es hat sie mir eher zugänglicher gemacht. Und nein, ich bin kein seltener Vogel. Seit Mitte der sechziger Jahre war es gar nicht ungewöhnlich für Schwarze, in die Mittelschicht aufzusteigen. Wer das leugnet, muss ebenfalls zugeben, dass *affirmative action* für Schwarze nicht funktioniert hat.«[54] Das Buch infantilisiere Schwarze und sei damit eine »gnadenlos entmenschlichende Herabwürdigung«.[55]

Doch Opfer sein ist einfacher als Selbstermächtigung. Der Begriff des »systemischen Rassismus« ebenso wie der von der »strukturellen Gewalt« steht dem Gedanken, man könne selbst etwas an der eigenen Lage ändern, im Weg, er hebt darauf ab, dass man dem eigenen Elend nur entfliehen kann, wenn man das System und die Strukturen zerschlägt. Ein linksdrehendes

Konzept, das bislang noch in keiner Gesellschaft segensreich gewirkt hat und das nun zur Legitimation einer Orgie von Gewalt bemüht wird. Die Unterdrückten wehren sich, heißt es da oft, da geht schon mal was zu Bruch, auch andere Schwarze und deren Eigentum. Bei manchen gutwilligen Menschen kommt diese Selbstrechtfertigung offenbar an.

Denn noch etwas ist seltsam an den Massenprotesten. Nicht nur, dass sie von Plünderungen und Gewaltausbrüchen begleitet wurden. Sie endeten auch in seltsamen Riten der Unterwerfung, vom demonstrativen Niederknien bis zum rituellen Waschen schwarzer Füße durch weiße Hände. Das neue Gesetz: Bevor ein Weißer den Mund aufmacht, muss er erst über seine Privilegien nachdenken und dann beschämt das Haupt senken.

Dieses Theater aus Empörungsroutine und plakativer Unterwerfung wird ganz gewiss die Lage auf Dauer nicht befrieden. Sie hält die schwarzen »Opfer« in ihrem Opferstatus fest und verschafft den »Weißen« als der Täterrasse nur kurzfristig den Vorzug des *virtue signalling,* also des Zurschaustellens der eigenen Moral. Denn wer auch angesichts von Hass, Gewalt, Plünderung und Verwüstung demütig vor solchen Tätern auf die Knie geht, sollte nicht mit Gnade rechnen, sondern eher mit Verachtung.

Gegen die »kritische Rassentheorie«, nach der Rassismus in der Gesellschaft weit verbreitet ist und jeder Weiße zumindest unterbewusst rassistisch ist, wendet sich auch die britische Staatssekretärin für Gleichheitsfragen, die Tochter nigerianischer Einwanderer, Kemi Badenoch: »Diese Regierung lehnt die kritische Rassentheorie eindeutig ab.« Der Aufstieg dieser Theorie verbinde sich mit »gefährlichen Trends in den Beziehungen der Rassen untereinander«. Schwarz zu sein verhelfe gemäß diesem Konstrukt automatisch zu einem Opferstatus, weiß zu sein bedeute Unterdrückung. Das dürfe an britischen Schulen nicht gelehrt werden.[56]

Der Kennedy-Berater und Historiker Arthur M. Schlesinger, Jr., Mitglied bei den Democrats, also ein Linksliberaler, hat das Drama des weißen Schuldbewusstseins und des schwarzen Ethnokults hellsichtig und scharf bereits vor 30 Jahren analysiert. Damals wie heute ist den »Aktivisten« die Verachtung des Westens gemein, der europäischen Geschichte und Tradition. Dabei ist es die christliche Prägung Europas, der wir den Sieg des Individuums über kollektivistische Kulturen verdanken. Gewiss hat der Westen von der Sklaverei profitiert – und sie zugleich im Zuge der ihm inhärenten Selbstkritik abgeschafft, während sie in afrikanischen Ländern noch lange aufrechterhalten wurde.

Die weiße Selbstverachtung und der schwarze Hass auf den Westen zerstören die Grundlagen gesellschaftlicher Freiheit. Damit ruiniere man die amerikanische Nation, sagt Schlesinger – und nicht nur die. Die einst universalistische Linke betreibe heute Identitätspolitik und votiere für Zensur und Repression, während nunmehr die Rechte bürgerliche Gemeinsamkeiten betone. Die Verfassung aber gelte für Individuen, nicht für Gruppen. »Es entbehrt nicht der Ironie, dass das, was die Multikulturalisten als fröhliches Feiern der Diversität gestartet haben, als grimmiger Kreuzzug für Konformität endet.«[57] Wer Menschen als »kollektive Merkmalsträger« behandelt und sie anhand von Abstammungsmerkmalen in Gut und Böse unterteilt, betreibt im Kern rechte Politik. Der Antirassismus entpuppt sich als Rassismus.[58]

Die Schlussfolgerungen für Europa und Deutschland heute liegen auf der Hand: »Multikulti ist gescheitert« – Horst

Seehofer und Angela Merkel noch 2010 –, wenn es nichts Gemeinsames mehr gibt, man nenne es Leitkultur oder nationale Identität. Und noch nicht einmal eine gemeinsame Sprache: Parallelgesellschaften von Menschen mit Hintergrund, womöglich noch mit einer kulturellen Prägung, die Frauen aus der Öffentlichkeit verbannt, da sie nicht mitreden können, machen die Gesellschaft nicht bunt. Das spaltet ebenso wie der Kult um die Opferidentität, hinter dem sich nur schlecht getarnter Machtanspruch verbirgt. Der Hass auf die Verachtung der europäischen »weißen« Kultur beraubt im Übrigen gerade Minderheiten jeder Aufstiegschance, es ist ein Verrat an all denjenigen, die wegen des Versprechens von Freiheit und Aufklärung ins Land gekommen sind.

Arthur M. Schlesinger, Jr., wäre heute womöglich auf der Seite Donald Trumps, jedenfalls, was dessen Rede zum Nationalfeiertag im Juli 2020 betrifft. Nicht der ehemalige Präsident hat das Land gespalten, wie es insbesondere in Deutschland hieß, sondern der »neue, weit linke Faschismus«, der sich in den bürgerkriegsähnlichen Aufständen manifestierte. Schlesinger sah das vor beinahe drei Jahrzehnten voraus.

6. Das verfallene Haus des Islam

Zur Spaltung der Gesellschaft trägt auch der allfällige Kotau vor dem radikalen Islam bei. Diejenige Gruppe, die in Deutschland am lautesten klagt und am meisten einfordert, entstammt überwiegend islamisch geprägten Ländern. Jede Kritik am Islam und den Sitten und Gebräuchen einiger seiner Anhänger wird von ihren Protagonisten als krankhafte Islamophobie diagnostiziert oder gleich unter »Rassismus« subsumiert, ganz so, als wäre Religion eine »Rasse«. Nun ist der Islam tatsächlich nicht »bloß« eine Religion, der man hierzulande mit Toleranz begegnet, da man Religionen sowieso nicht mehr für so wichtig hält. Islam ist strenggenommen eine Lebensweise, und die kollidiert hart mit dem, was diejenigen gewohnt sind, »die schon länger hier leben«. Vor allem die »Normalen«.

Vom normalen Standpunkt aus ist es nicht fremdenfeindlich, wenn sich jemand an der Rolle stößt, die der Hijab den Frauen zuweist. Oder gar daran, dass Männern nicht zugetraut wird, ihren Geschlechtstrieb zu bändigen, sobald sie unbedeckte weibliche Haut erblicken. Warum sollte es fremdenfeindlich sein, eine Kultur befremdlich zu finden, in der Homosexuelle nicht nur abgelehnt und diskriminiert werden, sondern in elf islamischen Ländern sogar hingerichtet? Warum sollte man sich nicht über die Verfolgung von Christen, Atheisten oder »Abtrünnigen« in islamischen Ländern empören, warum nicht über all den Terror, der insbesondere andere Muslime betrifft? Und was ist mit den Apostaten, denen, die vom Glauben abgefallen sind und die sich deshalb in Deutschland nur unter Polizeischutz bewegen können – wie die Frauenrechtlerin Seyran Ates oder der Publizist Hamed Abdel Samad? Noch befremdlicher ist der seltsame Burgfrieden, der zwischen Feministinnen und Muslimen herrscht. So gut wie nie erfahren Gefängnisstrafen für Blogger und Frauenrechtlerinnen oder Hinrichtungen von Homosexuellen oder vergewaltigten Frauen ein solches Echo wie Polizeibrutalität in den uns kulturell weit näherstehenden USA. Wo ist die Solidarität »mit den Opfern der islamischen Apartheid« (Ruud Koopmans)?[59]

Die neue Studie von Ruud Koopmans, Professor für Migrationsforschung am Wissenschaftszentrum Berlin, hat sich mit der Frage beschäftigt, warum der »real existierende Islam«

nicht aus dem Gefängnis von Überzeugungen heraustreten könne, die »Unfreiheit, Stagnation und Gewalt« begünstigen.

Der Kolonialismus ist schuld, also wieder einmal der weiße Mann samt Frau, rufen einige. Die Islamophobie ist's, der »Rassismus« gegen Muslime, die anderen. Tatsächlich, behauptet Koopmans, ist der Islam unserer Kultur völlig fremd, es gibt, so scheint es, keine Schnittstellen zwischen dem christlich geprägten Westen und dem Islam.

Das mag, worauf sich viele berufen, einmal anders gewesen sein. In der Tat war die islamische Welt dem christlichen Europa einige Jahrhunderte lang voraus, hatte die Scharia, die im Übrigen Frauen ein Anspruch auf ein Erbe einräumte, ihre Vorzüge gegenüber der regellosen Herrschaft von Kriegsherren und Despoten. Der Fall des Osmanischen Reichs und der Siegeszug des Westens spielte jedoch langfristig nicht westlich orientierten Führern in die Hände. Im 20. Jahrhundert obsiegten die Fundamentalisten, die den Niedergang der islamischen Länder darauf zurückführen, dass man sich vom »ursprünglichen« Islam abgewendet habe. 1979 fiel Persien an die Fundamentalisten. Finanziert von Saudi-Arabien und anderen reichen Golfstaaten breitet der Islam sich mehr und mehr aus. »Ohne die Ölressourcen wäre der saudische Wahhabismus die Ideologie einer Handvoll Beduinen geblieben, und die iranischen Ayatollahs wären vor allem ein Problem für ihr eigenes Volk gewesen«, so Koopmans.[60]

Den Satz »Wenn sich Religion und Wissenschaft widersprechen, hat die Religion immer Recht« unterschrieben noch 2015 selbst in der Türkei 70 Prozent der Befragten, in Pakistan waren es 90 Prozent. Muslime der ersten und zweiten Generation in Westeuropa sind mit überwältigender Mehrheit der Auffassung, nicht nur, dass es nur eine einzige verbindliche Interpretation des Korans gebe, sondern auch, dass religiöse Regeln vor weltlichen Gesetzen rangieren.[61] Das heißt nichts Gutes für den Respekt vor Rechtsstaat und staatlichem Gewaltmonopol.

Doch könnten an diesem Fundamentalismus nicht andere Faktoren schuld sein – das historische Erbe des Kolonialismus, die Unterstützung diktatorischer Regime durch den Westen oder ökonomische Benachteiligung? Und warum sollten sich nicht auch muslimische Länder von autoritärer Herrschaft verabschieden können, so wie es Spanien und Griechenland vor nicht allzu langer Zeit getan haben? Koopmans kommt zu überraschenden Schlüssen: Da ist zum einen das Öl, das dafür sorge, dass Bürger weniger Druck auf Machthaber ausüben könnten, da diese ja nicht auf willige Steuerzahler angewiesen seien. Und da ist, zum anderen, nicht der Kolonialismus, sondern, im Gegenteil, das weitgehende Fehlen von Kolonialherrschaft. Tatsächlich sei der Anteil von Demokratien in Ländern mit einer langen Kolonialherrschaft von über 150 Jahren erheblich größer als in islamischen Ländern, die weit weniger lange kolonisiert waren.[62] Den Sklavenhandel schaffte Saudi-Arabien 1962 ab, Mauretanien gar erst 1981.

Der Kolonialismus, meint Koopmans, ist nicht für die Krise der islamischen Welt verantwortlich. »Das Gegenteil ist der Fall. Die islamische Welt wurde vom westlichen Kolonialismus weniger beeinflusst als der Rest der nichtwestlichen Welt, und gerade diese geringere historische Prägung durch westliche Ideen und Institutionen hat negative Auswirkungen auf die Entwicklungsmöglichkeiten der Demokratie in der islamischen Welt.«[63]

Dieser These muss man nicht folgen. Allerdings noch weniger der Behauptung, der (weiße) Kolonialismus sei auch an diesem Übel schuld.

7. Neorassismus

Martin Luther King träumte in seiner berühmten Rede vor dem Lincoln Memorial 1963 von einer Gesellschaft freier Bürger, nicht von einem neuen Tribalismus, der sich Antirassismus nennt und das Gegenteil ist. Er wollte im Übrigen auch nicht 50 Prozent der Sitzplätze für Schwarze, sondern, dass sich jeder hinsetzen darf, wo er sich hinsetzen will. Doch wo sich der Staat zurückzieht, weil er sein Gewaltmonopol nicht mehr ausüben kann, entsteht genau das: die Auflösung der Gesellschaft in sich befehdende Stämme. Alain Finkielkraut hält den Antirassismus für den »Kommunismus des 21. Jahrhunderts«. »Das bürgerliche schlechte Gewissen hat eine Menge Intellektuelle dazu gebracht, sich auf die Seite der Arbeiterklasse zu schlagen. Sie büßten so für ihre Privilegien und sahen sich durch ihren Kampf für die Gleichberechtigung erlöst. In der heutigen extremen Linken ist nun diese Beschämung, weiß zu sein, an die Stelle des bürgerlichen schlechten Gewissens getreten – die Privilegien jedoch konnte sie nicht abstreifen. Es gibt also keine Sühne für ihr Schuldgefühl. Und auch keine Erlösung.«[64]

Das hat, ebenso wie einst die Identifikation mit der Arbeiterklasse, mit der Wirklichkeit nichts mehr zu tun, mit der Realwelt der weißen Normalos, die sich wahrscheinlich keineswegs privilegiert fühlen. Im Gegenteil: Das Gerede von den angeblichen weißen Privilegien steigert eher den Zorn der *Deplorables* auf die moralisierende Klasse. Sie hegen schon längst den begründeten Verdacht, dass der permanente Appell an ihre Schuldgefühle nur dazu dient, sie ruhigzustellen. Eben noch waren sie schuld am Elend in der Dritten Welt, dann waren sie Auslöser einer Klimakatastrophe, jetzt werden die Denkmäler ihrer Vorfahren gestürzt, deren Errungenschaften nichts mehr bedeuten – es zählt nur noch, dass sie in einer Zeit lebten, in der andere Maßstäbe galten, die einem heute unsympathisch sein mögen. Und die weißen Eliten applaudieren auch noch der Entwertung weißen Lebens.

Dabei gilt auch hier der gute Historikerrat, keine »Rückschaufehler« zu begehen, die Vergangenheit also nicht nach heutigen Wertvorstellungen und mit dem heutigen Wissen zu beurteilen und zu verurteilen. Das empfiehlt auch die nigerianische Autorin Adaobi Tricia Nwaubani, deren Urgroßvater ein Sklavenhändler war. Er ließ sich von seinen Agenten schwarze Sklaven besorgen, die er verschiffte. »Es wäre ungerecht, einen Mann des 19. Jahrhunderts nach den Prinzipien des 21. Jahrhunderts zu beurteilen. Das würde uns zwingen, aus den Helden unserer Vergangenheit, die nicht von der westlichen Ideologie beeinflusst waren, Schurken zu machen. Sie wussten es damals nicht besser.«[65] Und das gilt dann wohl auch für jene, die sich von Nwaubanis Urgroßvater mit Sklaven versorgen ließen.

Nicht zuletzt ist der Antirassismus in seinem Furor gegen Weiße selbst rassistisch, sowohl nach der Menschenrechtskonvention als auch dem Grundgesetz zufolge. Denn gemäß der neuen Ideologie darf niemand mitreden, der nicht selbst »Opfermerkmale« aufweist, und das heißt vor allem: kein Weißer, auch keine weiße Frau. Denn: »Wer unterdrückt wird, hat erstmal Recht.« Ob jemand sich unterdrückt fühlen darf, bestimmt er selbst. Das nennt man in der wirklichen Welt Meinungsdiktat.

Eine Kopfgeburt des akademischen Milieus, wo »intersektionales Denken« seit etwa 2010 »akademische Hochkonjunktur« hat, wie Christian Jacob schreibt?[66] »Intersektional« heißt, dass eine Person mehr als ein Opfermerkmal auf sich vereint, also: dass etwa eine Frau nicht nur wegen ihres Geschlechts, sondern auch wegen ihrer Hautfarbe oder ihres sozialen Status unter gesellschaftlicher Ungleichheit leidet.[67] In der Praxis ist daraus eine Art Opferhierarchie entstanden. Eine mehrfache Opferrolle kommt einer Heiligsprechung gleich. Das aber ist der Kampf um eigene Privilegien, nicht etwa der Kampf um eine gerechte Gesellschaft – um Privilegien, für die man nichts tun muss, außer empört aufzuschreien.[68] Die »identitätslinke Läuterungsagenda« ist, wie der Tübinger Oberbürgermeister Boris Palmer sagt, ein »Rezept zur Desintegration«: Wenn diejenigen, die sich zu Opfern erklären, Sonderrechte und Wiedergutmachung fordern, zählen Gleichheit und Leistung nicht mehr. Das merken sich auch die weißen »Täter«.[69]

Was bei all diesen erregten Debatten auf der Strecke bleibt, ist das, was uns die Aufklärung beschert hat, nicht zuletzt wissenschaftliche Erkenntnis selbst. Was wahr ist, bestimmt weder das individuelle Empfinden einiger noch eine Art Mehrheitsbeschluss, sondern die freie Auseinandersetzung. Erkenntnis entsteht durch kritische Würdigung unterschiedlicher Standpunkte. Das ist schön gedacht, doch mittlerweile ist nicht mehr jeder Standpunkt erlaubt. Wer das als eine »Verengung des Meinungskorridors« beklagt, wie etwa der Schriftsteller Uwe Tellkamp, hat mit empörter Zurechtweisung zu rechnen.[70] Man darf hierzulande schließlich alles sagen, oder? Nur die Folgen muss man gegebenenfalls tragen, und die können nicht nur öffentlichen Pranger bedeuten, sondern auch den Job und die bürgerliche Existenz kosten.

Im angelsächsischen Raum haben sich nun immerhin 150 Prominente zusammengetan, um gegen Konformitätsdruck und Zensur zu protestieren, auch Prominente, die eher linke

Positionen vertreten wie Noam Chomsky, J. K. Rowling oder Louis Begley, aber ebenso Steven Pinker, Jonathan Haidt und Francis Fukuyama.[71] Der offene Brief distanziert sich zunächst artig von Donald Trump, der vorgeblich eigentlichen Gefahr für die Demokratie, und von der radikalen Rechten. Doch dann geht es zur Sache. Man beklagt die Intoleranz, die »moralische Gewissheit« der »eigenen Kultur«: Redakteuren wird gekündigt, Bücher werden zurückgezogen, Journalisten dürfen über gewisse Themen nicht schreiben, Professoren werden verfolgt, wenn sie die falsche Literatur zitieren. So würden die Grenzen des Sagbaren immer enger gezogen.

Eine vorbildliche Aktion. Doch in Deutschland geht es anders zu. Als der Schriftsteller Jörg Bernig zum Kulturamtsleiter von Radebeul gewählt wurde, reichte der empörte Einspruch anderer Kulturschaffender, um den Bürgermeister von Radebeul dazu zu bewegen, ein Veto gegen die rechtmäßige Wahl einzulegen. Bernig war ihnen nicht links genug. Hat sich dagegen eine Institution wie der PEN erhoben, die Organisation der Autoren, die sich für freie Meinungsäußerung einsetzt, und sich hinter sein bedrängtes Mitglied gestellt? Beschämenderweise im Gegenteil. Die Präsidentin Regula Venske hat das PEN-Mitglied Jörg Bernig vielmehr gebeten, »die notwendigen Konsequenzen« zu ziehen.[72] Da Bernig in Radebeul ordnungsgemäß gewählt war, trat er konsequenterweise zu einer zweiten Wahl nicht an. Kulturamtsleiter ist nun ein anderer.[73]

Mit einer gewissen Verspätung gibt es jetzt im deutschsprachigen Raum ebenfalls einen vernehmbaren Aufstand gegen die moralingesättigte *cancel culture*, den »Appell für freie Debattenräume«, initiiert von Milosz Matuschek und Gunnar Kaiser. »Wir erleben gerade einen Sieg der Gesinnung über rationale Urteilsfähigkeit«, heißt es dort. »Nicht die besseren

Argumente zählen, sondern zunehmend zur Schau gestellte Haltung und richtige Moral. Stammes- und Herdendenken machen sich breit. Das Denken in Identitäten und Gruppenzugehörigkeiten bestimmt die Debatten – und verhindert dadurch nicht selten eine echte Diskussion, Austausch und Erkenntnisgewinn. Lautstarke Minderheiten von Aktivisten legen immer häufiger fest, was wie gesagt oder überhaupt zum Thema werden darf. Was an Universitäten und Bildungsanstalten begann, ist in Kunst und Kultur, bei Kabarettisten und Leitartiklern angekommen.«[74] Unterzeichnet haben Personen aus einem breiten Meinungsspektrum, und das lässt hoffen.

Dass Prominente zu fußfälligen Ergebenheitsriten genötigt werden, wenn sie es mal am korrekten Sprachgebrauch haben fehlen lassen, dürfte den meisten Menschen, also den Normalos, am Allerwertesten vorbeigehen. Und doch: Die Unerbittlichkeit, mit der diese Positionen verteidigt werden, die *cancel culture*, mit der versucht wird, alle mundtot zu machen, die sich dem wahren Glauben nicht anschließen, und vor allem die Bereitwilligkeit, mit der Politik und Medien vor lautstarken Minderheiten einknicken, lässt nicht nur um die Meinungsfreiheit fürchten.

V.
Diktatur der Moral

1. Betroffenheitskult

Persönliche Anmerkung: Als ich im Jahr 1993 das Buch *Der Betroffenheitskult* schrieb, ein »Plädoyer für die Wiedergewinnung der Dimension des Politischen (...) anstelle der Politisierung des Privaten und der Intimisierung der Politik«, muss ich davon ausgegangen sein, dass es das irgendwann einmal gegeben hat: eine Politik, in der es um Sachverhalte und nicht um Gefühle ging. Irgendwann? Wenn, dann muss das Ewigkeiten her sein. Das Buch aber hat sich als prophetisch erwiesen. Mittlerweile hat jeder Fernsehzuschauer Sachen wie nackte Zahlen und kalte Fakten richtig einzuschätzen gelernt: Sie sind von Übel, wenn das Menschliche nicht mitgeliefert wird.[1]

Als Thilo Sarrazin vor über zehn Jahren seinen millionenfach verkauften Bestseller *Deutschland schafft sich ab* veröffentlichte, war das jedenfalls der Tenor seiner Kritiker: »Zahlengläubig«, »gefühlskalt« und »menschlich schäbig« nannte ihn Renate Künast in der Talkshow *Beckmann*. Aygül Özkan, muslimische Sozialministerin aus Niedersachsen, verkündete ebendort, sie brauche »keine Statistiken und Analysen«, da sie ihre Migranten ja kenne.[2] Michel Friedman sprach sogar von »Gewalt«, das Buch reduziere »Menschen zu Zahlen«, man müsse »ein Leben« gegen die Statistik setzen.[3] Eine Journalistin krönte die Debatte mit dem Wort »Zahlen-Kot«.[4] Deutlicher kann man wohl kaum sagen, was man von belegbaren Evidenzen hält, von Zahlen und Daten, die jedes Land (und jede Regierung) braucht, wenn es sich über Soll und Haben, kurz: über die Realität vergewissern will. Im Übrigen: Auch, ach was, gerade »soziale Wärme« braucht Bilanzen, sie will schließlich finanziert werden.

Entspringt die Abscheu vor kalten Zahlen der vielbeschworenen weiblichen Sonderbegabung, dem fraulichen Prinzip, demzufolge die Welt ein Wohnzimmer ist, das man schön kuschelig machen muss?

In den heftigen Angriffen auf den Autor und sein Buch, das kaum einer der Diskussionsteilnehmer gelesen haben dürfte (Angela Merkel hatte es »nicht hilfreich« genannt), ging es offenkundig um die »weitgehende Tabuisierung der Sachdiskussion durch die Personalisierung der Angriffe« (Hans Mathias Kepplinger).[5] Es war einfacher, Sarrazin des Rassismus zu bezichtigen, als offen über die Risiken von Multikulti und einer starken muslimischen Einwanderung zu diskutieren.

Immerhin: Gar nicht wenige verteidigten Sarrazin damals – etwa Berthold Kohler in der *FAZ*, der nüchtern konstatierte: »Einem Teil der Eliten dieses Landes scheint das Wissen abhandengekommen zu sein, dass die für die Demokratie konstitutive Meinungsfreiheit nicht nur für Meinungen gilt, die von der Kanzlerin als hilfreich (...) angesehen werden, sondern auch für falsche, verwerfliche und abwertende Äußerungen (...).«[6]

Der enorme Verkaufserfolg des Buches – es gilt als meistverkauftes Sachbuch seit Gründung der Bundesrepublik – zeigte, dass es reichlich Diskussionsbedarf gab. Bereits vor 2015 war offenbar ein erheblicher Teil der politisch interessierten Deutschen der Meinung, die Angela Merkel ebenfalls zuvor vertreten hatte: Multikulti ist nicht gut für das Land. Dennoch gilt auch heute noch nicht der Umgang mit ihm, sondern Sarrazin selbst als skandalös – so skandalös, dass Sarrazin mehrfach den Verlag wechseln musste. Nicht nur die Politik, auch verlegerische Entscheidungen machen sich mittlerweile von Stimmungen und Momentaufnahmen abhängig, selbst wenn man damit auf beträchtliche Einnahmen verzichtet.

Schon lange ist es offenbar nicht am wichtigsten, was politische Beschlüsse begründet, und vor allem, was sie bewirken, sondern was die Medien dazu sagen könnten. 2015 hat die deutsche Bundeskanzlerin darauf verzichtet, die Grenzen gegen auf Einwanderung drängende Menschen zu schließen, weil sie ungute Bilder fürchtete, Bilder von aufgebrachten Menschen und weinenden Kindern im Tränengas der Polizei. Die an Hysterie grenzende Willkommenskultur entsprach geradezu prototypisch dem Betroffenheitskult, dem Gefühl über Vernunft geht. Man badete in der eigenen Rechtschaffenheit, ohne auch nur einen Gedanken an die Folgen zu verschwenden – als ob man die eigene Wohnungstür auflassen würde, damit jeder hineinspazieren kann. Die Kühle des rechtsstaatlichen Formenkanons spielte erst recht keine Rolle mehr. Doch Entrüstung ist ebenso wenig wie Dankbarkeit (Churchill) eine politische Kategorie.

Seither erleben wir eine Abwertung demokratischen und rechtsstaatlichen Prozederes nach der anderen. Auf das bloße Wort der Kanzlerin hin revidierte man nach Recht und Gesetz erfolgte Entscheidungen, so in Thüringen im Februar 2020. Kurze Rekapitulation: Bei der Landtagswahl einige Monate zuvor war die rotrotgrüne Landesregierung unter Ministerpräsident Bodo Ramelow abgewählt worden. Eine andere Regierungskoalition kam nicht zustande, Ramelow wollte eine Minderheitsregierung bilden. Bei der Wahl zum Ministerpräsidenten scheiterte er allerdings zweimal, weil er die absolute Mehrheit verfehlte. Beim dritten Wahlgang, für den nur eine einfache Mehrheit nötig war, erhielt der nunmehr von der FDP aufgestellte Kandidat Thomas Kemmerich eine Stimme mehr und wurde daraufhin zum Ministerpräsidenten gewählt.

Man weiß zwar bei einer geheimen Wahl nicht, wer wem seine Stimme gegeben hat, aber in diesem Fall konnte man davon ausgehen, dass Kemmerich mit den Stimmen auch der AfD gewählt wurde, der einzigen Partei im Bundestag und in den Landtagen, die nicht dem Kartell der Konsensdemokraten angehört. Angela Merkel, auf Staatsbesuch in Südafrika, reagierte prompt: Die Wahl sei »unverzeihlich«, und das Ergebnis müsse »wieder rückgängig gemacht werden«.[7] Der FDP-Vorsitzende Christian Lindner eilte nach Thüringen, woraufhin Kemmerich sich überzeugen ließ, zurückzutreten. Damit ermöglichte er der eigentlich schon abgewählten Regierung Ramelow eine weitere Amtszeit. Das ist ein Verständnis von Demokratie, an das man sich nicht gewöhnen möchte: Es wird gewählt, bis die Kanzlerin mit der Wahl einverstanden ist?

Die Aufregung darüber hielt sich in Grenzen. Mit den Stimmen der AfD gewählt zu werden ist offenbar schlimmer, als die direkte Nachfolgerin der SED zu unterstützen. Was schert uns das Prozedere, wenn nur noch gilt, was zum gewünschten Ergebnis führt? Doch dem Rechtsstaat gemäß darf es keine Rolle spielen, ob jemandem eine Entscheidung nicht gefällt oder ob man sie moralisch verwerflich findet, solange dem Verfahren Genüge getan wird. Man nennt das Verfahrens- oder Regelgerechtigkeit. Das sind die Korsettstangen eines Systems, das auf Gesetzen beruht und nicht auf Stimmungen.

Ob man also die AfD mag oder nicht, die Wahl war formell nicht anfechtbar. Egal, wie »rechts« man die Partei findet und welche Taktik man ihr unterstellen mag: Sie ist nicht verboten, sie wurde demokratisch gewählt, und die »Altparteien« (der Terminus stammt von den Grünen) sind nicht gut beraten, sie auszugrenzen und damit ihren Nimbus als einzige Oppositionspartei zu vergrößern. Es ist unstatthaft, politische Konkurrenz auf diese Art und Weise aus dem Spiel zu nehmen. Vor allem grenzt man damit Teile des Souveräns aus, die Wähler der AfD, viele davon übrigens ehemalige SPD-Wähler. Das ist keine vertrauensfördernde Maßnahme.

Doch das spielt in unserer Gefühlsdemokratie keine Rolle: Kalte Zahlen, »bloße« Formalien, ja selbst Wahlergebnisse zählen nicht, wenn das Herz spricht. Das macht alles so viel menschlicher? Eben. Das genau ist das Problem.

Wer sich auf die Menschheit bezieht, auf die Gattung, auf die Natur, auf die Rettung der Welt oder des Klimas, macht sich unangreifbar. Denn wer will sich schon an der Menschheit, der Gattung oder dem Klima versündigen? Solch hohe Ziele verbürgen eine höhere Moral, die alles rechtfertigt, selbst den Verstoß gegen Gesetze.

Ein schönes Beispiel sind die Rettungsschiffe im Mittelmeer. »Ja soll man sie denn ertrinken lassen?« ist die geläufige Replik, wenn man einwendet, dass diese Rettungsaktionen an dem Elend beteiligt sind, das sie heilen möchten. Nein, natürlich soll man sie nicht ertrinken lassen. Man soll Migranten gar nicht erst dazu verlocken, viel Geld an kriminelle Schlepper zu zahlen, die sie in seeuntüchtige Schlauchboote verfrachten und damit der Gefahr aussetzen, zu ertrinken. Warum Menschen dieses Risiko eingehen? Weil sie darauf bauen, dass Rettungsschiffe sie schon aufnehmen werden, um sie nach Europa zu schleusen. Das sind die Pull-Faktoren, die weit mächtiger sein können als die Push-Faktoren, also etwa Krieg und Bürgerkrieg.

Das ist das Gefährliche an der moralischen Selbsterhöhung: Sie verstößt gegen den vernünftigen und mäßigenden Grundsatz, der Politik zugrunde liegen sollte – *quidquid agis, prudenter agas et respice finem*. Was immer du tust, tu es mit Bedacht und bedenke das Ende. Wer Vernunft und Maß zugunsten der Stimme des Herzens aufgibt, tut es bedenkenlos. Denn es geht ja um Menschen, und das legitimiert alles. Gleiches gilt für das Klima oder die Natur. Wer sich mit den ganz großen Menschheitsdingen im Bunde weiß, reklamiert übergeordneten Notstand: Wenn die Menschheit oder das Menschenrecht in Gefahr sind, müsse das förmliche Regelwerk auch mal hintanstehen, heißt es dann. Das Bündnis mit den höchsten Werten verzerrt ganz nebenbei den politischen Wettbewerb. Widerspruch, Dissens, Diskussion, Streit aber sind die Lebensadern einer freien Gesellschaft.

»Ein hoher moralisierender Dauerton prägt (...) die totalitäre Rhetorik«, schrieb Hermann Lübbe 1984.[8] Die heutige *cancel culture* erinnert fatal an die Schauprozesse des Stalinismus: Wer sich gegen die aktuell politisch korrekten Sprech- und Denkweisen vergeht, muss öffentlich und möglichst kniefällig Abbitte leisten. Hernach wird er oder sie zwar nicht erschossen, aber Stellung und Ansehen sind hin. Der soziale Tod ist auch nicht sonderlich erfreulich.

Lübbes Essay ist heute noch so schmerzhaft aktuell wie damals, zumal sich große Teile des Publikums mittlerweile gegen die überall lauernde moralische Anmaßung kaum noch zu wehren wissen. Dabei: »Zur Normalität geordneter politischer Lebensverhältnisse dürfte es doch gehören, dass die moralisierende Form der politischen Argumentation nur in äußersten Ausnahmefällen zugelassen ist. (...) Moralistisch in diesem Sinne ist die Argumentation ad personam. Statt der Ansicht und Absicht des politischen Gegners mit Sachargumenten oder auch mit moralischen Argumenten zu widersprechen, qualifiziert man moralisierend die Person dieses Gegners und gibt sich öffentlich erstaunt oder empört, was für eine er doch sei. Statt eine Ansicht zu tadeln, tadelt man, sie zu haben, und statt eine Absicht zu rügen, erklärt man, hier sehe man doch, um wen es sich handelt.«[9]

Das, und nicht diese oder jene Meinung, führt zu einer Spaltung der Gesellschaft. Ähnliches gilt für den Umgang mit der AfD. Wer deren Positionen ohne weitere Argumente für irrational oder gleich rechtsradikal und damit für moralisch unzulässig hält, entzieht sie dem politischen Diskurs (und diffamiert zugleich ihre Wähler). Das Moralisieren teilt die Welt in Freund und Feind, da ist keine Koalition und kein Kompromiss mehr möglich. Politische Konflikte werden ausgebürgert.

Nicht eben unbeteiligt am Prozess der Moralisierung des Politischen ist die Kanzlerin. Angela Merkel hat mit ihrer Bemerkung, etwas sei »alternativlos«, den offenen Streit wie auch das rechtsförmige Verfahren für obsolet erklärt und die Moralisierung zur Regel gemacht. Sie verfährt getreu dem Grundsatz, man dürfe keine Krise ungenutzt verstreichen lassen – bzw. alles, was sich zur »Katastrophe« hochrechnen lässt. In Fukushima gab es zwar keine »Atomkatastrophe«, sondern einen verheerenden Tsunami, doch die Panne im dortigen Atommeiler ließ sich trefflich zu einem Angebot an die Grünen ummünzen. Zwar sind die dortigen Gegebenheiten nicht mit den hiesigen zu vergleichen, Tsunamis gibt es in unseren Breiten nicht, aber die urdeutsche Atomangst ließ sich umstandslos mobilisieren. Nachdem man kurz zuvor noch die Laufzeiten für die deutschen

Atommeiler verlängert hatte, beschloss man nun einen noch früheren Ausstieg und schwenkte auf eine Energiepolitik um, die Energie nicht nur teuer, sondern auch unzuverlässig macht. Ein Meilenstein auf dem Weg zum Ruin der deutschen Industrie. Und ein Meilenstein auf Angela Merkels Weg zur Retterin von Klima und Welt. Kleiner haben wir's nicht.

Doch, ja, geschickt ist das schon. Wer die Katastrophe ausruft, bestimmt das Ausmaß des Notstands und der zu ergreifenden Maßnahmen. Logisch also, dass manch einer Parlament und rechtsförmige Verfahren für Hindernisse bei der Rettung des Globus hält und ein autoritäres Regime der Experten empfiehlt.[10] Mit Blick auf die dräuende Katastrophe kann man den Untertanen Ungeahntes zumuten.

Wie weit das gehen kann, zeigt die Corona-Pandemie. Erst hat die Regierung gar nicht gehandelt und dann überreagiert. Erst hieß es, Mund-Nasen-Schutz sei nicht wirksam, ja womöglich schädlich – weil man sich nicht traute, zu gestehen, dass es keine solche Masken gab, denn man hatte für den Fall einer Pandemie nicht vorgesorgt. Dann wurde, ohne solide Bemessungsgrundlage, der Wirtschaft und dem Alltagsleben ein Riegel vorgeschoben, obwohl die Anzahl der Erkrankten bereits rückläufig war. »Flatten the curve« lautete die Devise – es galt, die Krankenhäuser und Intensivstationen nicht zu überlasten. Die waren jedoch noch nicht einmal ausgelastet, man hatte selbst lebenswichtige Operationen verschoben, um Betten freizuhalten, die dann nicht benötigt wurden. Doch die politische Strategie blieb unverändert. Man hätte ja eingestehen müssen, dass man auf ein Risiko (eine Pandemie) nicht nur unvorbereitet, sondern sogar riskant reagiert hat.

Und so ging das Spiel weiter: Man bot dem Bürger Lockerungen an, als ob das ein Geschenk wäre, das man allerdings zurückzunehmen gedachte, wenn der Bürger sich nicht willig zeigte. Dabei half, die Angst vor einer zweiten Welle zu schüren. Sobald die Infektionszahlen hochzugehen schienen, drohte man mit Konsequenzen.

Logisch: Je mehr man testete, desto mehr fand man – das Virus oder auch nur seine Spuren.[11] Ohne zwischen (falsch) positiv Getesteten, tatsächlich Infizierten, Infektiösen und an Covid-19 Erkrankten zu unterscheiden, wurde präventiv auf die Angst der Bürger gesetzt – und zwar mit den sonst so verpönten Zahlen, die wurden nun zum täglichen Panikorchester benutzt, ohne sie jeweils einzuordnen. Was ist wichtiger, Gesundheit oder Freiheitsrechte lautete die falsche Alternative.

Das Mittel erwies sich als wirksam. Bei einer Demonstration im Sinne von »Black lives matter« auf dem Berliner Alexanderplatz im Juni 2020 wurde zwar die Bürgerrechtlerin Angelika Barbe, eine bereits ältere Dame, von Polizisten vom Platz geschleift, weil sie angeblich den Abstand nicht wahrte. Doch die Demonstranten selbst durften sich auch ohne Vermummung frei bewegen. Wochen später, am 1. August 2020, demonstrierten weit mehr Menschen gegen die Corona-Auflagen, Motto: »Tag der Freiheit« Das stieß auf weniger Gegenliebe als die Demonstration gegen das irgendwie moralisch Höherstehende. Das Denunziationskartell funktionierte tadellos: Hieß *Tag der Freiheit* nicht ein Film von Leni Riefenstahl – wir wissen doch: Der Führer schätzte sie? Na bitte. Entsprechend richtete man seine Aufmerksamkeit auf die verhältnismäßig kleine Anzahl von Spinnern, Verschwörungstheoretikern und Rechten, der normale Rest interessierte nicht.

Die Polizei beendete die Veranstaltung, weil gegen Abstandsgebot und Maskenpflicht verstoßen worden sei. Bei der moralisch »richtigen« Demonstration war sie offenbar nicht entsprechend angewiesen worden. Bis heute gibt es keine solide Auskunft darüber, ob eine oder beide Demonstrationen zu erhöhten Zahlen Infizierter geführt hat.

Man kann von einer Demonstration mit derart hohem Anspruch – »Tag der Freiheit« – halten, was man will. Doch es ist schon verblüffend, mit welcher Inbrunst man in der CDU (und in einigen Medien) schon einen Tag später laut über Versammlungs- und Demonstrationsverbote nachdachte. Wenigstens einer aus der CDU widersprach, der Bundestagsabgeordnete Arnold Vaatz, einst Bürgerrechtler in der DDR: »Ich möchte durch diesen Beitrag erreichen, dass unsere Medien und Administrationen erkennen, dass mit erodierender Glaubwürdigkeit der Kampf gegen Corona und jede kommende und möglicherweise schlimmere Seuche nicht zu gewinnen ist. Je mehr Corona herangezogen wird, um Feindbilder (...) zu pflegen, je mehr Corona-Regelverstöße mit zweierlei Maß gemessen werden – gegenüber links einerseits und gegenüber rechts andererseits –, umso mehr wird die Überzeugung wachsen, dass der Kampf gegen Corona weniger ein Ziel der Politik als ein Instrument der Politik ist. Wer dies zulässt, fördert die Seuche.«[12]

Haben die anderen das nicht oder zu gut begriffen? Eine Pandemie, die mit täglich neuen Zahlen beschworen wird, schüchtert den womöglich unmutigen Bürger ein. Dabei ist der Unmut noch nicht einmal sehr groß, sogar Radfahrer schnallen sich im Freien einen Mundschutz vor die Nase. Und wer lässt sich schon gern als »Covidiot« oder gar »Corona-Leugner« bezeichnen, nur weil er laut über die Folgen vom Lockdown für die seelische Gesundheit nachdenkt – oder sich Sorgen um den Zustand unserer Wirtschaft macht?

Unmut erzeugt womöglich eher eine Rhetorik, die gleich eine nationale Notlage beschwört, wenn sich Menschen den gesundheitspolitischen Vorgaben entziehen, weil sie die Diskrepanz zwischen staatlichen Anordnungen und erlebter sowie an Zahlen ablesbarer Gefahrenlage erkennen. »Die Bevölkerung ist nicht blöd, sie hinterfragt die Maßnahmen«, so lässt sich inmitten der Verbotsrufe ein entspannter Virologe hören. Prof. Dr. Jonas Schmidt-Chanasit ist ein weiterer Wissenschaftler, der sich weigerte, der Panik Futter zu geben, er warnte vielmehr vor einer gesellschaftlichen Spaltung und vor dem Gerede von einer zweiten Welle, die lediglich verunsichere. Mund-Nasen-Schutz sei nur dort hilfreich, wo Abstand nicht möglich sei. Die Zahlen positiver Tests solle man nicht überbewerten. Selbst im Falle einer Erkrankung gebe es mittlerweile Medikamente, die schwere Verläufe verhindern könnten. Und mit Folgeschäden müsse man auch bei anderen Infektionskrankheiten rechnen.[13]

Solch nüchterne Betrachtungen haben mittlerweile Seltenheitswert. Sie stören das Spiel mit der Angst.

Denn nein: Es geht nicht nur um die »Volksgesundheit«, natürlich geht es auch um die Macht. Wie sagte noch der Staatsrechtler Carl Schmitt? »Souverän ist, wer über den Ausnahmezustand entscheidet.« Entscheidungen in Bezug auf Covid-19 werden im Hinterzimmer getroffen, Kanzlerin und Ministerpräsidenten versammeln sich in kleiner Runde hinter verschlossenen Türen, ohne parlamentarische Beteiligung. »Seit fast einem Dreivierteljahr erlässt die Regierung in Bund, Ländern und Kommunen Verordnungen, die in einer noch nie dagewesenen Art und Weise im Nachkriegsdeutschland die Freiheiten der Menschen beschränken, ohne dass auch nur einmal ein gewähltes Parlament darüber abgestimmt hat«, monierte ein Politiker der SPD, immerhin eine der beiden Regierungsparteien.[14] Auch der Vorsitzende der Fraktion

Die Linke im Bundestag, Dietmar Bartsch, kritisierte, derart weitreichende Einschränkungen der Grundrechte könnten nicht einfach »nach Gutsherrenart« bei einer Videokonferenz getroffen werden.[15] In der Tat: Solch intime Runden sind als gesetzgeberisches Organ nicht vorgesehen. Auch Bundestagspräsident Wolfgang Schäuble, die zweite Macht im Staat, forderte mehr Beteiligung des Bundestags ein. Das gilt natürlich auch für die Landesregierungen, dort wurden die Parlamente ebenfalls nicht gefragt. Manch einer sieht sich bereits in einer »Verordnungsdemokratie«.[16]

Doch immerhin erntete die Kanzlerin in ihrem Bemühen, die Richtlinien der Corona-Politik zu bestimmen, Widerstand von den Ministerpräsidenten. Der Föderalismus führt zwar zu einer verwirrenden Zahl von sich teils widersprechenden Maßnahmen, die regelmäßig vor den Verwaltungsgerichten scheitern, was das Vertrauen in die Politik nicht gerade erhöht. Und dennoch: Das föderale System ist ein nötiges Gegengewicht gegen alle Versuche eines autoritären Durchregierens. Denn die gibt es. Der Demokratieforscher Wolfgang Merkel nennt den »Überbietungswettbewerb im Verbieten« ein »Regieren durch Angst«: »Ich kann nur sehr davor warnen, die Kräfte, die das verhindern können, das Parlament und Opposition, absichtlich oder fahrlässig zu schwächen. Und die Gerichte! Einer der stärksten und positivsten Akteure in der Corona-Krise waren bisher die Verwaltungsgerichte, die immer wieder die Regierungen zurückgepfiffen und ihre Verordnungen kassiert haben. Eine Art Ersatzopposition.«[17]

2. Wie Angst funktioniert

»German Angst« haben ausländische Beobachter die aufwallenden Hysterien insbesondere in der alten Bundesrepublik einst genannt. Jetzt ist sie wieder da und womöglich war sie selten größer. Man darf mittlerweile bezweifeln, dass das an der enormen Gefährlichkeit von Covid-19 liegt und nicht vielmehr am Umgang damit. »Was uns die Geschichte lehrt, ist, dass das Ausmaß der Zerstörung, die eine Pandemie auslöst, nicht erklärt, wie diese Pandemie von den Menschen und der Gesellschaft wahrgenommen oder erlebt wird«, sagt der britische Soziologe Frank Furedi. »Letztlich ist es die Art und Weise, wie eine Gesellschaft auf eine Katastrophe, zum Beispiel eine Grippeepidemie, reagiert, die über die langfristigen Wirkungen des Unglücks entscheidet.«[18]

Die Spanische Grippe, die zwischen 1918 und 1920 in drei Wellen wütete und die wahrscheinlich mehr Opfer kostete als der Erste Weltkrieg, wurde hingenommen, Politiker erkannten keinen Handlungsbedarf, es hätte ja auch nichts genützt. Heute ist das anders. Kein Politiker will sich vorwerfen lassen, nichts unternommen zu haben. Ausgerechnet das autoritär regierte China wurde zum Vorbild. Es galt, die Verbreitung des Virus einzudämmen, mit allen Mitteln, ungeachtet möglicher Kollateralschäden. Zuerst, um das Gesundheitssystem nicht zu überlasten. Als es sich in Deutschland als belastbar herausstellte, war auch jeder andere Grund recht. Ganz offenkundig wird dem Bürger nicht mehr zugetraut, sein eigenes Risiko einzuschätzen und sich entsprechend zu verhalten.

Wie kommt man von diesem Panikpegel wieder herunter? Ein wünschenswerter Pragmatismus scheint kaum noch möglich, er würde als Verharmlosung gedeutet. Gut, dass es jetzt einen Impfstoff zu geben scheint – nicht nur weil man Menschen mit Gesundheitsrisiken damit besser schützen kann, sondern weil man dann auch vom hohen Ross der These vom »Vorliegen einer epidemischen Lage von nationaler Tragweite« wieder herabsteigen könnte.

Nun begleitet »German Angst« die Bundesrepublik von Anbeginn. Nach dem Zweiten Weltkrieg fürchtete man, durchaus nachvollziehbar, Vergeltung für die Verbrechen unter der Nazizeit. Die Blockkonfrontation und die Koreakrise ließen die Angst vor dem nächsten Weltkrieg plausibel erscheinen, zumal jetzt die atomare Konfrontation drohte. Im Falle eines Waffengangs zwischen den USA und der Sowjetunion würde die nukleare Sprengladung beider Seiten auf deutschem Boden niedergehen, auf deutsch-deutschem, wohlgemerkt. Man fürchtete nach zwei Weltkriegen nun die endgültige Vernichtung. Als, gar gerechte, Strafe?

Die Friedensbewegung mit ihren Ostermärschen entwickelte eine enorme Dynamik. Sie wurde übrigens durchaus erfolgreich aus der DDR finanziert und instrumentalisiert, wo man seine Westspione »Kundschafter des Friedens« nannte: Frieden, das war es doch, was die Menschen wollten, West wie Ost, oder?

Heiner Geissler hatte nicht ganz Unrecht mit seinem auf die Friedensbewegung gemünzten Ausspruch, der Pazifismus der dreißiger Jahre habe Auschwitz erst ermöglicht. Er meinte das Appeasement gegenüber Hitler. Die Lehre daraus: Man muss dem Feind entgegentreten, statt ihm entgegenzukommen.[19] Doch mit einer solchen »Lehre aus der Geschichte« machte man sich damals aufs Äußerste unbeliebt. Hunderttausende waren 1981 zur Demo gegen den Natodoppelbeschluss im Bonner Hofgarten geströmt. Bis 1983 unterschrieben den

»Krefelder Appell« fünf Millionen Menschen.[20] Es gab zahl-
reiche Sitzblockaden vor der amerikanischen Militärbasis in
Mutlangen, wo die amerikanischen Pershing-Raketen statio-
niert werden sollten. »Fliegende Verbrennungsöfen« nannte
sie die prominente Theologin Dorothee Sölle, eine Rhetorik,
die vor nichts Halt machte. Auch für Auftritte von Demonstranten in der Kleidung von KZ-Häftlingen schämte man sich
nicht, es ging ja angeblich wieder um einen Holocaust, diesmal den atomaren, der nun auch »das Volk der Täter« traf.[21]
Der Historiker Dan Diner diagnostizierte eine »versteckte Be-
strafungsangst der Deutschen, als archaische Erwartungshal-
tung für einen einzutretenden drohenden Ausgleich in Form
kollektiver Vernichtung«.[22]

Angst adelte, sie passte zur neuen Subjektivität, die von der
Frauenbewegung ausging und auch den Männern Gefühle ab-
verlangte: Wer authentisch sein wollte, bekannte sich zu seiner Angst.

Wie tief die Furcht vor der Auslöschung saß, zeigte sich
noch 1991, als die USA sich bereit machten, den irakischen
Diktator Saddam Hussein an der Annexion Kuwaits zu hindern. Verängstigte Menschen demonstrierten unter der Parole
»Kein Blut für Öl« oder hängten weiße Bettlaken aus den Fens-
tern. Dabei hatte sich mit der Auflösung der Sowjetunion die
Blockkonfrontation erledigt. Doch man hatte auch eine weitere
Lehre vergessen: dass es dem Frieden abträglich ist, wenn man
einem autoritären Regime erlaubt, willkürlich Staatsgrenzen
zu verändern – wie Deutschland unter den Nazis.[23]

Doch jetzt sahen sich die Deutschen als Opfer. Selbst das
Waldsterben geriet zum »ökologischen Hiroshima«, sogar vom
»Holocaust des Waldes« war die Rede.[24] Die Havarie des russi-
schen Atomkraftwerks in Tschernobyl 1986 schließlich schien

alle Ängste auch vor der friedlichen Nutzung der Atomenergie zu bestätigen. Auf der Anti-Atom-Welle schaukelten die Grünen immer höher, alles, was sich zur Apokalypse hochrechnen ließ, vom Arten- und Bienensterben über das Ozonloch bis, endlich, zur ganz großen Klimakatastrophe, ließ sich fruchtbar machten. Seit auch die CDU unter Angela Merkel mitspielt, gehört der drohende Weltuntergang zum täglich Brot.

Und wieder ist die Rhetorik so niederschmetternd wie zuvor: »Klimaleugner« werden jene genannt, die zwar nicht das Klima leugnen, aber sehr wohl die Befunde, die herangezogen werden, um ihm eine menschengemachte Krise zu attestieren. Dass hier der Begriff »Holocaustleugner« mitschwingt, ist natürlich beabsichtigt.

Das alles trifft auf eine Gesellschaft, in der sich viele Menschen bei in Wirklichkeit abnehmendem Lebensrisiko umso verletzlicher fühlen, als Opfer von Mächten, die sie nicht kontrollieren können. Ein Virus, gar eine Pandemie, potenziert dieses Gefühl: Ausgeliefert zu sein nicht nur an die Natur, die man sich in Ermangelung wirklicher Erfahrung mit ihr als friedlich und freundlich vorstellt, sondern vor allem an andere, anscheinend harmlose Menschen, denen man ihre Gefährlichkeit nicht ansieht. Der angeblich von Menschen gemachte, katastrophale Klimawandel und die durch Menschen verbreitete Seuche: ein explosives Gemisch. *Homo hominem lupus.*

Hinzu kommt ein Trend, der in den USA schon weiter entwickelt sein mag als bei uns.[25] Es ist die Vorstellung, junge Menschen dürften sich keinen Risiken aussetzen, müssten geschützt werden vor allem, was ihre Gefühle verletzen könnte, Worte, Literatur, Anblicke. *Cancel culture* und *Deplatforming* sind zwar auch hierzulande nichts Neues – im Nachgang von 1968 an den Universitäten in den Siebzigern an der Tagesordnung –, aber heute geht es nicht mehr um Dissens und Widerspruch allein, sondern um verletzte Gefühle. Dass eine *Person of Color* sich vom Wort »Mohr« verletzt fühlen könnte, wird mittlerweile auch hierzulande vorgeschoben, um die Änderung von Straßen- und Apothekennamen zu fordern. Das Störende muss aus der Welt geschafft werden. Eine Auseinandersetzung damit ist nicht zuzumuten. Das aber stärkt die Verletzlichen nicht, genauso wenig, wie es dem Immunsystem hilft, sich auf Bedrohungen einzustellen, wenn es ihnen nicht ausgesetzt wird. Gleiches gilt auch für ein mehr oder weniger neuartiges Virus – und ganz gewiss für geistige Offenheit. Wer sich dem Risiko (des Wissens) nicht aussetzt, lernt nichts mehr, vor allem nicht die Korrektur der eigenen, gefühlsgesteuerten Wahrnehmung. Angst macht dumm – und schafft brave Untertanen.

3. Wahrheit und Wissenschaft

Steven Pinker hat ein ganzes dickleibiges Buch der Frage gewidmet, warum Menschen nicht mehr wahrzunehmen scheinen, dass es verdammt viele Gründe für vernünftigen Optimismus gibt: Fortschritt entsteht, wo man der menschlichen Vernunft vertraut, kollektive Entscheidungen auf wissenschaftliche Erkenntnisse basiert und moralische Normen nicht aus religiösen Dogmen herleitet.[26]

Das mag alles richtig sein, doch selbst die Wissenschaft ist mittlerweile moralisch und politisch kontaminiert. Wie schon im Falle der »Klimakatastrophe« stützte sich die Bundesregierung auch bei Covid-19 auf ein, zwei Fachleute und ignorierte die Kritiker, von denen es nicht wenige gab. Alles Verharmloser. Die wirkliche Wissenschaft lieferten nur jene Wissen-schaftler, die auf Kurs waren.

Auch die von Greta Thunberg angestoßene Bewegung Fridays for Future wähnt »die« Wissenschaft auf ihrer Seite, da sich eine Mehrheit darüber einig sei, dass die Erderwärmung durch Menscheneinwirkung fortschreite und dass das eine Katastrophe sei. Nun entscheidet unter Wissenschaftlern keine Abstimmung darüber, was als wahr gelten darf, sondern Wahrheitsfindung findet im Dialog statt, also in der Auseinandersetzung. Wo Widerspruch nicht geduldet wird, gibt es auch keine wissenschaftlich erwiesene Wahrheit. Politisches Handeln mag sich auf wissenschaftliche Erkenntnisse beziehen, aber sie kann der Wissenschaft nicht die Entscheidung überlassen, das ist eine genuin politische Aufgabe.

Möchte man jedenfalls meinen. Doch es regiert sich recht kommod, wenn politische Entscheidungen dank der Wissenschaft alternativlos geworden sind. In ihrer Fernsehansprache vom 16. März 2020 kündigte die Bundeskanzlerin »außerordentliche«, »einschneidende Maßnahmen« zur Eindämmung der Corona-Pandemie an: »Aber ich sage Ihnen auch ganz offen, dass der Maßstab nicht das ist, was wir glauben, was wir jetzt machen wollen, sondern der Maßstab ist, was uns die Wissenschaftlerinnen und Wissenschaftler zu dem Thema sagen.«[27] Angela Merkel hat also die Verantwortung für ihre Politik an eine höhere, vorgeblich allgemeingültige Instanz abgegeben. Das Parlament wurde zu alledem nicht groß befragt, aber das ist man dort spätestens seit der Eurorettung 2010 gewohnt. Nicht nur Frau von der Leyen bediente sich in ihrer Zeit als Verteidigungsministerin diverser, teuer bezahlter Berater, auch das Parlament hat an spezialisierte Arbeitskreise, Kommissionen und Komitees die Aufgabe übertragen, parlamentarische Entscheidungen vorzubereiten, die von den Abgeordneten dann nur noch abgenickt werden. Damit ist man seiner Verantwortung ledig – die Wissenschaft war's, nicht wir.

Paradoxerweise wird diese Verabsolutierung der Wissenschaft auf der einen von aggressiver Wissenschaftsfeindlichkeit auf der anderen Seite begleitet. Die Fortentwicklung von Atomenergie und Gentechnik ist in Deutschland erfolgreich torpediert worden, stattdessen setzt man in der Energieversorgung mit der Windkraft auf eine nachgerade mittelalterliche Technologie. Sobald Wissenschaftler jedoch die Angst vor der Apokalypse bedienen, werden sie zu Propheten, die Gläubige um sich scharen.

Auf Covid-19 wurde weltweit, natürlich nicht nur in Deutschland, mit Panik reagiert und mit dem Versuch, das Virus auszuschalten – nicht etwa, einen Modus Vivendi zu finden, wie man ihn ja auch mit der ebenfalls nicht ungefährlichen Grippe hat. Seit sich die Versprechen des Fürsorgestaats auf immer mehr Bereiche des Lebens ausgedehnt haben, scheint er sich auch für das individuelle Risiko seiner Bürger zu erkranken verantwortlich zu fühlen.

Tatsächlich sind Angst und Risikovermeidung mittlerweile bestimmende Themen. Auf allen Kanälen wird gemahnt und gewarnt, vor Lebensmitteln und Lebensweisen, vor Feinstaub und CO_2, vor Technik und Umwelt. In einer Welt, das gilt jedenfalls für die westliche Welt, in der es sich so gesund und sicher wie womöglich nie zuvor in der Menschheitsgeschichte lebt, scheint zugleich noch die kleinste Irritation Ängste auszulösen. Sicherheit hat den Status eines Grundrechts angenommen. Wer sich verletzbar fühlt, soll keinem Risiko ausgesetzt sein. Der Nannystaat, der beständig zu Risikovermeidung aufruft, zeigt damit, so der Soziologe Frank Furedi, wie wenig er seinen Bürgern zutraut: »Misstrauen und Misanthropie« prägen die öffentliche Debatte.[28]

Gerade an den Universitäten, die doch dem Austausch freier Geister dienen sollen, wird mittlerweile ausgeschaltet, was stört. In den USA hat die Wissenschaft stillzuhalten, wenn sich jemand verletzt fühlt. Axel Meyer berichtet aus Harvard: »›Title IX‹ ist eine staatliche Maßgabe an Universitäten in den USA, um Diskriminierung (ursprünglich von weiblichen Athletinnen) zu verhindern. Eigentlich eine noble Sache. Heute allerdings bedeutet verpflichtendes Title-IX-Training jedoch auch am Radcliffe Institute, dass Professoren lernen müssen, mit ›trigger warnings‹, ›micro-aggressions‹ und ›safe spaces‹ umzugehen. Dabei ist es unerheblich, ob man einen Studenten absichtlich verletzte oder beleidigte. Es kommt allein auf die Gefühle der Person an, die sich beleidigt oder verletzt fühlt. Sie hat die Deutungshoheit – und alle anderen involvierten Parteien haben sich ihr unterzuordnen.«[29] Das ist, fürwahr, Verhätscheln – »the Coddling of the American mind«, wie Jonathan Haidt und Greg Lukianoff es genannt haben –, die Infantilisierung der Gesellschaft, indem schon jungen Menschen beigebracht wird, dass Schwäche von Vorteil ist.[30] Wie sollen sie noch lernen, wenn nichts sie herausfordern darf?

Auch der Historiker Niall Ferguson beklagt ein beklemmendes Klima an amerikanischen Universitäten. »In den 1980er Jahren hieß (Diversität): Vielfalt an Ideen, Positionen, Zugängen. Heute heißt es: Diversität von Hautfarben, Geschlecht, sexuellen Präferenzen. Die neue Diversität ist das Gegenteil von echter Vielfalt. In ihrem Namen werden all jene diskriminiert, die nicht der gewünschten Weltanschauung entsprechen.«[31] Was an den Universitäten begann, ist mittlerweile Richtschnur vieler Institutionen, Verbände und Unternehmen. Schon

kleinste Verstöße gegen den neuen Sprach- und Gedankenko-
dex können zu Ausladungen von Podiumsdiskussionen führen und sogar Karrieren beenden.[32]

Der Trend geht an Deutschland nicht vorbei. Der weltweit
anerkannte israelische Militärhistoriker Martin van Creveld
konnte bereits 2012 seine Gastdozentur in Trier nicht fortfüh-
ren, weil er dem AStA der Universität missfiel. 2013 wurde der
damalige Verteidigungsminister Thomas de Maizière an einem
Vortrag an der Humboldt-Universität in Berlin gehindert. Im
Herbst 2019 ereilte Bernd Lucke, einst Mitgründer der AfD,
an der Universität Hamburg das gleiche Schicksal. Wenigstens
die Islamforscherin Susanne Schröter hatte das Glück, dass
die Präsidentin der Johann-Wolfgang-Goethe-Universität in
Frankfurt am Main sich hinter sie stellte. Und so weiter und so
fort.[33] Die Geisteswissenschaften scheinen mittlerweile fest in
der Hand intersektionaler Sektierer zu sein. Noch halten einige Historiker und Naturwissenschaftler dem Ansinnen stand,
Wissenschaft als nur ein weiteres Narrativ oder Mythos zu verstehen – wie lange noch?[34] Schon greift die Ideologie auch
nach den eher mit harten Fakten operierenden Wissenschafts-
richtungen. Der Fachbereich Geowissenschaften der Universität Münster schrieb 2020 eine Stelle für Humangeographie
aus und forderte als Qualifikation: »In ihrer/seiner bisherigen
Forschung muss sie/er durch eine Pluralität aktueller gesell-
schaftstheoretisch ausgerichteter wirtschaftsgeographischer
Ansätze exzellent ausgewiesen sein (vorzugsweise neomarxis-
tische Ansätze, postkoloniale Ansätze, feministische Ansätze,
New Materialism oder Assemblage-Ansätze).«[35] Nach Pluralität
und ergebnisoffener Wissenschaft klingt das eher nicht.

Die »Dekonstruktion« ist mittlerweile selbst dort tätig, wo
man sich früher sicher gefühlt hat. Lasst sie doch reden, die Ge-

schwätzwissenschaftler, mag sich der Normalo denken, in der Mathematik und im Maschinenbau gelten sie noch, die Naturgesetze. Doch auch die Mathematik bleibt nicht ungeschoren: »Seit Millennien feiern sich männliche Hegemonie, Chauvinismus, Männerbünde, strukturelle Gewalt, krude Rollenbilder und deren naive Reproduktion heimlich einen ab – auch in der Wissenschaft. Jetzt will das Projekt Gender Gap in Science die Disziplinen Mathematik, Informatik und Naturwissenschaften gründlich und global unter die Genderlupe nehmen«, heißt es bei der Deutschen Mathematikervereinigung.[36]

Auch an der Hochschule Hannover wird die Physik »queer«: »Entwickelt wird mit Bezug auf Queer Theory, wie sich in der Lehre physikalischer Grundlagen in der Eingangsphase eines ingenieurwissenschaftlichen Studiums gleichzeitig Kompetenzen über das Hinterfragen von Repräsentationen und Normen der Physik vermitteln lassen.«[37] In diesem Kontext schlägt der Physiker Max Metzger eine Revolution auch im Maschinenbau vor: »Das Dissertationsprojekt ›Optimierung von Radprofilen unter alten und neuen Fahrwerkstechniken und New Materialism‹ hat zum Ziel, in der Verknüpfung von gendertheoretischen Analysen und ingenieurwissenschaftlich-experimentellem Forschen den Prozess der Technikentwicklung während seiner Gestaltung zugleich theoretisch zu durchdringen und praktisch zu entwickeln. Die ingenieurwissenschaftliche Fragestellung der Arbeit untersucht die Optimierung neuer Radprofile von Schienenfahrzeugen. Offengelegt wird anhand dieses konkreten Fallbeispiels exemplarisch, welche inkorporierten kulturellen Muster und Normen von Nützlichkeit, Männlichkeit etc. zur Gestaltung von Radprofilen für den Schienenverkehr in die ingenieurwissenschaftliche Tätigkeit und darüber hinaus auch in die zu entwickelnden technologischen Artefakte (Profilformen) eingeschrieben werden.«[38] Wer denkt, das Rad sei bereits erfunden, muss feministisch umlernen.

Bezeichnenderweise beziehen sich auch die Aktivisten von Fridays for Future auf »die« Wissenschaft, obwohl Wissenschaftler sich in Sachen Klima durchaus nicht einig sind. Doch das hindert niemanden daran, ihnen Applaus zu spenden: Die Jugend engagiert sich! Wie schön. Doch wer sich noch an seine eigene Jugend erinnert, an die hemmungslose Radikalität idealistischer Gerechtigkeitsfanatiker, müsste sich fragen, ob diese Jugendvergottung noch rational ist. Dass sich gestandene Erwachsene von einer Göre wie Greta Thunberg beschimpfen lassen, um ihr dann auch noch zu applaudieren, ist schon seltsam genug. Die schuldkomplexbeladene westliche Kultur lässt sich den Vorwurf offenbar gern gefallen, das meiste, was sie hervorgebracht hat, sei das zerstörerische Produkt alter weißer Männer.

Das ist vielleicht das einzig Neue: der fehlende Widerstand der »Alten«. Der Kampf der Generationen selbst ist ja nicht neu, stets beanspruchen die Jungen die Plätze und angeblichen Privilegien der Alten. Doch die machen heutzutage geradezu unterwürfig mit bei ihrer Entwertung. Als ob sie sich nicht mehr daran erinnerten, wie kompromisslos sie selbst als Jugendliche Gerechtigkeit gefordert haben, im Selbstbewusstsein, dass nur sie wüssten, was das sei und wie es zu erreichen ist.

Dabei hatten Maos Rote Garden 1966 bewiesen, dass jugendliche Radikalität sich prächtig mobilisieren und instrumentalisieren lässt. Zehn Millionen Schüler und Studenten wurden damals in die Hauptstadt transportiert, wo sie im Rausch der Begeisterung das rote Büchlein mit Maos Sprüchen schwenkten. Der Lehrbetrieb an Universitäten und Schulen war längst eingestellt, Professoren, Lehrer, Akademiker waren ihres Lebens nicht mehr sicher. Bücher wurden verbrannt, Denkmäler geschleift, alte Bräuche und Gewohnheiten denunziert. »Wir müssen brutal sein. Denn Feinfühligkeit gegenüber dem Feind bedeutet Brutalität gegenüber der Revolution« lautete die Parole, den Klassenfeind betreffend.[39] Wie viele Opfer diese Kulturrevolution kostete, ist nicht bekannt. Von an die zwei Millionen kann man ausgehen.

Und heute wieder die Lust an der Zerstörung des kulturellen Erbes, der Säuberungsfuror, mit dem Denkmäler gestürzt und »falsches Denken« ausgetrieben werden soll. Eine Gesellschaft, die ihre eigene Kultur bereits selbst entwertet hat, hat dem nichts entgegenzusetzen.

4. Die große Transformation

Covid-19 ist ein Globetrotter, es lässt sich an nationalen Grenzen nicht aufhalten und kennt Seeweg wie Luftfahrt. Es leuchtete ein, ebenso global auf das Virus zu reagieren, also überall mit überwiegend den gleichen Maßnahmen: Abschließung und nicht nur Entschleunigung, wie manche es freudig begrüßten, sondern Vollbremsung. Staatsgrenzen konnten über Nacht wiedererrichtet werden. Mobilität, ein Schlüsselelement der Moderne, stand plötzlich zur Disposition. Mehr als 75 Prozent des weltweiten Luftverkehrs fielen aus. Der Reisende wurde zum Unheilbringer, und siehe da: Die noch kurz zuvor für unwiderruflich gehaltene Globalisierung kam zum Stillstand.

Die Anhänger einer *Global Governance*, also einer Art Weltregierung, sehen das anders. Da es auf ein global mobiles Virus nur globale Antworten geben könne, befürwortet der

Philosoph Slavoj Žižek die Schaffung »einer Art globaler Organisation, die die Wirtschaft kontrollieren und regulieren sowie bei Bedarf die Souveränität der Nationalstaaten einschränken kann«. Das Coronavirus habe dem Kommunismus wieder Auftrieb gegeben. Das praktische Beispiel für die von Žižek angestrebte politische Ordnung: China.[40]

Das ist eine der vielen Skurrilitäten des Umgangs mit Covid-19: dass sich so viele westliche Regierungen der autoritären Strategie Chinas bedienten – und das, obzwar etwa die Bundesregierung die Warnung vor dem Virus noch im Februar locker ignoriert hatte. Damals galt nicht die Verharmlosung von Covid-19 als Verschwörungstheorie, sondern die Warnung davor, wie sie Alice Weidel von der AfD am 4. März 2020 im Bundestag aussprach.[41] »Die Bevölkerung soll verunsichert und ihr Vertrauen in den Staat erschüttert werden«, meinte eine Kommentatorin vom Bayerischen Rundfunk. Natürlich von »den Rechten«.[42] Auf nichts war man vorbereitet, schon gar nicht auf eine Pandemie. Und von Mund-Nasen-Schutzmasken hielt man erst recht nichts – womöglich, weil man keine hatte. Mit benevolenter Überheblichkeit glaubte man, nicht der eigenen Bevölkerung, sondern China helfen zu müssen, und schickte im Februar 2020 zwei Mal insgesamt 14 Tonnen Material nach China, darunter Schutzanzüge und Masken, die später in deutschen Altenheimen und Krankenhäusern fehlten.[43] Ab April belieferte China die Bundesrepublik mit 25 Millionen, oft fehlerhafter Masken.[44] Kurioser geht es kaum.

Doch von China lernen heißt siegen lernen. Die Krise ist die Chance für einen neuen »großen Sprung nach vorn« (Mao Zedong). Der Begründer des Weltwirtschaftsforums in Davos, Klaus Schwab, findet, dass die alten Systeme nicht mehr zum 21. Jahrhundert passen. Jetzt sei der historische Moment gekommen, nicht nur das Virus zu bekämpfen, sondern auch das System der Post-Corona-Ära zu formen. Die Global Players der Welt planen *The Great Reset*, einen neuen »Sozialvertrag«, der die Würde jedes Menschen achtet.[45] Titel eines Buchs und Thema des im Mai 2021 in Luzern stattfindenden Treffens der Weltelite. Klingt wunderbar. Von nationalstaatlicher Souveränität, rechtsstaatlichem Handeln oder Demokratie ist da allerdings schon nicht mehr die Rede. Denn Covid-19 habe den traditionellen Kontext für Entscheidungsfindung verändert. Gefragt seien die internationalen Eliten aus Politik und Wirtschaft, die am besten wüssten, wie man Ökonomie und Gesellschaft organisiert: Kapitalismus und Sozialismus müssen verschmelzen.[46] Kurz: Man will die Welt ändern, ohne ihre Bewohner zu fragen. Es soll eben keine Krise ungenutzt verstreichen – und wenn Covid-19 vorbei ist, gibt es ja immer noch die Klimakatastrophe.

Bei den Grünen sagt man das mit wünschenswerter Klarheit. Anton Hofreiter meinte im September 2020 in der Haushaltsdebatte des Bundestags, Handlungsfähigkeit und Veränderungsbereitschaft, die »neue politische Kultur«, die sich in der Corona-Krise herausgebildet habe, brauche man nun »für die Bekämpfung der Klimakrise«.[47] Die Bürger haben die Unterwerfung gelernt, jetzt kann man die Schraube anziehen.

Noch deutlicher Altmeister Joschka Fischer: »Aber die Covid-19-Krise weist auch weit darüber hinaus und verfügt über eine viel grundsätzlichere Dimension. Rückblickend wird diese Krise im Jahr 2020 vielleicht einmal als der Beginn der ›großen Transformation‹ der globalen Industriegesellschaft hin zu einer Gesellschaft der Nachhaltigkeit und Verantwortungsübernahme der Menschen für ihr Tun bezeichnet werden, soweit sie sich in Industriegesellschaften organisieren. Wenn es gutgeht, erweist sich das Virus als ein Weckruf zur rechten Zeit.«[48] Mit anderen Worten: Wir sind gewarnt!

Doch ob sich die neuen Revolutionäre da nicht täuschen? Die Corona-Krise hat in so vieler Hinsicht nicht zu einem neuen, sondern zurück zum »alten« Normal geführt, weg vom Globalen, hin zum Regionalen oder gar Lokalen, dass ein solch revolutionärer Überschwang nicht recht glaubhaft wirkt. Gottlob, denn die Absicht ist zu spüren, und das macht verstimmt: »Indem man den Nationalstaat aushebelt, hebelt man auch das Mehrheitsprinzip aus, denn die Weltgesellschaft lässt sich nicht als Demokratie organisieren oder überhaupt als handlungsfähige Gemeinschaft, und in supranationalen Organisationen gelten bei Entscheidungen oft postdemokratische, meist recht intransparente Verfahrensregeln, wie etwa in der EU«, so der Historiker Ronald G. Asch.[49] Angestrebt wird mit der »großen Transformation« ein Imperium, das kein Staatsvolk kennt, sondern von transnationalen Eliten getragen wird.[50]

Die »Pioniere des Wandels« werden die neuen benevolenten Diktatoren sein. Wie sagte der ehemalige Bundesverfassungsrichter Udo Di Fabio? »Wenn ich in Deutschland einen Staatsstreich machen wollte, würde ich eine Corona-Pandemie erfinden.«[51] Damit funktioniert die Revolution völlig gewalt- und reibungslos.

VI.
Ausblick

Bleiben Sie, wie Sie sind: normal. Es ist völlig normal, normal zu sein. Das wertet einen selbst nicht auf und andere nicht ab.

Man misstraue jedoch all denen, die schon wieder vom Umsturz träumen – oder der »großen Transformation«. Es wird kein neues Normal geben, solange das alte Normal gilt, die menschliche Natur, die noch immer unter der mehr oder weniger zivilisierten Hülle das Sagen hat. Das heißt: Es ist noch nie gelungen, den Menschen umzuformen. Er ist kein unbeschriebenes Blatt, auf den sich einschreiben kann, wer will. Jeder Versuch, den »neuen Menschen« zu schaffen, ob unter Stalin, Mao oder Hitler, endete in der Vernichtung all jener, die sich dem neuen Normal nicht unterwerfen wollten.

Das ist eine Lehre der Geschichte, die alle Jahre wieder in Vergessenheit gerät. Längst sind sie wieder unterwegs, die Propheten des Neuen – die einen wollen die Sprache geschlechtergerecht ändern oder von Unkorrektem säubern, andere wollen die Realität dekonstruieren und das Rad neu erfinden, alles im Sinne der neuen Lehre. Die mit dem ganz großen Selbstbewusstsein schicken sich an, das Klima zu retten. Alle maßen sich das Recht an, die Welt zu verändern, ob sie will oder nicht.

Dabei zeigt jede Krise, worauf es wirklich ankommt im Leben: nicht auf die großen Theorien und Utopien, sondern auf das Handfeste und die Menschen, die dafür stehen. Menschen, die dafür verantwortlich sind, dass Lebensmittel produziert werden und dass sie beim Verbraucher auch ankommen. Die sich um Kranke kümmern und für Wärme sorgen und Licht, ob durch Holzhacken oder in der Energieversorgung. Nicht zu vergessen alle jene, die für Sicherheit (und, keine Kleinigkeit, Sauberkeit!) auf den Straßen zuständig sind oder auch bloß mit ihren Steuerzahlungen den Sozialstaat finanzieren. Am wenigsten wichtig sind die Maulhelden in den Medien – die Propagandisten der Panik, die Instrumentalisierer und Krisengewinnler, egal, ob links oder rechts.

Und was ist mit all dem, was schon seit Jahrzehnten totgesagt wird? Ehe, Familie, Nachbarschaft, Freundesbande? Lokale, regionale, nationale Grenzen? All diese Bindungen und Haltepunkte sind wieder sichtbar geworden, es gibt sie noch, auch wenn ihr Einfluss insgesamt geschwunden sein mag. Die Grenzen der Globalisierung aber traten umso deutlicher zutage. Keine globale Instanz und erst recht nicht die EU ist an die Stelle der Nationalstaaten getreten, die trafen durchweg ihre eigenen Entscheidungen. Ob eine globale Elite es besser oder gar richtig gemacht hätte?

Und siehe da: Grenzen konnte man schützen. Zugleich wurde deutlich, dass eine allzu große Abhängigkeit vom Weltmarkt schadet. Ist das schlimm? Nein. Die Wiederbesinnung aufs Eigene ist weder rückschrittlich noch gleich fremdenfeindlich, sie liegt im Wortsinn einfach nur nah.

Was ebenfalls sichtbar geworden ist: Der Trend zur Megacity ist gebrochen, die Provinz und das Landleben wurden weltweit aufgewertet. Die digitale Globalisierung lässt sich mit dem Neoruralismus durchaus verbinden. Die Krise hat gezeigt, dass für viele Berufe das Homeoffice eine gute Idee sein kann. Wird

Wohnen und Arbeiten auf diese Weise wieder zusammengeführt, auch das übrigens bis zur industriellen Revolution ein verbreitetes Normal? Wer weiß. Auch Mobilität könnte verringert bleiben, auf andere Weise, als uns die Verzichtspolitiker empfehlen. Nicht die Ferienreise muss auf Dauer entfallen, wohl aber könnte sich der Pendelverkehr zwischen Wohnort und Arbeitsplatz reduzieren – ebenso wie das Flugaufkommen wegen nationaler oder internationaler Konferenzen, weil man sich an Videokonferenzen gewöhnt hat.

Sicher wird sich auch die in Deutschland so hochgelobte Willkommenskultur verändern. Damit ist keine Rückkehr zum Uraltnormal der Fremdenangst gemeint. Das macht ja gerade die Attraktion des freien Westens aus, dass man sich nicht abschließt gegen anderes, seien es Menschen oder Erfahrungen. Doch man wird auf Dauer die Einreise auf all jene (wenigen) beschränken, denen anders beim besten Willen nicht geholfen werden kann – und auf alle, die der Gemeinschaft etwas hinzufügen, weil sie dazugehören wollen. Angesichts des wirtschaftlichen Einbruchs wird man auf Einwanderung von Menschen verzichten müssen, die unsere Kultur nicht teilen und lediglich Ansprüche ans soziale Netz stellen. Das wäre nicht egoistisch und kaltherzig, sondern, Verzeihung, nichts als normal. Multikulti ist, wie auch unsere Politiker einmal wussten, nicht nur gescheitert, sondern für den gesellschaftlichen Zusammenhalt gefährlich. Die Mehrheit der Normalen sieht Deutschland nicht lediglich als Siedlungsgebiet für alle möglichen Identitäten und Parallelgesellschaften, sondern als Ort von Menschen mit einer weitgehend gemeinsamen Vergangenheit, Kultur und Sprache.

Das verbindende Gemeinsame hat selbstredend mit Gleichheit nichts zu tun. Normal sind gleiche Rechte für alle Staatsbürger. Gleich aber sind wir nicht und wollen wir auch nicht sein. Gleichheit ist ein totalitäres Versprechen. Was unsere Bildungspolitik betrifft, so scheint sich die Forderung nach Inklusion übrigens für niemanden gelohnt zu haben: Die einen werden unterfordert, die anderen nicht gefördert.

Auch die schrille Variante des Feminismus ist allerhöchstens ein Medienspektakel, hat aber mit der Lebenswirklichkeit der meisten nichts zu tun. Wer »reaktionäre Geschlechterrollen« zu kritisieren glaubt, aber sie im Grunde zementiert, indem Männer als toxisch und tendenziell übergriffig unter Generalverdacht gestellt, während Frauen ebenso pauschal als Opfer gesehen werden, das sich nicht wehren kann, denunziert das noch immer existierende (und oft genug funktionierende) private Bündnis zwischen Männern und Frauen und dient sich dem benevolenten Nannystaat an – der wäre ja dann der einzige verbliebene Bündnispartner für die geschlechtslosen Arbeitsmonaden. Die Fortpflanzung wird man den Menschen auf anderen Kontinenten überlassen müssen.

Nein, es gibt nicht nur das Normative, die bloße Norm. Was nicht heißt, dass Menschen keine Regeln brauchen, Haltepunkte in einer unübersichtlichen Welt. Auch das ist normal.

Warum man ein ganzes Buch über das doch eigentlich Selbstverständliche schreiben muss? Gute Frage. Vielleicht aus einem ganz einfachen Grund: weil man immer mal daran erinnern muss, dass die Normalen fürs Überleben weit wichtiger sind als die Paradiesvögel, auch wenn wir auf sie ungern verzichten.

Wie sagte noch Hans Magnus Enzensberger? »Sofern die Gattung fähig ist zu überleben, wird sie ihre Fortdauer vermutlich nicht irgendwelchen Außenseitern verdanken, sondern ganz gewöhnlichen Leuten.«[1]

Dies ist ein Tusch auf den einfachen Mann.[2] Und die einfache Frau. Auf sie und auf Sie.

Dank

Ferdinand Knauß und Rudolf Westenberger haben das Manuskript gegengelesen, Markus Vahlefeld hat Anregungen gegeben, David Becker hat mir bei statistischen Fragen auf die Sprünge geholfen. Der allergrößte Dank gebührt Kristina und Jörg Drieselmann, die sich geduldig über das Manuskript gebeugt haben und Fehlern und Kurzschlüssen auf der Spur waren. Danken möchte ich auch all den anderen vielen klugen Menschen, mit denen ich in den vergangenen Jahren, auf Facebook und face to face, kommuniziert habe. Ohne sie wäre es im Jahr 2020 besonders einsam gewesen.

Last but not least: Roland Tichy, Jutta Willand-Sellner und Georg Hodolitsch zusammen mit meinem Agenten Michael Meller haben das Kind aus der Taufe gehoben.

Cora Stephan, Ilsdorf, November 2020

Anmerkungen

Prolog

1 https://www.bundestag.de/resource/blob/536708/f920fd8af-c4c784a7bdoce05801097bd/wd-8-043-17-pdf-data.pdf laut Daten-sammlung Geschlechterforschung (2017). Margherita-von-Brentano-Zentrum der Freien Universität Berlin. http://www.database.mvbz.org/database.php# (Stand: 27.11.2017)

2 https://renovatio.org/2020/03/heinz-bude-solidaritaet-als-eigen-schaft-krisenfester-gesellschaften/

3 Wolfram Eilenberger, »Willkommen in der Wirklichkeit«: https://magazin.spiegel.de/SP/2020/48/174103669/index.html

4 Paul Collier, *Exodus. Warum wir Einwanderung neu regeln müssen*, aus dem Englischen von Klaus-Dieter Schmidt, München 2014

5 https://de.wikipedia.org/wiki/Kobra-Effekt

6 David Goodhart, *The Road to Somewhere. Wie wir Arbeit, Familie und Gesellschaft neu denken müssen*. Ins Deutsche übertragen von Ulrike Strerath-Bolz, Thomas Käsbohrer und Susanne Guidera, Iffeldorf 2020

7 Steven Pinker, *Das unbeschriebene Blatt. Die moderne Leugnung der menschlichen Natur*, aus dem Amerikanischen von Hainer Kober, Frankfurt am Main 2017

8 Ebd., S. 20

9 Hilfreiche Zusammenfassung: Dieter E. Zimmer, *Ist Intelligenz erb-lich? Eine Klarstellung*, Reinbek 2012. Siehe neuerdings auch Gunnar Heinsohn, Wettkampf um die Klugen: Kompetenz, Bildung und die Wohlfahrt der Nationen, Orell Füssli 2019

10 Helmuth Plessner, Grenzen der Gemeinschaft (1924), Frankfurt am Main 2016, S. 91

11 https://www.nzz.ch/feuilleton/peter-sloterdijk-corona-zynismus-immunitaet-und-demokratie-ld.1571944

I. Was ist normal?

1   https://www.bundespraesident.de/SharedDocs/Reden/DE/Frank-Walter-Steinmeier/Reden/2020/06/200616-Gespraech-Rassismus.html

2   Axel Meyer, *Adams Apfel und Evas Erbe. Wie die Gene unser Leben bestimmen und warum Frauen anders sind als Männer*, München 2015, S. 351

3   Wie repräsentativ diese Umfrage ist, ist schwer zu beurteilen. Auffallend jedenfalls, dass die Prozentzahl von Land zu Land erheblich differiert: https://www.jetzt.de/lgbt/dalia-studie-zu-lgbt-anteil-in-der-bevoelkerung

4   Meyer, a. a. O., S. 167

5   Etwa im Sudan oder Mali, in Malawi oder Tansania: https://de.wikipedia.org/wiki/Albinismus#Diskriminierung_und_Ermordung

6   https://www.spiegel.de/gesundheit/schwangerschaft/down-syndrom-neun-von-zehn-frauen-treiben-ab-a-1138841.htm

7   Karl Kollmann, zitiert nach Georg Etscheit, »Es macht keinen rechten Spaß mehr, schwul zu sein«: https://www.achgut.com/artikel/es_macht_keinen_rechten_spass_mehr_schwul_zu_sein. »Das war immer das Problem der Homo-Aktivisten: Sie wollten nicht Respekt oder Toleranz, was ja nur so viel heißt, wie etwas auszuhalten, was einem nicht schmeckt, sondern Liebe! Welche Hybris!«

8   https://www.faz.net/aktuell/feuilleton/nach-dem-votum-ist-das-wirklich-noch-dasselbe-irland-13620807-p2.html

9   https://de.statista.com/statistik/daten/studie/166858/umfrage/ethnien-in-den-usa/

10 https://www.horizont.net/marketing/nachrichten/boris-palmer-loest-debatte-aus-werbekampagne-der-deutschen-bahn-wird-zum-politikum-174415

11 https://www.gruene.de/aktionen/den-begriff-rasse-aus-dem-grund-gesetz-streichen

12 https://www.bundestag.de/parlament/aufgaben/rechtsgrundlagen/grundgesetz/gg_01-245122, Artikel 3

13 https://www.welt.de/kultur/plus209419763/Alain-Finkielkraut-Beim-Antirassismus-geht-es-leider-nicht-mehr-um-Gleichheit.html

14 Andreas Vonderach, *Die Rekonstruktion der Rasse. Sozialwissenschaften gegen die Biologie*, Graz 2020, S. 12. Siehe hingegen https://zeitung.faz.net/faz/politik/2020-11-30/280804d910ebd1557a54fdf498746c93/?GEPC=s9

15 Ebd., S. 24

16 »Die Wahrheit ist, dass Mozart, Pascal, Boolesche Algebra, Shakespeare, parlamentarische Regierungsform, Barockkirchen, Newton, die Emanzipation der Frauen, Kant, Marx und die Ballette Balanchines nicht wiedergutmachen, was diese besondere Zivilisation über die Welt gebracht hat. Die weiße Rasse ist der Krebs der Menschheitsgeschichte.« (»The truth is that Mozart, Pascal, Boolean Algebra, Shakespeare, parliamentary government, baroque churches, Newton, the emancipation of women, Kant, Marx, and Balanchine ballets don't redeem what this particular civilization has wrought upon the world. The white race is the cancer of human history.«) https://de.wikiquote.org/wiki/Susan_Sontag

17 Vonderach, a. a. O., S. 45 ff., https://www.profil.at/home/merkmal-menschen-unterschiede-rassen-ethnien-menschengruppen-229114. Siehe hingegen https://zeitung.faz.net/faz/politik/2020-11-30/280804d910ebd1557a54fdf498746c93/?GEPC=s9

18 Ebd, S. 56

19 Glenn Loury: »Weil man größte Distanz sucht zu solch offenem Rassismus, weicht man Debatten wie jener über schwarze Kriminalität aus. Weil Rassisten sagen, schwarze Kriminalität ist furchtbar, fürchten wir uns, das Thema überhaupt anzusprechen und einzugestehen, dass es ein Problem ist. Man hat beispielsweise auch Angst zu sagen, Polizisten fürchteten junge schwarze Männer, weil diese zu oft bewaffnet seien und auch bereit, die Waffen zu benutzen. Man hat Angst, weil das genau die Dinge sind, die auch weiße Chauvinisten sagen. Dann schweigt man halt lieber.« https://www.nzz.ch/international/proteste-in-den-usa-der-rassismus-erklaert-nicht-was-passiert-ld.1559746.

20 Vgl. auch Sandra Kostner über die »Läuterungsentrepreneure«, in: *Tichys Einblick*, 9/2020, S. 29

21 https://de.wikipedia.org/wiki/Strukturelle_Gewalt

22 Markus Vahlefeld, *Mal eben kurz die Welt retten. Die Deutschen zwischen Größenwahn und Selbstverleugnung*, Köln 2017, S. 105

23 Ebd., S. 119; https://www.facebook.com/JakobAugstein/posts/1098 751453503115:0

24 https://www.dailymail.co.uk/news/article-8460059/Cambridge-University-backs-academic-tweeted-White-Lives-Dont-Matter.html; https://www.theguardian.com/education/2020/jun/25/abolish-whiteness-academic-calls-for-cambridge-support

25 https://www.tagesspiegel.de/politik/messerangriff-auf-henriette-reker-pegida-hat-in-koeln-mitgestochen/12463410.html. Auch ich wurde im Übrigen dessen beschuldigt. Dazu https://www.nzz.ch/feuilleton/aktuell/kritik-ist-keine-hetze-ueber-einen-unterschieden-den-staatstragende-intellektuelle-immer-oefter-ignorieren-ld.13337

26 Hans Magnus Enzensberger, »Verteidigung der Normalität«, *Kursbuch Nr. 68*, hier zitiert nach der *Zeit*: https://www.zeit.de/1982/22/verteidugung-der-normalitaet/komplettansicht

27 Hans Kollhoff, Architektur, Sein und Wirklichkeit, Springe 2014

28 https://www.zeit.de/2013/20/normalitaet-normen-und-grenzen

29 Enzensberger, a. a. O.

30 https://www.welt.de/politik/deutschland/article146582999/Das-ist-der-Masterplan-zur-Integration-der-Fluechtlinge.html

31 Gerhard Schulze, Krisen: Das Alarmdilemma, Frankfurt am Main, 2011, Pos. 482

32 http://www.dernewsticker.de/news.php?id=393017; https://de.statista.com/statistik/daten/studie/1120925/umfrage/umfrage-in-deutschland-zur-relevanz-von-geschlechtergerechter-sprache/

33 Nassim Nicholas Taleb, *Der Intoleranteste gewinnt. Die Tyrannei der kleinen Minderheit*, sowie *Skin in the Game. Hidden Asymmetrie in Daily Life*, New York 2018, S. 69ff.

34 »So, we need to be more intolerant with *some* intolerant minorities (...) The West is currently in the process of committing suicide.« Ebd., S. 86

35 https://de.statista.com/statistik/daten/studie/76211/umfrage/schei-dungsquote-von-1960-bis-2008/

36 Mark Lilla, »The End of Identity Liberalism«, *NYT*, 18.11.2016

37 Mark Lilla, *The once and future Liberal. After Identity Politics*, New York 2017, S. 9

38 https://en.wikipedia.org/wiki/Basket_of_deplorables

39 Cora Stephan: Der grosse Lümmel. NZZ, 24. November 2016, https://www.nzz.ch/feuilleton/zeitgeschehen/neue-volksverach-tung-der-grosse-luemmel-ld.130269

40 David Goodhart, *The Road to Somewhere*, a. a. O.

41 https://de.statista.com/statistik/daten/studie/167555/umfrage/frau-enanteil-in-verschiedenen-berufsgruppen-in-deutschland/

42 Ferdinand Knauß, http://www.brainlogs.de/blogs/blog/geschlechts-verwirrung/2011-02-26/das-taboo-der-gender-theorie-geisteswissen-schaftliche-geschlechterforschung-und-die-biologie

II. Krieg der Geschlechter

1 https://www.emma.de/artikel/68erinnen-sauer-auf-die-genos-sen-335715

2 https://de.wikipedia.org/wiki/Kontroverse_um_den_Bildungs-plan_2015_(Baden-Württemberg)

3 »Ich mach's mit Hose runter«: https://www.tagesspiegel.de/ber-lin/nervige-kondomwerbung-ich-machs-nicht-mehr-mit/12490978.html

4 http://www.tagesspiegel.de/berlin/queerspiegel/gender-debatte-ber-lin-gruene-planen-unisex-wcs-in-berliner-behoerden/19201512.html

5 https://taz.de/Unisex-Toiletten-in-Berlin-und-anderswo/!5520390/

6 https://www.tagesspiegel.de/gesellschaft/queerspiegel/anfrage-von-corinna-herold-afd-will-homosexuelle-in-thueringen-zaehlen-las-sen/12438312.html

7 https://www.hannover.de/Leben-in-der-Region-Hannover/Verwaltungen-Kommunen/Die-Verwaltung-der-Landeshauptstadt-Hannover/Gleichstellungsbeauf%C2%ADtragte-der-Landeshaupt-

stadt-Hannover/Aktuelles/Neue-Regelung-für-geschlechtergerechte-Sprache

8   https://www.parlament-berlin.de/ados/18/IIIPlen/vorgang/d18-3015.pdf?fbclid=IwAR1pGEgGHo1dIDVgb17wvbuKSHt-31kH8yOEPNKrEZl_vhohv8BN7fE

9   Heike Schmoll, »Grüne-rote Pädagogik. Der Gesinnungslehrplan«, *FAZ*, 23.1.2014

10   https://taz.de/Toilette-fuer-Trans--und-Intermenschen/!5572573/

11   https://www.zeit.de/2019/20/drittes-geschlecht-intersexualitaet-gender-gleichberechtigung-personenstandsrecht

12   https://www.queer.de/detail.php?article_id=36572

13   Nassim Nicholas Taleb, *Skin in the Game*, a. a. O., S. 71 ff.

14   Carlo Strenger, *Zivilisierte Verachtung – Eine Anleitung zur Verteidigung unserer Freiheit*, Berlin 2015, S. 20

15   https://www.nzz.ch/feuilleton/gendergerechte-sprache-die-diskussion-ist-politisch-vergiftet-ld.1567211

16   https://www.bmjv.de/SharedDocs/Downloads/DE/Ministerium/AbteilungenReferate/IVA6_42GGO.pdf?__blob=publicationFile&v=4

17   https://www.bluewin.ch/de/news/vermischtes/angebliche-transgender-frau-vergreift-sich-an-mitgefangenen-158880.html; https://www.stern.de/panorama/transgender-im-gefaengnis--transfrau-muss-zurueck-ins-maennergefaengnis-8737616.html

18   Zitiert nach Douglas Murray, *Wahnsinn der Massen. Wie Meinungsmache und Hysterie unsere Gesellschaft vergiften*, München 2019, S. 274

19   Ebd., S. 278

20   Ebd., S. 276

21   https://www.independent.co.uk/news/people/julie-burchill-caitlyn-jenner-article-draws-criticism-after-journalist-brands-the-former-athlete-a-10304587.html

22   https://www.die-tagespost.de/gesellschaft/feuilleton/LGBT-ohne-T-Feministinnen-wehren-sich-gegen-Transgender;art310,206945

23   »Ich bin sicher, es gab einmal ein Wort für solche Leute. Wie war das noch gleich?«: https://www.independent.co.uk/life-style/jk-rowling-tweet-women-menstruate-people-transphobia-twitter-a9552866.html

24 https://www.faz.net/aktuell/feuilleton/debatten/j-k-rowling-legt-im-streit-um-transgender-vorstellungen-nach-16810240.html

25 »In December (Navratilova) was criticized after tweeting: ›You can't just proclaim yourself a female and be able to compete against women. There must be some standards, and having a penis and competing as a woman would not fit that standard.‹
Those comments led to her becoming embroiled in an online argument with cyclist Rachel McKinnon, the first transgender woman to win a world track cycling title in October 2018.« https://edition.cnn.com/2019/02/20/tennis/martina-navratilova-dropped-lgbt-group-scli-spt-intl/index.html

26 Sehr genau analysiert bei Axel Meyer, a. a. O., S. 166 ff.

27 https://www.bbc.com/news/health-51676020

28 https://www.youtube.com/watch?v=2hRFvAg54hg

29 https://www.emma.de/artikel/sam-nele-ellie-geboren-als-frauen-ge-lebt-als-maenner-heute-wieder-frauen-337551

30 Ebd., siehe auch: https://en.wikipedia.org/wiki/James_Shupe

31 https://www.theguardian.com/commentisfree/2020/sep/30/feminists-anti-trans-idea-sex-gender-oppression?fbclid=IwAROmmuw_JxkVF8zddipb7q-3sEcxUb2RgNz8UQYOIQo1Epmq8utKFzCKqpQ

32 Von 883 auf 1816: https://de.statista.com/statistik/daten/studie/272600/umfrage/anzahl-von-operationen-fuer-geschlechtsumwandlungen-in-deutschland/

33 https://daserste.ndr.de/panorama/archiv/2017/Joerg-Kachelmann-Verurteilt-trotz-Freispruch,kachelmann228.html

34 Cora Stephan, »Männer haben ihr Elend selbst heraufbeschworen«, in: Die Tagespost, 13. September 2020, https://www.die-tagespost.de/gesellschaft/kultur/maenner-haben-ihr-elend-selbst-heraufbeschworen;art4881,211799

35 Mabel A. Elliott, Francis E. Merrill, »Der romantische Fehlschluss« (1935), in: *Soziologie der Liebe: Romantische Beziehungen in theoretischer Perspektive*, hrsg. von Barbara Kühler und Stephan Beher, Frankfurt am Main 2014, S. 338–363

36 https://www.ndr.de/kultur/buch/Gustave-Flaubert-Madame-Bovary,weltliteratur196.html

37 Mabel A. Elliott, Francis E. Merrill, a. a. O.

38 https://gottwein.de/Lat/tac/Germ16.php

39 1. Kor 7,1, 7,2; Georges Duby, *Die Frau ohne Stimme. Liebe und Ehe im Mittelalter*, Frankfurt am Main 1993, S. 62, ders., *Ritter, Frau und Priester*, Frankfurt 1985, S. 32 ff.

40 Georges Duby, Ritter, Frau und Priester, ebd.

41 Jack Goody, *Geschichte der Familie*, aus dem Englischen von Holger Fliessbach, München 2002

42 Ebd., S. 62 ff.

43 https://www.jonathanrauch.com/jrauch_articles/gay_marriage_1_ the_case_for_marriage/

44 https://www.deutschlandfunk.de/scholz.694.de.html?dram:article_ id=60153

45 https://www.spiegel.de/lebenundlernen/uni/zitat-des-tages-vater-staat-mutter-renate-und-das-liebesgedoens-a-221579.html

46 https://www.handelsblatt.com/politik/deutschland/steuervorteil-oekonomen-fordern-reform-des-ehegattensplittings/26249408. html?ticket=ST-1886607-3UmXCee1YNBK2aCwj3UR-ap2

47 https://www.welt.de/finanzen/plus211019993/Partnerschaft-Das-Modell-Ehe-ist-tot-zumindest-finanziell.html

48 Markus Vahlefeld, *Macht hoch die Tür. Das System Merkel und die Spaltung Deutschlands*, Köln 2018, S. 64

49 Wolfgang Streeck, »Volksheim oder Shopping-Mall? Die Reproduktion der Gesellschaft im Dreieck von Markt, Sozialstruktur und Politik«, Vortrag im Rahmen der Frankfurter Positionen 2010, 14.7. 2010.

50 Ebd.

51 Der folgende Text über die Hausfrau basiert auf einem Essay für die *Weltwoche* vom 30.3.2016

52 https://www.welt.de/vermischtes/article207705405/Anne-Will-Frauen-werden-eine-entsetzliche-Retraditionalisierung-erfahren. html. Der Anteil von Frauen an Führungspositionen ist tatsächlich gesunken: Zum Stichtag per 1.9.2020 saßen in den 30 Dax-Konzernen 23 Managerinnen im Vorstand. Im Vorjahr waren es noch 29 Frauen. Der Anteil weiblicher Führungskräfte im Vorstand sank damit von 14,7 auf 12,8 Prozent, so eine aktuelle Untersuchung der gemeinnützigen AllBright-Stiftung, die sich für mehr Frau-

en und Diversität in den Führungspositionen der Wirtschaft einsetzt. https://www.rnd.de/wirtschaft/dax-konzerne-machen-ruck schritte-bei-der-frauenquote-in-toppositionen-YM45E2GDBB-DFHCV25WRUO4VV6Y.html

53 Barbara Sichtermann im Deutschlandfunk am 31.5.2020: https://www.deutschlandfunk.de/natur-kultur-geschlecht-feminismus-und-die-kleinen.1184.de.html?dram:article_id=477746

54 David Goodhart, a. a. O., S. 267

55 Ebd., S. 269

56 Nach Philipp Krohn, »Krise und Geschlecht«, *FAZ*. Jutta Allmendinger: https://www.zeit.de/gesellschaft/zeitgeschehen/2020-05/familie-corona-krise-frauen-rollenverteilung-rueckentwicklung

57 https://www.focus.de/finanzen/boerse/wirtschaftsticker/corona-krise-giffey-sieht-rueckfall-in-traditionelle-rollenbilder_id_11959137.html

58 https://www.die-tagespost.de/gesellschaft/feuilleton/Tradwives-Zurueck-an-den-Herd;art310,205708

59 https://www.tagesspiegel.de/berlin/sado-maso-fest-wowereit-verteidigt-eroeffnungsrede/638624.html

60 https://www.independent.ie/life/family/parenting/are-career-women-secretly-envious-when-a-tradwife-drops-out-of-the-rat-race-38895780.html

61 *Süddeutsche Zeitung*, 27.7.2020: https://www.sueddeutsche.de/kultur/corona-familie-stress-1.4980091. Knapp die Hälfte? Kommt darauf an, wie man Familie definiert. Zahlen hier: https://www.bpb.de/nachschlagen/zahlen-und-fakten/soziale-situation-in-deutschland/61587/haushalte-nach-zahl-der-personen?fbclid=IwAR2Esq7ApdH54GSrlJdKWop8QTs6qvS2PVghWIqCzX_sosUcdCF_ZK9eh9o

62 Raymond Unger, *Die Wiedergutmacher. Das Nachkriegstrauma und die Flüchtlingsdebatte*, Berlin 2018, S. 354

63 Michel Houellebecq, *Unterwerfung*, aus dem Französischen von Norma Passau und Bernd Wilczek, Köln 2015, S. 130

64 Susan Pinker, *Das Geschlechterparadox. Über begabte Mädchen, schwierige Jungs und den wahren Unterschied zwischen Männern und Frauen*, aus dem Englischen von Maren Klostermann, München 2018

65 Susan Pinker, a. a. O., S. 93

66 https://de.statista.com/statistik/daten/studie/38796/umfrage/teil-zeitquote-von-maennern-und-frauen-mit-kindern/

67 https://www.faz.net/aktuell/wirtschaft/gender-pay-gap-studie-von-uber-warum-maenner-mehr-verdienen-15437110.html

68 https://www.zeit.de/2020/48/frauenquote-gleichberechtigung-fu-ehrungspostionen-karriere-gender-pay-gap/komplettansicht

69 https://www.arbeitsagentur.de/news/news-frauen-in-fuehrungspo-sitionen-studie-2019

70 https://katarina-barley.de/freiheit-gleichheit-paritaet-plaedoyer-fuer-eine-wahlrechtsreform/

71 https://verfassungsblog.de/parite-gesetz-in-brandenburg-kein-sieg-fuer-die-demokratie/

72 Stand Juli 2019. Der Frauenanteil liegt bei 31,2 Prozent, 2013 be-trug er noch 37,3 Prozent. Anteil von Frauen in den Parteien: https://de.statista.com/statistik/daten/studie/192247/umfrage/frauenan-teil-in-den-politischen-parteien/

73 https://www.faz.net/aktuell/politik/inland/afd-klage-verfassungsge-richt-kippt-paritaetsgesetz-in-thueringen-16861684.html?printPage-dArticle=true#pageIndex_2

74 https://www.rnd.de/politik/brandenburger-paritatsgesetz-ge-kippt-frauenpolitikerinnen-enttauscht-7S727ZDEXBEM-XMNWAJN364LNW4.html

75 https://www.publicomag.com/2020/05/gender-kernschmelze-in-coronazeiten/

76 Barbara Sichtermann im Deutschlandfunk am 31.5.2020, a. a. O.

77 https://www.forschung-und-lehre.de/politik/mehr-als-80-prozent-akademiker-im-bundestag-1861/

78 https://www.welt.de/wirtschaft/article211595591/Bevoelkerungs-Studie-Vaeter-leisten-deutlich-mehr-Familienarbeit-als-vor-der-Kri-se.html

79 https://de.wikipedia.org/wiki/Sibel_Schick

80 Jörg Altwegg, »Die antikulturelle französische Revolution«, *FAZ*, 2. 11. 2020: https://www.faz.net/aktuell/feuilleton/debatten/terror-und-se paratismus-die-antikulturelle-franzoesische-revolution-17030633. html

81 Gewiss, die Toten können ja nicht mehr leiden. Hillary Clinton: »Women have always been the primary victims of war. Women lose their husbands, their fathers, their sons in combat«: https://at.wikimannia.org/Hillary_Clinton

82 Samuel Schirmbeck, »Sie hassen uns«, *FAZ*, 11.1.2015: https://www.faz.net/aktuell/politik/inland/gastbeitrag-von-samuel-schirmbeck-zum-muslimischen-frauenbild-14007010.html

83 https://www.bundeswehr.de/de/ueber-die-bundeswehr/selbstverstaendnis-bundeswehr/chancengerechtigkeit-bundeswehr/frauen-bundeswehr

84 https://www.welt.de/wirtschaft/article158797214/Warum-die-Bundeswehr-jetzt-Umstandsmode-und-Pumps-bestellt.html

85 https://www.faz.net/aktuell/ursula-von-der-leyen-gorch-dock-16021524.html

86 In einem Brief an die Verteidigungsministerin vom 25.7.2020, https://www.businessinsider.de/politik/deutschland/ksk-soldat-elitetruppe-kritik-akk-politik-demokratie-rechtsextremismus-anonymer-brief/

87 https://www.spiegel.de/spiegel/print/d-13513440.html.   Thomas Ebermann: „Irgendwann kam Otto Schily auf die Idee, dass auch die Grünen Befürworter des staatlichen Gewaltmonopols sein müssten. Dann haben wir Linken die Abwehrpapiere geschrieben." https://www.freitag.de/autoren/der-freitag/last-der-skrupel-lust-der-macht

88 »58 und antifa«: https://www.welt.de/politik/deutschland/article208750999/Disput-auf-Twitter-Esken-zaehlt-sich-zur-Antifa.html

89 https://www.ardmediathek.de/ard/video/kontraste-kontraste-vom-06-08-2020/das-erste/Y3JpZDovL3JiYi1vbmxpbmUuZGU-va29udHJhc3RlLzIwMjAtMDgtMDZUMjI6MDU6MDBfOW-QoMWU5OWQtNGYwMCooZjc5LTgzYTgtNWFlMjEyMDNi-ODlmL3dpZFSiyb3Qtcm90LWdydWVuLWRpZSSiwb2xpem-Fic2JyZWIzdA/

90 Prof. Dr. Dorothee Dienstbühl, »Verstörende Menschenbilder«, in: *Deutsche Polizei*, Heft 7/2020, S. 10

91 Die rheinland-pfälzische Ministerpräsidentin Malu Dreyer (SPD): https://www.focus.de/politik/deutschland/ich-glaube-ich-spinne-dreyer-fordert-deeskalation-durch-polizei-und-kassiert-heftige-antworten-von-cdu-leuten_id_12249421.html

III. Heimat

1   https://www.zeit.de/2018/19/horst-seehofer-heimat-begriff-afd

2   Karl Marx und Friedrich Engels, *Das kommunistische Manifest*: https://www.projekt-gutenberg.org/marx/manifest/manifest.l

3   Gustav Seibt in der *Süddeutschen Zeitung* vom 2.1.2018: https://www.sueddeutsche.de/kultur/sz-serie-was-ist-heimat-ein-gutes-gefuehl-1.3802786

4   Sara Rukaj, »Die Moral der Diskurswächter«, *FAZ* vom 27.4.2020, www.faz.net/-gyl-9ywe3

5   Jan Freyn, »Die digitalen linken Spießer«, *Die Zeit* vom 18.7.2020

6   So der Titel von *Kursbuch 198*

7   Robert Habeck, *Patriotismus. Ein linkes Plädoyer*, Gütersloh 2010, http://www.ciando.com/ebook/bid-40724-patriotismus-ein-linkes-pl-doyer/leseprobe/

8   Werner Bätzing, *Das Landleben. Geschichte und Zukunft einer gefährdeten Lebensform*, München 2020, S. 172

9   Ebd., S. 166

10 Henning Sußebach, *Deutschland ab vom Wege*, Reinbek 2017

11 Robert Misik, »Woher kommst du? Heimat zwischen politischer Aufladung und gefühligem Selbstverständnis«, in: *Kursbuch 198*, 2019, S. 160

12 Fatma Aydemir, Hengameh Yaghoobifarah (Hrsg.), *Eure Heimat ist unser Albtraum*, Berlin 2019

13 https://www.sueddeutsche.de/politik/praesidentschaftswahl-unter-erdogan-wie-tuerkeistaemmige-in-deutschland-waehlen-1.4022236

14 Von ca. 300 000 1968/69 bis heute 2 897 300: https://www.bpb.de/gesellschaft/bildung/zukunft-bildung/190350/wachsender-studentenberg-entwicklung-der-studierendenzahlen-in-deutschland

15 https://www.bachelor-studium.net/beliebteste-studiengaenge

16 Ross Douthat: »Wouldn't it come as a relief, in some way, if it turned out that the whole ›exhausting 'Alice in Wonderland' Red Queen Race of full-time meritocratic achievement‹, in the words of a pseudonymous critic, was nothing more than a manifestation of the very white supremacy that you, as a good liberal, are obliged to dismantle

and oppose? If all the testing, all the ›delayed gratification‹ and ›perfectionism‹, was, after all, just itself a form of racism, and in easing up, chilling out, just *relaxing* a little bit, you can improve your life and your kid's life and, happily, strike an anti-racist blow as well?«: https://www.nytimes.com/2020/07/18/opinion/sunday/white-fragility-meritocracy.html?fbclid=IwAR2YnCYe51vGoo7QU1XoJsC8H-BYmPFhDw_PsETvHoffv9gKV3i323n2m7CA

17   Misik, a. a. O., S. 162

18   https://www.spiegel.de/spiegel/spiegelspecial/d-26766664.html

19   Jan Freyn, a. a. O.

20   https://www.youtube.com/watch?v=2pcE9nLqE2Y

21   Hans Kollhoff, a. a. O., S. 47, 42, 43

22   Gustav Seibt, »Jenseits des Aufrechnens. Die Deutschen, der Luftkrieg und die Vertreibung«, *Süddeutsche Zeitung* vom 26.2.2007, zitiert nach Andreas Kossert, *Kalte Heimat. Die Geschichte der deutschen Vertriebenen nach 1945*, München 2008, S. 14

23   https://www.welt.de/politik/ausland/plus209403273/Paris-Warum-die-Franzosen-aus-ihrer-Hauptstadt-fluechten.html

24   Katharina Bracher, »Kommt jetzt die große Stadtflucht?«, *NZZ am Sonntag* vom 30.5.2020

25   Joel Kotkin, Megastädte haben ausgedient, https://rotary.de/gesellschaft/megastaedte-haben-ausgedient-a-16657.html

26   In aller Vorsicht formuliert. Stand November 2020 liegen noch immer keine verlässlichen Daten vor

27   https://www.derstandard.de/story/2000117074045/kommt-jetzt-die-grosse-flucht-aufs-land

28   https://www.nzz.ch/wirtschaft/wie-veraendert-das-coronavirus-unsere-metropolen-nzz-global-risk-ld.1564348

29   Ebd., 40 Prozent hätten sich im Mai 2020 für eine Wohnung im idyllischen Portsmouth interessiert, 80 km vor den Toren Londons, während die Nachfrage für Immobilien in London um 10 Prozent gesunken sei

30   Joel Kotkin, ebd.

31   Annette Heinisch: https://www.achgut.com/artikel/wohnen_die_grossstadtblase_platzt_und_die_gruenen_gleich_mit

32 Cora Stephan, Brav sein hilft nicht, in: Die Tagespost, 5. November 2020, https://www.die-tagespost.de/gesellschaft/feuilleton/brav-sein-hilft-nicht;art310,213371

33 Bätzing, a. a. O., S. 155 ff.

34 Ebd., S. 165

35 Ebd., S. 211

36 https://www.topagrar.com/panorama/news/kuenast-macht-land-wirtschaft-fuer-corona-pandemie-verantwortlich-12076556.html

37 Monika Gruber und Andreas Hock, Und erlöse uns von den Blöden: Vom Menschenverstand in hysterischen Zeiten, München 2020

38 *Comparative Population Studies – Zeitschrift für Bevölkerungswissenschaft*, Jg. 38, 2 (2013), S. 263–290 (Erstveröffentlichung: 6.6.2013)

39 https://de.statista.com/statistik/daten/studie/155734/umfrage/wohneigentumsquoten-in-europa/

40 *Kursbuch 198*, S. 173

41 https://www.petrareski.com/reportagen/wie-ich-die-heimat-fand/

42 Andreas Kossert, *Kalte Heimat*, a. a. O., S. 16

43 Petra Reski, *Ein Land so weit*, Berlin 2004, S. 26

44 Siehe dazu: Raymond Unger, *Die Wiedergutmacher*. a. a. O.

45 *Kursbuch 198*, S. 181

46 Vojin Saša Vukadinović, »Die neue Identitätspolitik will vor allem zerstören«: https://www.welt.de/politik/ausland/plus210255925/Die-neue-Identitaetspolitik-will-vor-allem-zerstoeren.html?cid=social media.facebook.shared.web

47 Armin Nassehi, https://www.bpb.de/gesellschaft/bildung/kulturelle-bildung/273516/perspektiven-auf-die-identitaetsthematik

48 https://de.wikipedia.org/wiki/Aydan_%C3%96zo%C4%9Fuz#Positionen_und_Reaktionen_darauf

49 https://www.sibler.de/trans_1_4_1102_Dr-Florian-Herrmann-Eine-Bundestagsvizepraesidentin-darf-nicht-bei-Parolen-wie-Deutschland-Du-mieses-Stueck-Scheisse-mitmarschieren.html

50 Maria-Sibylla Lotter, »Wissenschaft wird zum Wiedergutmachungsprojekt«: https://www.nzz.ch/feuilleton/wissenschaft-wird-zum-wiedergutmachungsprojekt-ld.1561543

51 Interview in *Die Welt* vom 20.7.2020, https://www.welt.de/kultur/plus211570239/Steven-Pinker-Der-Opferstatus-dient-als-Vorwand-fuer-Macht.html

52 Credit suisse, *Global wealth report 2019*: https://www.credit-suisse.com/about-us/en/reports-research/global-wealth-report.html

53 Walter Krämer, *Kalte Enteignung. Wie die Euro-Rettung uns um Wohlstand und Renten bringt*, Frankfurt am Main 2013, S. 93

54 Daniel Stelter, Das Märchen vom reichen Land. Wie die Politik uns ruiniert, München 2018. Kritik daran von Bastian Brauns, »Armes Deutschland!«, *Cicero* 09, September 2020

55 https://www.dw.com/de/china-stärkt-seine-patent-muskeln/a-42858099

56 https://www.aerzteblatt.de/archiv/210688/Lieferengpaesse-bei-Arzneimitteln-Ein-Missstand-der-nicht-mehr-hinnehmbar-ist

57 Ralf Schuler, *Lasst uns Populisten sein. Zehn Thesen für eine neue Streitkultur*, Freiburg 2019, S. 195

58 Ebd., S. 131

59 Paul Collier, *Exodus*. a. a. O., S. 253

60 Goodhart, a. a. O., S. 156

61 Zitiert ebd., S. 160

62 https://de.statista.com/infografik/17436/ausgaben-im-bundeshaushalt-2020-nach-ministerien/

63 Collier, a. a. O., S. 258

64 Zitiert bei Dominik Geppert, *Ein Europa, das es nicht gibt. Die fatale Sprengkraft des Euro*, Berlin 2013, S. 36

65 https://www.zeit.de/sport/2012-08/hymne-fussball-deutschland-nationalmannschaft/seite-2

IV. Das Eigene und das Fremde

1 Pascal Bruckner, *Der Schuldkomplex. Vom Nutzen und Nachteil der Geschichte für Europa*, aus dem Französischen von Michael Bayer, München 2008

2 So lesenswert wie Hoffnung spendend: Steven Pinker, *Enlightenment now. The case for reason, science, humanism and progress*, New York 2019

3 Bruckner, a. a. O., S. 42

4 Arthur M. Schlesinger jr., Die Spaltung Amerikas. Überlegungen zu einer multikulturellen Gesellschaft, aus dem Amerikanischen von Paul Nellen, ibidem Verlag 2020, S. 142

5 Bruckner, a. a. O., S. 47

6 https://www.publicomag.com/2019/07/klima-und-medien-schlimm-wie-nie/

7 https://www.welt.de/kultur/article118718883/Warum-die-Weissen-nach-Afrika-zurueckkommen-sollen.html?fbclid=IwAR240uDyC-PebgcRWZDwJiliJwcPXwJkFnCXwbF1JDhjCGQeZYTXMW4ePjZA

8 https://www.zeit.de/2007/01/EWP-Shikwati. Siehe aktuell das sehr informative Afrika-Dossier des ehemaligen Botschafters Volker Seitz, https://www.achgut.com/artikel/afrika_dossier_60_jahre_un-abhaengigkeit

9 https://www.cicero.de/kultur/rassismus-debatte-im-netz-hass-rede-taz-deutsche-dreckskultur

10 Joseph Henrich, *The WEIRDest People in the World. How the West Became Psychologically Peculiar and Particularly Prosperous*, New York 2020

11 https://www.sueddeutsche.de/politik/zitate-von-helmut-schmidt-wer-eine-vision-hat-der-soll-zum-arzt-gehen-1.2729860

12 Bei Anne Will am 30.10.2000

13 https://www.handelsblatt.com/politik/deutschland/horst-seehofer-multikulti-ist-tot/3563806.html?ticket=ST-737085-KpWcmbu7wfMvbCYBzECd-ap5

14 https://www.dw.com/de/merkel-erklärt-multikulti-für-gescheitert/a-6118143

15 https://www.idea.de/gesellschaft/detail/fluechtlinge-machen-deutschland-religioeser-vielfaeltiger-und-juenger-92675.html

16 »Wenn der Westen unwiderstehlich wird«, *Die Zeit* vom 22.11.1991: https://www.zeit.de/1991/48/wenn-der-westen-unwiderstehlich-wird. »Die multikulturelle Gesellschaft ist hart, schnell, grausam und wenig solidarisch, sie ist von beträchtlichen sozialen Ungleich-

gewichten geprägt und kennt Wanderungsgewinner ebenso wie Modernisierungsverlierer; sie hat die Tendenz, in eine Vielfalt von Gruppen und Gemeinschaften auseinanderzustreben und ihren Zusammenhalt sowie die Verbindlichkeit ihrer Werte einzubüßen. In der multikulturellen Gesellschaft geht es daher um die Gratwanderung zwischen verbindenden und trennenden Kräften – und eben deswegen ist es so wichtig, dass sie sich Spielregeln gibt.«

17 https://www.welt.de/politik/deutschland/article178507882/Geld-transfers-Migranten-ueberweisen-Milliarden-nach-Hause.html

18 Rolf Peter Sieferle, *Das Migrationsproblem. Über die Unvereinbarkeit von Sozialstaat und Masseneinwanderung*, Waltrop/Berlin 2017, S. 23

19 https://www.rnz.de/nachrichten/heidelberg_artikel,-Heidel-berg-Was-die-Fluechtlinge-uns-bringen-ist-wertvoller-als-Gold-_arid,198565.html

20 »Flüchtlinge sind eine Bereicherung«, *Die Welt* vom 30.10.2015, https://www.welt.de/print/welt_kompakt/article148225011/Fluecht-linge-sind-Bereicherung.html

21 https://www.achgut.com/artikel/der_fall_mariam_l._amok_in_der_zeit_gemeinde

22 https://www.wiwo.de/politik/deutschland/migrationsforscher-ruud-koopmans-kulturelle-distanz-ist-ein-integrationshinder-nis/13507626.html

23 Interview mit Raffelhüschen in *Tichys Einblick*, 9/2020

24 Peter J. Brenner, offener Brief an die *FAZ*: https://www.tichysein-blick.de/gastbeitrag/das-wars-warum-ich-mein-f-a-z-abonnement-gekuendigt-habe/

25 https://www.bka.de/SharedDocs/Downloads/DE/Publikatio-nen/JahresberichteUndLagebilder/KriminalitaetImKontextVon Zuwanderung/KriminalitaetImKontextVonZuwanderung_2018. html;jsessionid=EB13C206C1C50D0022B8F6732F0F29E4.li-ve2302?nn=62336

26 Ferdinand Knauß, *Merkel am Ende. Warum die Methode Angela Merkels nicht mehr in unsere Zeit passt*, München 2018, S. 39

27 Ebd., S. 96

28 Hans-Peter Schwarz, *Die neue Völkerwanderung nach Europa. Über den Verlust politischer Kontrolle und moralischer Gewissheiten*, München 2017, S. 202 f.

29 Ebd, S. 204

30 In einer Talkshow mit Anne Will am 20.11.2016, siehe auch: https://
    www.cicero.de/innenpolitik/angela-merkel-die-mikadokanzlerin

31 Goodhart, a. a. O., S. 169

32 Sieferle, a. a. O., S. 30

33 Die Mitbegründerin der Initiative Liberaler Feminismus Judith Sevic
    Basad: https://causa.tagesspiegel.de/gesellschaft/darf-es-ein-kopftuch
    verbot-geben/die-feministen-haben-angst-das-kopftuch-zu-kritisie-
    ren.html

34 https://www.zeit.de/politik/ausland/2017-03/recep-tayyip-erdogan-
    kinderkriegen-europa-aufruf

35 Zitiert bei Knauß, a. a. O., S. 100

36 https://www.welt.de/politik/deutschland/article185358352/Statisti-
    sches-Bundesamt-Fast-jeder-dritte-Haeftling-ist-inzwischen-Ausla-
    ender.html;   https://www.bazonline.ch/ausland/europa/fast-jeder-
    fuenfte-haeftling-ist-muslim/story/24600307

37 https://www.bmi.bund.de/SharedDocs/downloads/DE/publikatio-
    nen/themen/sicherheit/pks-2019.pdf?__blob=publicationFile&v=10

38 https://de.wikipedia.org/wiki/Ausschreitungen_und_Pl%
    C3%BCnderungen_in_Stuttgart_2020

39 https://www.bka.de/SharedDocs/Downloads/DE/Publikationen/
    JahresberichteUndLagebilder/KriminalitaetImKontextVonZuwan-
    derung/KriminalitaetImKontextVonZuwanderung_2018.html

40 https://www.welt.de/vermischtes/article210908591/Frau-droht-All-
    Lives-Matter-Aktivisten-und-wird-gefeuert.html

41 https://taz.de/Rassistischer-Tweet-einer-PR-Managerin/!5052158/

42 ... die allerdings besser sei als ihr Ruf: https://www.die-tagespost.de/
    politik/aktuell/die-us-polizei-ist-besser-als-ihr-ruf;art315,209175

43 https://www1.wdr.de/daserste/monitor/interaktiv/kommentar-ras-
    sismus-in-deutschland-100.html

44 Ich beziehe mich auf Thomas Jahn, »Polizeistrategien in den USA«,
    Monatsschrift für Kriminologie und Strafrechtsreform.

45 https://www.zdf.de/nachrichten/heute/korrekturen-104.html,
    23.6.2020

46 In Paris fand am 21.10.2020 im Ehrenhof der Sorbonne eine staatliche Trauerfeier für den von einem Islamisten ermordeten Lehrer Samuel Paty statt. Der Präsident hielt eine Rede in Anwesenheit der
Regierungsmitglieder, Familienmitglieder und der Freunde, die Ehrenlegion trug den Sarg. Die Nationalhymne erklang. Alle französischen Nachrichtensender übertrugen die Trauerfeier.

47 Der FDP-Bundestagsabgeordnete Torsten Herbst schreibt dazu:
»Auch heute noch ist die Schloßstraße inmitten der Dresdner Altstadt ein trauriger und beklemmender Ort. Hier ermordete am
Abend des 4. Oktober ein mutmaßlicher islamistischer Straftäter
einen 55-Jährigen brutal mit einem Messer und verletzte dessen
53-jährigen Partner schwer.
Verstörend ist auch, dass bis heute kaum oder nur sehr verhalten
eine gesellschaftliche Verurteilung dieses mutmaßlich islamisti-
schen Attentats vernehmbar ist. Im Gegensatz zu anderen extremistischen Morden ist insbesondere die Bundesregierung recht leise
– gerade einmal ein paar dürre Worte des Regierungssprechers waren zu hören, der das Verbrechen ›grauenvoll‹ nannte und versicher-
te, die Bundeskanzlerin traure um den Ermordeten und bekunde
ihre Anteilnahme. Über die Motive dieser Wortkargheit kann man
nur spekulieren.
Den Angehörigen des Mordopfers ist es sicher kaum zu vermitteln,
dass ein islamistischer Gefährder nur kurz nach der Entlassung aus
dem Gefängnis diese Bluttat verüben konnte. Und es macht auch
keinen Unterschied, aus welcher extremistischen Ecke ein Täter
kommt – es gibt keine Mordopfer erster und zweiter Klasse. Wer
sich bei rechtsextremen Morden laut zu Wort meldet, darf bei isla-
mistischen Morden nicht schweigen. Auch nicht aus Angst vor Bei-
fall von der falschen Seite.«

48 https://www.nzz.ch/international/proteste-in-den-
usa-der-rassismus-erklaert-nicht-was-passiert-ld.1559746?mktcid=s-
msh&mktcval=Facebook&fbclid=IwAR0MU5TUJtYn-
M9Hq47OqsTxRDQs1prnpwXCebkipNb5eabF_Iy2cOONe26w

49 Glenn Loury, a. a. O. 2018 wurden 55 Prozent aller Tötungsdelikte
von schwarzen Männern verübt – und das bei einem Anteil von etwa
7 Prozent an der Bevölkerung

50 https://eu.usatoday.com/story/news/2017/01/11/ferguson-effect-
study-72-us-cops-reluctant-make-stops/96446504/ Ferguson, Vorort
von St. Louis, war nach dem Tod des 18 Jahre alten Afroamerika-

ners Michael Brown wochenlang von Rassenunruhen heimgesucht worden, als bekannt wurde, dass der weiße Polizist Darren Wilson Anfang August 2014 sechs Schüsse auf den unbewaffneten Jugendlichen abgegeben hatte.

51 Interview mit Egon Flaig, *Tichys Einblick,* 9/2020

52 Egon Flaig, *Weltgeschichte der Sklaverei,* München 2009, S. 196 f.

53 https://robindiangelo.com

54 »The very assumption is deeply condescending to all proud Black people. In my life, racism has affected me now and then at the margins, in very occasional social ways, but has had no effect on my access to societal resources; if anything, it has made them more available to me than they would have been otherwise. Nor should anyone dismiss me as a rare avis. Being middle class, upwardly mobile, and Black has been quite common during my existence since the mid-1960s, and to deny this is to assert that affirmative action for Black people did not work.« https://www.theatlantic.com/ideas/archive/2020/07/dehumanizing-condescension-white-fragility/614146/?fbclid=IwAR39fxk8PonviO-P-72r25rkwzh8-gTekqa7mIiv2MFrQ51IU-Yd7KFWt00

55 Ebd., »Pitilessly dehumanizing condescension toward Black people«

56 https://www.tichyseinblick.de/kolumnen/aus-aller-welt/britische-staatssekretaerin-kemi-badenoch/?fbclid=IwAR2oDd-PYV8on_oqgFtIwVrM4qjy16u_3-y5rFHCQjqSog_I9_dMk695MGg8

57 Schlesinger, a.a.o., S. 171

58 Ebd., Sarah Kostner in ihrem Vorwort, S. 7

59 Ruud Koopmans, *Das zerfallene Haus des Islams. Die religiösen Ursachen von Unfreiheit, Stagnation und Gewalt,* München 2020, S. 12

60 Ebd., S. 30

61 Ebd., S. 38

62 Ebd., S. 74 ff.

63 Ebd., S. 81

64 https://www.welt.de/kultur/plus209419763/Alain-Finkielkraut-Beim-Antirassismus-geht-es-leider-nicht-mehr-um-Gleichheit.html?ticket=ST-A-1028194-sYWw62js4Tc4Cno9vwmY-sso-signin-server

65 https://www.bbc.com/news/world-africa-53444752

66 Christian Jacob, »Die Welt ist nicht schwarz-weiß«, *taz* vom 25.6.2020: https://taz.de/taz-Kolumne-ueber-Polizei/!5691333/

67 https://de.wikipedia.org/wiki/Intersektionalit%C3%A4t#:~:text=Intersektionalit%C3%A4t%20(von%20englisch%20intersec-tion%20%E2%80%9ESchnittpunkt,und%20die%20Situation%20%E2%80%93%20eine%20Person

68 Tomas Spahn, »Wie der Neo-Rassismus die deutsche Gesellschaft unterwandert«, *Tichys Einblick* 8/2020

69 im Interview mit Oscar Metzger, *Tichys Einblick* 8/2020

70 https://www.theeuropean.de/alexander-wendt/13679-der-linksmo-ralische-erregungskomplex

71 https://harpers.org/a-letter-on-justice-and-open-debate/

72 https://www.pen-deutschland.de/de/2020/05/25/statement-des-pen-praesidiums-zu-joerg-bernig/

73 https://www.freiepresse.de/FILES/SERVICE/bernig.pdf; https://www.tichyseinblick.de/meinungen/ich-werde-mehr-zeit-fu-er-mein-schreiben-haben-das-wird-einigen-auch-wieder-nicht-ge-fallen/ Wer sich anhören will, welch feinsinniger und gebildeter Kulturamtsleiter Radebeul entgangen ist: https://www.achgut.com/artikel/indubio_aus_dem_amt_gemobbt

74 https://idw-europe.org

V. Diktatur der Moral

1 Cora Stephan, *Der Betroffenheitskult. Eine politische Sittengeschichte*, Berlin 1993

2 *Beckmann*, ARD, 30.8.2010: https://programm.ard.de/TV/Programm/Sender/?sendung=281065995636461

3 *Hart aber fair*, 1.9.2010: https://www.fernsehserien.de/hart-aber-fair/folgen/101-folge-101-653679

4 https://www.focus.de/kultur/kino_tv/focus-fernsehclub/beckmann-demagoge-mit-nassen-dackelhaaren_aid_545698.html

5 Jürgen Bellers (Hrsg.), *Zur Sache Sarrazin*, Berlin 2010, S. 19

6 *FAZ* vom 10.9.2010

7 https://www.tagesschau.de/inland/thueringen-kemmerich-mer-kel-101.html

8 Hermann Lübbe, *Politischer Moralismus. Der Triumph der Gesinnung über die Urteilskraft* (1984), Berlin 1987, S. 26

9 Ebd., S. 54

10 Cora Stephan, *Angela Merkel. Ein Irrtum*, München 2011, S. 166

11 https://www.n-tv.de/wissen/Wie-zuverlaessig-sind-PCR-Tests-artic-le22176634.html

12 https://www.tichyseinblick.de/gastbeitrag/regierung-und-medien-beschaedigen-ihre-glaubwuerdigkeit/

13 https://www.welt.de/politik/deutschland/plus212787625/Virologe-Schmidt-Chanasit-Bestimmte-Anliegen-auf-der-Corona-Demo-wa-ren-durchaus-berechtigt.html

14 https://www.dw.com/de/pandemie-und-parlamente-h%C3%B6hlt-corona-die-demokratie-aus/a-55333358

15 https://www.deutschlandfunk.de/corona-linke-kritisiert-lockdown-verlaengerung-bis-januar.1939.de.html?drn:news_id=1201183

16 https://www.mopo.de/hamburg/diskussion-um--corona-willkuer--jetzt-will-rot-gruen-der-buergerschaft-mehr-macht-geben-37529692

17 https://www.zeit.de/politik/deutschland/2020-10/corona-politik-de-mokratie-angela-merkel-regierung-pandemie-wolfang-merkel

18 https://www.achgut.com/artikel/wie_unsere_angskultur_die_katas-trophen_bewaeltigung_laehmt

19 https://www.gutzitiert.de/zitat_autor_heiner_geissler_thema_pazi-fismus_zitat_27481.html

20 Frank Biess, *Republik der Angst. Eine andere Geschichte der Bundesrepu-blik*, Reinbek b. Hamburg 2019, S. 393

21 Ebd.

22 Ebd., S. 398

23 Cora Stephan, »An der deutschen Heimatfront«, *Spiegel*, 4.3.1991: https://www.spiegel.de/spiegel/print/d-13487810.html

24 Zitiert bei Biess, a. a. O.

25 Siehe dazu: Greg Lukianoff und Jonathan Haidt, *The Coddling of the American Mind. How Good Intentions and Bad Ideas Are Setting Up a Generation for Failure*, New York 2018

26 Steven Pinker, *Enlightenment Now*, a. a. O.

27 https://www.bundeskanzlerin.de/bkin-de/aktuelles/pressekonfe-renz-von-bundeskanzlerin-merkel-zu-massnahmen-der-bundesre-gierung-im-zusammenhang-mit-dem-coronavirus-1731022

28 Frank Furedi, *How fear works. Culture of Fear in the 21st Century*, London 2019, S. 8.

29 https://www.nzz.ch/feuilleton/diversitaet-zaehlt-mehr-als-wahr-heit-wie-sich-die-akademie-ins-intellektuelle-abseits-manoevriert-ld.1419007

30 https://www.theatlantic.com/magazine/archive/2015/09/the-codd-ling-of-the-american-mind/399356/

31 https://www.nzz.ch/feuilleton/niall-ferguson-als-rechter-bist-du-ein-potenzieller-nazi-sozialisten-und-kommunisten-hin-gegen-sind-moralisch-einwandfreie-sozialdemokraten-ld.146-7954?fbclid=IwAR1Bnbmz5VeC6hBXKecjfi2vdApVoiRLfWg8d8xQ PmgMHQGbX5X14SV54tg

32 Jochen Buchsteiner über die Eliteschule Eton: https://zeitung.faz.net/faz/politik/2020-12-01/a04d58e4f400a34bac35fefcad2 8936c/?GEPC=s9

33 Kleine Auswahl von Josef Kraus, »Rückfall ins Mittelalter«, *Tichys Einblick* 10/2020

34 Steven Pinker, *Enlightenment Now*, a. a. O., S. 34.

35 https://jobs.zeit.de/jobs/professur-w3-humangeographie-mit-schwerpunkt-wirtschaftsgeographie-und-globalisierungsforschung-westfaelische-wilhelms-universitaet-muenster-wwu-muenster-1028070?fbclid=IwAR25pJtUcj8-GN3xf7QeqxD67eU6MXm8Z-nlszI_cNjF1jJwq_90T7U82_QE

36 https://www.mathematik.de/dmv-blog/2354-gender-gap

37 https://www.hs-hannover.de/ueber-uns/organisation/gleichstel-lung/themen/gender-in-der-lehre/fachgebiet-gender-mint/for-schung/

38 Ebd., auch hier: https://www.maxmetzger.de/vita.html

39 https://www.spiegel.de/spiegel/print/d-46415271.html

40 https://www.welt.de/kultur/plus206443829/Slavoj-Zizek-Die-Lo-gik-der-Panik.html?ticket=ST-A-184503-WmKv9UdJraLYLVrmjdrb-sso-signin-server

41 https://dieafd.de/2020/03/04/dr-alice-weidel-rede-vom-04-03-2020/

42 https://www.youtube.com/watch?v=pm8s_AjN9Jk&feature=youtu.be&fbclid=IwAR2Sg21zDFal9cVwoTUkYSgWfKXXGoMKKtAxuo-Kl53qfiqejOf2K4GXoYoY

43 https://www.auswaertiges-amt.de/de/newsroom/maas-hilfsgueter-coronavirus/2307756

44 https://www.tagesschau.de/inland/corona-schutzmasken-china-101.html

45 https://www.weforum.org/great-reset/about

46 https://www.weforum.org/agenda/2020/07/great-reset-must-place-social-justice-centre/

47 https://www.gruene-bundestag.de/parlament/bundestagsreden/haushalt-2021-generaldebatte-bundeskanzleramt-elefantenrunde

48 https://www.handelsblatt.com/meinung/gastbeitraege/gastkommentar-coronakrise-der-beginn-der-grossen-transformation/26051520.html?ticket=ST-2529316-6gTAfvgkotTsYrSVU74V-ap5

49 Ronald G. Asch, »Auf dem Weg in die grenzenlose Gesellschaft«, *Tichys Einblick*, 7/2020

50 https://de.wikipedia.org/wiki/Welt_im_Wandel_%E2%80%93_Gesellschaftsvertrag_f%C3%BCr_eine_Gro%C3%9Fe_Transformation

51 https://www.listennotes.com/de/podcasts/steingarts-morning/grundrechte-gelten-immer-eN9_w8HOdM4/

VI. Ausblick

1 Enzensberger, a. a. O.

2 https://youtu.be/b-HN5XqDjTE

Literatur

Aydemir, Fatma, Hengameh Yaghoobifarah (Hrsg.), *Eure Heimat ist unser Albtraum*, Berlin 2019

Bätzing, Werner, *Das Landleben. Geschichte und Zukunft einer gefährdeten Lebensform*, München 2020

Biess, Frank, *Republik der Angst. Eine andere Geschichte der Bundesrepublik*, Reinbek b. Hamburg 2019

Bruckner, Pascal, *Der Schuldkomplex. Vom Nutzen und Nachteil der Geschichte für Europa*, aus dem Französischen von Michael Bayer, München 2008

Collier, Paul, *Exodus. Warum wir Einwanderung neu regeln müssen*, aus dem Englischen von Klaus-Dieter Schmidt, München 2014

Duby, Georges, *Die Frau ohne Stimme. Liebe und Ehe im Mittelalter*, Frankfurt am Main 1993

Elliott, Mabel A., Francis E. Merrill, »Der romantische Fehlschluss« (1935), in: *Soziologie der Liebe: Romantische Beziehungen in theoretischer Perspektive*, hrsg. von Barbara Kühler und Stephan Beher, Frankfurt am Main 2014, S. 338–363

Flaig, Egon, *Weltgeschichte der Sklaverei*, München 2009

Furedi, Frank, *How Fear Works. Culture of Fear in the 21st Century*, London 2019

Geppert, Dominik, *Ein Europa, das es nicht gibt. Die fatale Sprengkraft des Euro*, Berlin 2013

Goodhart, David, *The Road to Somewhere. Wie wir Arbeit, Familie und Gesellschaft neu denken müssen*, aus dem Englischen von Ulrike Strerath-Bolz, Thomas Käsbohrer und Susanne Guidera, Iffeldorf 2020

Goody, Jack, *Geschichte der Familie*, aus dem Englischen von Holger Fliessbach, München 2002

Literatur

Gruber, Monika, und Hock, Andreas, Und erlöse uns von den Blöden: Vom Menschenverstand in hysterischen Zeiten, München 2020

Habeck, Robert, *Patriotismus. Ein linkes Plädoyer*, Gütersloh 2010

Heinsohn, Gunnar, Wettkampf um die Klugen: Kompetenz, Bildung und die Wohlfahrt der Nationen, Orell Füssli 2019

Henrich, Joseph, *The WEIRDest People in the World. How the West Became Psychologically Peculiar and Particularly Prosperous*, New York 2020

Houellebecq, Michel, *Unterwerfung*, aus dem Französischen von Norma Passau und Bernd Wilczek, Köln 2015

Knauß, Ferdinand, *Merkel am Ende. Warum die Methode Angela Merkels nicht mehr in unsere Zeit passt*, München 2018

Kollhoff, Hans, *Architektur. Schein und Wirklichkeit*, Springe 2014

Koopmans, Ruud, *Das zerfallene Haus des Islams. Die religiösen Ursachen von Unfreiheit, Stagnation und Gewalt*, München 2020

Kossert, Andreas, *Kalte Heimat. Die Geschichte der deutschen Vertriebenen nach 1945*, München 2008

Krämer, Walter, *Kalte Enteignung. Wie die Euro-Rettung uns um Wohlstand und Renten bringt*, Frankfurt am Main 2013

Lilla, Mark, *The Once and Future Liberal. After Identity Politics*, New York 2017

Lübbe, Hermann, *Politischer Moralismus. Der Triumph der Gesinnung über die Urteilskraft* (1984), Berlin 1987

Lukianoff, Greg und Jonathan Haidt, *The Coddling of the American Mind How Good Intentions and Bad Ideas Are Setting Up a Generation for Failure*, New York 2018

Meyer, Axel, *Adams Apfel und Evas Erbe. Wie die Gene unser Leben bestimmen und warum Frauen anders sind als Männer*, München 2015

Murray, Douglas, *Wahnsinn der Massen. Wie Meinungsmache und Hysterie unsere Gesellschaft vergiften*, München 2019

Pinker, Steven, *Das unbeschriebene Blatt. Die moderne Leugnung der menschlichen Natur*, aus dem Amerikanischen von Hainer Kober, Frankfurt am Main 2017

Pinker, Steven, *Enlightenment Now, The Case for Reason, Science, Humanism and Progress*, New York 2019

Pinker, Susan, *Das Geschlechterparadox. Über begabte Mädchen, schwierige Jungs und den wahren Unterschied zwischen Männern und Frauen*, aus dem Englischen von Maren Klostermann, München 2018

Plessner, Helmuth, Grenzen der Gemeinschaft (1924), Frankfurt am Main 2016

Reski, Petra, *Ein Land so weit*, Berlin 2004

Schlesinger, Arthur M., Jr., *Die Spaltung Amerikas. Überlegungen zu einer multikulturellen Gesellschaft*, aus dem Amerikanischen von Paul Nellen, ibidem Verlag 2020

Schuler, Ralf, *Lasst uns Populisten sein. Zehn Thesen für eine neue Streitkultur*, Freiburg 2019

Schulze, Gerhard, *Krisen. Das Alarmdilemma*, Frankfurt am Main 2011

Schwarz, Hans-Peter, *Die neue Völkerwanderung nach Europa. Über den Verlust politischer Kontrolle und moralischer Gewissheiten*, München 2017

Sieferle, Rolf Peter, *Das Migrationsproblem. Über die Unvereinbarkeit von Sozialstaat und Masseneinwanderung*, Waltrop/Berlin 2017

Stelter, Daniel, *Das Märchen vom reichen Land. Wie die Politik uns ruiniert*, München 2018

Stephan, Cora, *Angela Merkel. Ein Irrtum*, München 2011

Stephan, Cora, *Der Betroffenheitskult. Eine politische Sittengeschichte*, Berlin 1993

Stephan, Cora, *Neue deutsche Etikette*, Berlin 1995

Sußebach, Henning, *Deutschland ab vom Wege*, Reinbek 2017

Taleb, Nassim Nicholas, *Skin in the Game. Hidden Asymmetries in Daily Life*, New York 2018

Unger, Raymond, *Die Wiedergutmacher. Das Nachkriegstrauma und die Flüchtlingsdebatte*, Berlin 2018

Vahlefeld, Markus, *Macht hoch die Tür. Das System Merkel und die Spaltung Deutschlands*, Köln 2018

Vahlefeld, Markus, *Mal eben kurz die Welt retten. Die Deutschen zwischen Größenwahn und Selbstverleugnung*, Köln 2017

Vonderach, Andreas, *Die Rekonstruktion der Rasse. Sozialwissenschaften gegen die Biologie*, Graz 2020

Zimmer, Dieter E., *Ist Intelligenz erblich? Eine Klarstellung*, Reinbek 2012

Von der Idee konservativ zu sein

Roger Scruton

Konservative glauben daran, dass es viel Gutes in unseren Gesellschaften gibt, das zu bewahren sich lohnen würde. Denn es ist
zwar einfach etwas zu zerstören, aber ist das, was an die Stelle
des Zerstörten tritt, tatsächlich immer auch das Bessere? Roger
Scruton, Philosoph und einer der einflussreichsten konservativen
Intellektuellen der Gegenwart, führt in diesem faktenreichen,
dennoch persönlichen und humorvollen Buch aus, wie man auch
gegen die herrschenden Auffassungen der modernen Gesellschaft
konservativ denken und handeln kann. Seine eigenen Erfahrungen mit der kommunistischen Herrschaft in Osteuropa und der
linken Gedankenhoheit an den Universitäten und im öffentlichen
Leben bilden den Hintergrund für seine unerschrockenen und
mutigen Folgerungen für einen Konservatismus der Gegenwart.
Scruton zeigt, dass es durchaus möglich ist, das »gewachsene
Gewebe« der Gemeinschaften zu schützen, und es, wo es dabei
ist, verloren zu gehen, wieder herzustellen. Statt dem Verlorenen
hinterherzutrauern, hat er ein durch und durch optimistisches
Buch geschrieben.

288 Seiten | Hardcover | 22,99 € (D) | 23,70 € (A) | ISBN 978-3-95972-272-8